Genel Yayın: 3330

STEFAN ZWEIG
KARMAŞIK DUYGULAR

ÖZGÜN ADI
VERWIRRUNG DER GEFÜHLE

ÇEVİREN
İLKNUR İGAN

© TÜRKİYE İŞ BANKASI KÜLTÜR YAYINLARI, 2014
SERTİFİKA NO: 40077

EDİTÖR
GAMZE VARIM

GÖRSEL YÖNETMEN
BİROL BAYRAM

DÜZELTİ
MEHMET CELEP

GRAFİK TASARIM VE UYGULAMA
TÜRKİYE İŞ BANKASI KÜLTÜR YAYINLARI

I. BASIM HAZİRAN 2015, İSTANBUL
11. BASIM KASIM 2018, İSTANBUL

ISBN 978-605-332-494-2

BASKI: ALFABE BASIN YAYIN SAN. TİC. LTD. ŞTİ.
İkitelli Osgb Mah. Hürriyet Bulvarı Enkoop Sanayi Sitesi
Enkoop 1.Sokak No:1 Kat:-1 Başakşehir/İstanbul (0212) 485 21 25
Sertifika No: 34185

TÜRKİYE İŞ BANKASI KÜLTÜR YAYINLARI
İstiklal Caddesi, Meşelik Sokak No: 2/4 Beyoğlu 34433 İstanbul
Tel. (0212) 252 39 91 Faks (0212) 252 39 95
www.iskultur.com.tr

ÇEVİREN: İLKNUR İGAN

1959 yılında İstanbul'da doğdu. Avusturya Kız Lisesi, Devlet Güzel Sanatlar
Akademisi Uygulamalı Endüstri Sanatları Yüksek Okulu, İÜ Alman Dili ve Edebiyatı
Bölümü, Köln Üniversitesi Germanistik Bölümü'nde öğrenim gördü. 1986-1991
yılları arasında Köln'de Almanya'nın Sesi Radyosu'nda yapımcı ve çevirmen olarak
görev aldı. Heinrich Böll, Heinrich Mann, Franz Kafka, Stefan Zweig, Joseph Roth,
Lou Andreas-Salomé, Uwe Timm, Bernhard Schlink, Christa Wolf, Arno Gruen gibi
yazarların yapıtlarını dilimize kazandırdı.

Modern
Klasikler
Dizisi -55

Stefan Zweig

Karmaşık Duygular

Almanca aslından
çeviren: İlknur İgan

TÜRKİYE İŞ BANKASI
Kültür Yayınları

İçindekiler

Ormanın Üzerindeki Yıldız 1
Erika Ewald'in Aşkı 13
Unutulmuş Düşler 61
Alacakaranlık Hikâyesi 69
Zıt İkizler 103
Bir Yüreğin Çöküşü 131
Karmaşık Duygular 167

Ormanın Üzerindeki Yıldız

Franz Carl Ginzkey'i yürekten anarak

İnce, uzun boylu ve her zaman iki dirhem bir çekirdek garson François, bir gün Polonyalı güzel Kontes Ostrowska'ya servis yaparken kadının omzunun üzerinden eğildiğinde tuhaf bir şey oldu. Sadece bir saniye sürdü ve ne bir irkilme, ne bir ürküntü, ne bir heyecan belirtisi, ne bir kıpırtı oldu. Yine de, derin sevinçlerle ve azaplarla dolu binlerce saatin ve günün içine sığdığı o anlardan biriydi bu; tıpkı salınan dalları ve eğilip kalkan tepeleriyle o karanlık hışırtılı, ulu meşelerin yabanıl gücünün, savrulan tek bir tohum tanesinde saklı olduğu gibi. O an görünüşte hiçbir şey olmadı. Büyük Riviera Oteli'nin çevik garsonu François, Kontes'in uzanan bıçağına tabağı hazır etmek için biraz fazla eğildi. Ancak o an yüzü, çok kısa bir süre kadının hoş kokulu, yumuşak bukleli saçlarına yaklaştı ve abartılı bir saygıyla eğmiş olduğu bakışlarını içgüdüsel olarak yukarı çevirdiğinde esrimiş gözleriyle, boynunun beyaz ışıltılı ve yumuşak bir çizgi gibi bu koyu saç selinden çıkarak kabarık kıvrımlı, koyu kırmızı giysinin içinde kayboluşunu gördü. Sanki içinde harlı bir ateş parlamıştı. Sonra bıçak, belli belirsiz titreyen tabakta hafif bir şıngırtı çıkarttı. Fakat o an, bu ani büyülenmenin ağır sonuçlarını sezmiş olmakla birlikte, heyecanını maharetle bastırdı ve zarif bir garsonun serinkanlı ve biraz da gönül okşayıcı tarzıyla servise devam etti. Tabağı telaşsız bir hareketle, Kontes'in sürekli masa arkadaşına, dingin bir çekiciliğe sahip olan ve hafif aksanlı berrak Fransızcasıyla gelişigüzel şeyler anlatan yaşlıca aristokrata uzattı. Sonra onlara hiç bakmadan ve herhangi bir jest yapmadan masadan çekildi.

Bu dakikalar, çok ayrıksı ve kendinden vazgeçercesine bir kayboluşun, öylesine baş döndürücü ve esrik bir hissedişin başlangıcıydı ki, o ciddi ve mucizevi aşk sözcüğü bile bu duyguya uygun düşmüyordu neredeyse. Bu, genelde insanların orta yaşlarında hiç bilmedikleri, ancak çok genç veya çok yaşlı insanların yaşadığı o köpek gibi sadık ve talepsiz aşklardandı. Bu, düşüncelere yer vermeyen, sadece hayallerle yaşayan sakınmasız bir aşktı. Akıllı ve düşünceli insanların bile garson kıyafeti içindeki kişilere gösterdikleri o haksız, ama yine de giderilmesi mümkün olmayan küçümsemeyi tamamen unuttu, olasılıkları ve rastlantıları düşünmedi, aksine sadece gizli içtenliğini; bütün alaylardan ve kınamalardan kaçırana kadar ruhundaki bu garip eğilimi yüreğinde besledi. Onun sevgisi, gizlice göz kırpan veya fırsat gözleyen bakışların, cüretkâr jestlerin aniden ortaya çıkan ataklığının, yanan dudakların ve titreyen ellerin anlamsız kösnüllüğü değil, sessiz bir çabalamaydı; fark edilmemesi amaçlanan alçakgönüllülükleri içinde bir o kadar yücelen ve kutsallaşan küçük hizmetlerin yerine getirilmesiydi. Akşam yemeğinden sonra, masa örtüsünün Kontes'in oturduğu yerdeki kırışıklıklarını düzeltirken parmaklarından, insanın ancak dingince duran hoş ve yumuşacık bir kadın elini okşarken göstereceği bir sevecenlik akıyordu; Kontes'in yakınındaki nesneleri, sanki bir şölen hazırlarcasına kendinden geçerek titizlikle düzeltiyordu. Onun dudaklarının değdiği kadehleri özenle küçük, basık tavan arası odasına taşıyor ve gece incimsi ay ışığında pırıldayışlarını benzersiz mücevherlermiş gibi seyrediyordu. Hep bir köşede gizlice, onun ayak seslerine ve ağır ağır yürüyüşüne kulak kabartıyordu. Onun sözlerini, hoş kokusuyla mest eden tatlı bir şarabı hazla dilinin üzerinde dolaştırır gibi içiyor, her bir sözünü ve emrini, bir çocuğun havadaki topu yakalayışı gibi istekle yakalıyordu. Böylece esrik ruhu, yoksul ve önemsiz yaşamına değişken ve zengin bir pırıltı taşıyordu. Zavallı garson François'nın sonsuza dek ulaşılmaz kalacak egzotik bir kontesi sevdiğini söyleyen hakikatin soğuk ve yok edici sözcüklerini, tüm bu yaşadıklarıyla örtüştürmek gibi bilgece bir çılgınlığa asla kapılmadı. Çünkü o Kontes'i zaten hakikat gibi değil, yaşama sadece ışığı ulaşan çok yüksekderdeki, çok uzaklardaki bir şey gibi görüyordu. Onun emirlerindeki hükmedici gururu, birbirlerine neredeyse dokunan kara kaşlarının buyurgan çatılışını, küçük ağzının kıyısındaki yabanıl kıvrımı, jestlerinin kendinden emin çekiciliğini seviyordu. Boyun eğmek ona olağan geliyordu ve daha alt düzeydeki hizmetlilerin aşağılayıcı yakınlığını bir talih olarak görüyordu; çünkü bu sayede Kontes'i saran büyülü çemberin içine sık sık girebiliyordu.

Böylece sıradan bir insanın yaşamında, nadir ve özenle yetiştirilmiş bir bahçe çiçeğinin, normalde tozlu ayakların bütün tohumları çiğneyip ezdiği bir kaldırım kenarında açıvermesi gibi aniden bir düş uyandı. Bu sade bir insanın esrimesiydi, soğuk ve tekdüze bir hayatın içinde büyüleyici ve uyuşturucu bir düştü. Böyle insanların düşleri, karinaları ani bir çarpmayla bilinmeyen bir sahile vurana kadar, dalgalanan bir haz içinde pırıltılı sakin sularda başıboş dolaşan küreksiz kayıklar gibidir.

Ne var ki hakikat, bütün düşlerden daha güçlü ve daha sağlamdı. Bir akşam, yanından geçerken İsviçre'nin Vaud kantonundan şişman bir kapı görevlisi ona şunları söyledi: "Ostrowska yarın akşam sekiz treniyle gidiyor." Sonra da kulak vermediği birkaç önemsiz isim daha saydı. Çünkü bu sözler beyninde, karmaşık bir uğultuya ve burgaca dönüşmüştü. Parmaklarını birkaç kez mekanik olarak sanki orada duran ve algısını bulandıran ağır bir tabakayı kenara itmek ister gibi zonklayan alnından geçirdi. Birkaç adım attı, başı dönüyordu. Tebeşir gibi solgun ve yabancı bir yüzün içinden güvensizlik ve korkuyla kendisine baktığı, çerçevesi altın yaldızlı yüksek bir aynanın önünden geçti. Düşüncelerini toplayamıyordu, üstlerine adeta sisli ve karanlık bir duvar örülmüştü. Geniş merdivenin tırabzanına neredeyse bilinçsizce tutunarak yüksek çam ağaçlarının kasvetli düşünceler gibi tek başlarına durdukları, alacakaranlığa gömülmüş bahçeye indi. Huzursuz bedeni, iri ve karanlık bir gecekuşunun, alçaktan ve sarsılarak uçması gibi yalpalayarak birkaç adım daha attı, sonra bir bankın üstüne çöküp başını serin arkalığına dayadı. Ortalık çok sessizdi. Arka tarafta fundaların arasından deniz pırıldıyordu. Hafif ve titrek ışıklar sessizce yanıp sönüyor ve uzakta mendireğe çarpan dalgaların tekdüze şıpırtısı sessizliğin içinde yitip gidiyordu.

Sonra aniden her şey berraklaştı, tümüyle berraklaştı. Öylesine acı veren bir berraklıktaydı ki, neredeyse gülümsemeyi başardı. Her şey sona ermişti işte. Kontes Ostrowska evine dönüyor ve garson François işinin başında kalıyordu. Bu o kadar tuhaf mıydı sanki? Gelen bütün yabancılar gitmiyorlar mıydı; iki, üç veya dört hafta sonra? Bunu düşünmemiş olması ne budalalıktı. Her şey o kadar açıktı ki, gülünecek, ağlanacak kadar açıktı. Düşünceler beyninde vızıldayıp duruyordu. Yarın akşam sekiz treniyle Varşova'ya. Varşova'ya – saatler ve saatlerce ormanların ve vadilerin içinden geçerek, tepeleri ve dağları aşarak, stepleri, nehirleri ve kalabalık şehirleri geçerek. Varşova! Ne kadar da uzaktı! Hayal bile edemiyordu, ama ta derinden hissediyordu, o gururlu ve tehditkâr, sert ve uzak sözcüğü: Varşova. Ve o...

Bir saniye kadar daha hayalperest bir umut parçacığı uçuştu. Peşinden gidebilirdi pekâlâ. Ve orada uşak, kâtip, arabacı ya da köle olarak hayatını kazanabilirdi; bu kadar uzakta olmaktansa soğuktan donarak sokaklarda dilenebilirdi, hiç olmazsa aynı şehrin havasını solurdu, belki bazen hızla geçip gidişini, sadece gölgesini, giysisinin ucunu, kara saçlarını görürdü. Aceleci hayaller boy vermeye başlamıştı bile. Fakat içinde bulunduğu an, sert ve acımasızdı. Ulaşılmazlığını çıplak ve net olarak görüyordu. Bir hesap yaptı, en iyi ihtimalle yüz veya iki yüz frank birikmiş parası vardı. Bu yolun yarısına bile yetmezdi. Ya sonrası? Yırtılan bir tülün arasından bakar gibi bir anda hayatını gördü, şimdi ne kadar yoksullaşacağını, ne kadar zavallılaşacağını, ne kadar çirkinleşeceğini hissetti. Budalaca bir özlemle hırpalanacağı, garson olarak geçireceği yavan, bomboş yıllar, bu gülünçlük geleceği olacaktı. Üzerine bir dehşet çöktü sanki. Ve bütün düşünce silsileleri aniden sele kapılmış gibi akarak kaçınılmaz biçimde birleşti. Sadece tek bir olasılık vardı.

Ağaçların tepeleri belli belirsiz bir meltemle hafifçe sallanıyordu. Önünde tehditkârca bekleyen karanlık kasvetli bir gece vardı. Buna karşın güvenle ve sükûnetle banktan kalktı ve gıcırdayan çakılların üzerinden beyaz bir suskunluğun içinde uyuyan büyük otele doğru yürüdü. Ostrowska'nın pencerelerinin önünde durdu. Pencereler karanlıktı, hayal dolu özlemleri tutuşturabilecek en küçük bir ışık pırıltısı bile yoktu. Şimdi damarlarındaki kan dinginleşmişti ve hiçbir şeyin aklını karıştıramayacağı ya da yanıltamayacağı biri gibi yoluna devam etti. Odasında, her türlü heyecandan uzak, kendini yatağa attı ve sabahın kalkmaya davet eden ilk işaretlerine kadar derin, rüyasız bir uyku uyudu.

Ertesi gün davranışlarını tamamen, titizce ayarladığı bir ölçülülük ve zoraki bir sakinlikle sınırladı. Serinkanlı bir kayıtsızlıkla işlerini yaptı, tutumundaki güven ve kaygısızlık öylesine güçlüydü ki, hiç kimse bu yanıltıcı maskenin ardında zorlu bir kararın gizlendiğini anlayamazdı. Öğlen yemeğinden az önce, mütevazı birikimini cebine koyup hızla kentin en seçkin çiçekçi dükkânına gitti ve renklerinin muhteşemliğiyle gözüne sözcükler gibi görünen seçme çiçekler aldı: Tutuşmuş altın gibi ışıldayan, bir tutkuya benzeyen laleler, ışıklı, egzotik düşler gibi görünen, beyaz taçyaprakları iyice açılmış krizantemler, özlemin zarif suretleri gibi narin orkideler ve bir çift baştan çıkarıcı, gururlu gül. Sonra da ışıltılı opalden görkemli bir vazo buldu. Geriye kalan birkaç frangı da dilenen bir çocuğun önünden geçerken ani ve umursamaz bir hareketle ona bıraktı. Sonra hızla geri döndü. Çiçek dolu vazoyu, Kontes'in son kez hazla ve acelesiz bir titizlikle hazırladığı servisinin önüne hüzünlü bir ciddiyetle yerleştirdi.

Sonra yemek başladı. Servisi her zamanki gibi yaptı: gözleri yerde, serinkanlı, sessiz ve becerikli. Sadece en sonunda Kontes'in o zarif ve gururlu endamını bir bütün olarak, onun farkında bile olmadığı sonsuz bir bakışla kavradı. Ona hiç bu son, gayesiz bakışında göründüğü kadar güzel görünmemişti. Sonra sakince, veda etmeden ve herhangi bir jest yapmadan masadan çekilerek yemek salonundan çıktı. Hizmet edenlerin, önünde eğilip büküldüğü bir konuk gibi koridorlardan geçip ana merdivenden aşağıya inerek sokağa çıktı. O an geçmişini terk etmiş olduğunu hissetmek mümkündü. Otelin önünde bir an kararsızca durdu, sonra ışıkları yanıp sönen villalar ve geniş bahçeler boyunca uzanan bir yola saptı, hiç durmadan ilerleyerek nereye gittiğini bilmeden düşünceli bir şekilde gezinir gibi ağır ağır yürüdü.

Akşama kadar, hayaller içinde bir kaybolmuşlukla bilmediği yollarda böyle dolaşıp durdu. Hiçbir şey düşünmüyordu. Geçmişi de, kaçınılmaz olanı da. İnsanın son anda bile, karanlık namlusuyla tehditkârca bakarak pırıldayan silahı elinde tartarak, bir indirip bir kaldırarak yaptığı gibi, ölüm düşüncesiyle de oynamıyordu artık. O kendi hükmünü çoktan vermişti. Sadece geçip giden kırlangıçlar benzeri dağınık uçuşan görüntüler canlanıyordu gözünde. Önce, aptalca bir maceranın onu cazip görünen bir gelecekten kopartarak aniden dünyanın karmaşası içine fırlattığı, okuldaki o uğursuz güne varana değin gençliği canlandı. Sonra gündelik ekmeğini kazanmak için yaptığı dur durak bilmeyen yolculuklar, çabalamalar, her seferinde başarısızlığa uğrayan girişimler, ta ki kader denilen o koca karanlık dalga gururunu paramparça ederek onu kendine yaraşmayan bir işe savurana kadar. Pek çok renkli anı dönerek gözünün önünden geçti. En sonunda da, gündüz düşlerinin içinden şu son günlerin hoş aksi parıldadı ve aniden hakikatin, geçmek zorunda olduğu karanlık kapısını açtı yine; gün bitmeden ölmek istediğini hatırladı.

Kısa bir süre boyunca ölüme vardıran çeşit çeşit yol üzerine düşündü ve zorluklarıyla çabukluklarını birbirleriyle kıyasladı. Ta ki bir fikir onu aniden sarsana kadar. Bulanık düşüncelerinin içinden karşısına birdenbire karanlık bir imge çıktı: Kontes nasıl ki bilmeden ve tahripkârca kaderinin üzerinde fırtına gibi esip geçmişse, aynı şekilde bedenini de ezip parçalamalıydı. Bunu bizzat o yapmalıydı. Kendi eserini kendi tamamlamalıydı. Şimdi düşünceleri müthiş bir güvenle akıp gidiyordu. Onu kendisinden kaçırıp götürecek olan tren bir saate bile kalmadan, sekizde kalkacaktı. O trenin tekerlerinin altına atmak istiyordu kendini, düşlerinin kadınını ondan koparıp alan aynı müthiş gücün altında kendini ezdirmek istiyordu. Onun ayaklarının dibinde can vermek istiyordu. Düşünceler aynı coşkuyla peş peşe akın ediyordu. Yeri de seçmişti. Daha yukarılardaki ormanlık bayırda, ağaçların hışırtılı tepelerinin pek uzakta olmayan körfezin son görüntüsünü gölgelediği yerde. Saate baktı: Geçen saniyelerin ve zonklayarak akan kanının atışı neredeyse aynıydı. Artık yola koyulma zamanıydı. Sarsak adımlarına bir anda bir esneklik ve kararlılık, ileriye doğru yol alırken düşlerini söndüren sert ve hızlı bir tempo gelmişti şimdi. Tedirgin bir halde, gökyüzünün uzak ormanlık tepelerin arasına erguvan bir bulut gibi çöktüğü yere doğru ilerleyerek güney akşamının alacakaranlık ihtişamına daldı. Sonra iki gümüşsü çizgi gibi önünde parıldayan ve ona kılavuzluk eden raylara varana kadar hızla ilerledi. Raylar onu, puslu örtüsünün arasından mat ay ışığının gümüşsü pırıltılarının süzüldüğü, güzel kokulu derin vadinin içinden dolambaçlı bir hatta yukarı tırmandırarak uzaklarda gece karası denizin yanıp sönen sahil ışıklarıyla pırıldadığı tepelik araziye yöneltti. Ve sonunda, demiryolunu çökmekte olan gölgelerine gömerek huzursuzlukla hışırdayan derin ormanı gördü.

Ormanın karanlık yamacında soluk soluğa durduğunda vakit geç olmuştu. Ağaçlar çevresinde, ürpertici ve kapkara yükseliyordu. Sadece iyice yükseklerde, hafif akşam meltemi ağaçların pırıltılı tepelerini kucakladığında, soluk, titrek bir ay ışığı dalların arasını ağ gibi sarıyordu. Bazen uzaklardaki gecekuşlarının tuhaf çığlıkları bu boğuk sessizliğin içinde titreşiyordu. Bu ürkütücü sessizliğin içinde düşünceleri tamamen kilitlenmişti. Sadece bekledi, bekledi ve aşağıdaki dönemeçlerin ilk yokuşlu kıvrımında trenin kırmızı ışığının belirip belirmediğine baktı. Zaman zaman yine gerginlikle saate göz atıp saniyeleri saydı. Sonra tekrar lokomotifin uzaklardaki çığlığına kulak verdi. Fakat bu bir yanılsamaydı. Ortalık tekrar tümüyle sessizliğe gömüldü. Zaman donmuş gibiydi.

Sonunda aşağıda uzaktan ışık parladı. O an yüreğinde bir sarsıntı hissetti, ama bunun korkudan mı sevinçten mi olduğunu anlayamadı. Ani bir hareketle kendini rayların üstüne attı. Önce bir an için şakaklarında demirin hoş serinliğini hissetti sadece. Sonra kulak kabarttı. Tren uzaktaydı daha. Herhalde gelmesi dakikalar sürecekti. Henüz rüzgârda hışırdayan ağaçların fısıltısından başka bir şey duyulmuyordu. Düşünceleri karmakarışık uçuşuyordu. Aniden bir tanesi keskin bir bıçak gibi yüreğine saplandı: Onun uğruna ölecekti ve o bunun farkına bile varmayacaktı. Köpüren yaşamının tek bir sessiz dalgası bile onunkiyle buluşmayacaktı. Tanımadığı bir yaşamın kendisininkine bağlandığını ve orada parçalandığını o asla bilmeyecekti.

Yokuşu tırmanan trenin ritmik sesi, derin sessizliğin içinde uzaklardan duyuldu. Fakat zihnindeki düşüncenin yakıcılığı azalmamıştı ve ölüme yaklaşırken son dakikalarını işkenceye çeviriyordu. Lokomotifin gürültüsü giderek yaklaşıyordu. O zaman gözlerini bir kez daha açtı. Yukarıda suskun, kara lacivert gökyüzünü ve birkaç ağacın fısıltılı zirvesini gördü. Ormanın üzerinde ise göz kırpan beyaz bir yıldız. Ormanın üzerinde tek başına bir yıldız... Artık raylar başının altında hafifçe titremeye ve uğuldamaya başlamıştı. Fakat düşündükleri, yüreğinde ve aşkının tüm ateşini ve ümitsizliğini kavrayan gözlerinde alev alev yanıyordu. Tüm özlemi ve can yakan bu son soru, yukarıdan şefkatle ona bakan beyaz, parlak yıldıza doğru aktı. Trenin gümbürtüsü giderek yaklaşıyordu. Ve ölüme yaklaşmakta olan adam, o pırıldayan yıldızı, ormanın üzerindeki yıldızı tarifi mümkün olmayan son bir bakışla bir kez daha sarmaladı. Sonra gözlerini yumdu. Raylar titriyor, sarsılıyordu ve hızla gelen trenin gürültüsü, ormanı dev bir çana inen tokmak gibi inleterek gittikçe yaklaşıyordu. Yer sarsılıyordu sanki. Kulakları sağır eden bir vınlama daha duyuldu, ardından karmakarışık bir gümbürtü, sonra keskin bir düdük sesi, istim düdüğünün korku dolu hayvansı çığlığı ve boşuna yapılan bir frenin acı acı inlemesi...

Güzel Kontes Ostrowska'ya trende özel bir kompartıman ayrılmıştı. Yola çıktıklarından beri vagonun yaylanışıyla hafif hafif sallanarak Fransızca bir roman okumaktaydı. Dar mekândaki hava basıktı ve solmakta olan çiçeklerin kokusuyla ağırlaşmıştı. Vedalaşırken gelen görkemli çiçek sepetlerinden beyaz leylakların yorgun salkımları şimdiden fazla olgunlaşmış meyveler gibi sarkıyor, gevşemiş çiçekler saplarının üzerinde sallanıyordu ve güllerin ağır, geniş çanakları, baş döndürücü kokuların sıcak buğuları içinde solmaya başlamış gibiydi. Boğucu hava, tembelce çöken çiçek kokularının ağır dalgalarını trenin o yüksek hızında bile ısıtmıştı.

Kontes, takatsiz parmaklarıyla tuttuğu kitabı aniden bıraktı. Bunu niçin yaptığını kendi de bilmiyordu. Gizil bir duyguydu içini deşen. Boğuk, acı veren bir basınç hissediyordu. Ani, anlaşılmaz, boğucu bir acı yüreğini sıkıştırıyordu. Çiçeklerin ağır, sersemletici kokusunda boğulacağını sandı. Ve bu ürkütücü acı dağılmadı, büyük bir hızla dönen tekerleklerin her titreşimini hissediyor, trenin körlemesine ilerlerken çıkarttığı sesle tarifsiz bir eziyet çekiyordu. İçini kaplayan ani bir özlemle trenin telaşlı ilerleyişini durdurabilmeyi, hızla üzerine doğru gittiği karanlık dehşetten uzaklaştırabilmeyi istedi. Anlaşılmaz bir acı ve kavrayamadığı bir dehşet duyduğu şu saniyelerdekine benzeyen bir korkuyu; ürkünç, görünmeyen, acımasız bir şey karşısında yüreğini sıkıştıran böylesi bir korkuyu hayatında daha önce hiç yaşamamıştı. Ve bu tarifi imkânsız duygu gittikçe şiddetleniyor, boğazındaki sıkışma gittikçe artıyordu. Trenin durması gerektiği düşüncesi içinde bir dua gibi uğulduyordu.

O sırada birdenbire tiz bir düdük sesi, lokomotifin keskin, uyaran, acı çığlığı ve inleyen frenlerin gıcırtılı uğultusu duyuldu. Sonra uçarcasına ilerleyen tekerleklerin devri düştü, yavaşladı, yavaşladı, ardından gürültülü bir tutuklaşma ve ağır bir çarpma...

Serin havayı içine çekmek için zorlukla pencereye gitti. Camı gıcırtıyla aşağı indirdi. Dışarıda karanlık siluetler telaşla koşturuyordu... Havada sözcükler uçuşuyor, her kafadan bir ses çıkıyordu. İntihar etmiş... tekerleklerin altına girmiş... Ölmüş... Tarlanın ortasında...

Ürperdi. Bakışları içgüdüsel olarak yükseklere, suskun gökyüzüne ve ileride hışırdayan karanlık ağaçlara çevrildi.

Onların da ötesinde, ormanın üzerinde tek başına bir yıldız duruyordu. Pırıldayan bir gözyaşı damlası gibi ışıdığını fark etti. Yıldıza baktı ve aniden daha önce hiç duymadığı bir keder duydu. Yaşamı boyunca asla tanışmamış olduğu yakıcı ve özlem dolu bir keder...

Tren takırdayarak ağır ağır yoluna devam etti. Kontes köşeye yaslandı ve gözyaşlarının usulca yanaklarından süzüldüğünü fark etti. O boğucu korku dağılmıştı, sadece derin, tuhaf bir acı hissediyordu, nereden kaynaklandığını anlamak için kendini boşu boşuna zorladığı bir acı. Zifiri karanlık gecede birdenbire uyanıp da tamamen yalnız olduklarını hisseden korkmuş çocukların duyduğu cinsten bir acı...

Erika Ewald'in Aşkı

Camill Hoffmann'a içten dostluğumla

...ne var ki bu, bütün genç kızların hikâyesidir, o yumuşak başlılıkla katlanmasını bilenlerin hikâyesidir. Acı çektiklerini asla söylemezler. Kadınlar katlanmak için yaratılmışlardır. Kuşkusuz kaderleri böyledir, bunu erken yaşta öğrenirler ve neredeyse hiç şaşırmazlar, öyle ki bela çoktandır başlarında olsa bile varlığını kabul etmezler...

Barbey d'Aurévilly

Erika Ewald, gecikmiş birinin temkinli ve ağır adımlarıyla içeriye girdi. Babası ve kız kardeşi çoktan akşam yemeğine oturmuşlardı; kapının sesine başlarını kaldırıp içeriye gireni şöyle bir selamladılar, sonra donuk bir ışıkla aydınlatılmış mekânda yine tabak şıngırtısından, çatal bıçak sesinden başka bir şey duyulmaz oldu. Nadiren konuşuyorlardı, arada bir birinin ettiği bir söz, uçuşan bir kâğıt parçası gibi havada dalgalanıp, sonra bitkinlikle yere iniyordu. Hiçbirinin anlatacak fazla bir şeyi yoktu. İki kardeş de silik ve çirkin kızlardı; yıllar boyunca duymazlıktan gelinme ve alay konusu olmanın sonunda kız kurularına özgü ruhsuz bir boyun eğiş içine girmişler, geçen her günü bir gülümsemeyle uğurlar olmuşlardı. Babayı ise uzun yıllar boyunca yaptığı tekdüze büro işi dünyaya yabancılaştırmıştı; özellikle de karısının ölümünden sonra, yaşlı insanların bedensel rahatsızlıklarını örtmek için yeğledikleri o katı ruh haline ve inatçı suskunluğa bürünmüştü.

Bu tekdüze akşamlarda Erika da çoğunlukla konuşmazdı. Günün bu saatlerinin üzerine, yoğun ve tehditkâr fırtına bulutları gibi çöken kasvetli ruh haliyle mücadele etmenin mümkün olmadığını hissederdi. Ayrıca yorgun olurdu. Bütün gün, mesleğinin her an iki ayağını bir pabuca sokan eziyetlerine, ders verirken kulağını tırmalayan ahenkten yoksun seslere, rastgele akorlara ve müzikallikten uzak zorlama tınılara uysallıkla katlanmak zorunda kaldığı için, o saatlerde yoğun bir dinginlik ihtiyacı hissederdi ve günün şiddetiyle biriken bütün o algılar sessizce çözülüverirdi. Erika bu gündüz düşlerinde kendi kendine açılmayı severdi, çünkü ruhu, dile getirilemeyen sözcüklerin basıncıyla, olgunlaşan meyvelerinin ağırlığını zor taşıyan bir ağaç dalı gibi sarsılıyor olsa da, aşırı denebilecek utangaçlığı, başkaları karşısında ruhsal yaşantısına dair bir imada bile bulunmasına izin vermezdi. Bazen sımsıkı kapalı ağzının kenarında aniden hıçkırmış gibi beliren yabanıl bir çekilme, sözlere dökemediği dizginsiz bir özlem duyduğunu ele verirdi ve içinde bir mücadelenin, bir boğuşmanın geçmekte olduğunu, ince ve solgun dudaklarındaki belli belirsiz bir çizgi belli ederdi sadece.

Az sonra yemek bitti. Babaları kalktı ve kısaca iyi geceler diledikten sonra piposunu yakmak üzere odasına gitti. En sıradan işin bile donuk bir alışkanlık halinde taşlaştığı bu evde her günleri böyle geçerdi. Kız kardeşi Jeanette de her zamanki gibi işini aldı ve miyop olduğu için iyice eğilerek lamba ışığında mekanik hareketlerle dikiş dikmeye başladı.

Erika odasına giderek ağır ağır giysilerini çıkartmaya koyuldu. Oysa daha çok erkendi. Normalde gece geç saatlere kadar okurdu, ya da tatlı duygular içinde pencereye yaslanır ve parlak ay ışığının aydınlığıyla ışıltılı bir gümüş selinde yıkanır gibi görünen damları seyrederdi. Oradayken asla belli bir hedefe yönelik, berrak düşünceler geçmezdi aklından; yalnızca pırıldayan, ışıldayan ve buna rağmen öylesine yumuşacık dökülen ay ışığı artlarında yaşamın gizlerini saklayan sayısız pencerede yansırken, belli belirsiz bir sevgi duygusuna kapılırdı. Fakat bugün, hoş bir yorgunluk ve sıcak, yumuşak bir özlem uyandıran huzurlu bir ağırlık hissediyordu. Tatlı, mesut düşlere duyulan istekten başka bir şey olmayan bu uyku hali, yavaş yavaş üşüten ve uyuşturan bir zehir gibi bütün uzuvlarını sardı. Kendini toparlayarak üzerindeki son giysileri neredeyse telaşla çıkarttı, mumu söndürdü. Az sonra yatağına girmişti.

Günün mutluluk veren anıları kıvrak bir gölge oyunu gibi bir kez daha gözlerinin önünden geçti. Bugün ona gitmişti... Erika'nın piyanosunun onun kemanına eşlik edeceği konser için yine birlikte prova yapmışlardı. Ardından genç adam ona Chopin çalmıştı, sözsüz baladını. Sonra sevgi dolu sözcükler söylemişti, sevgi dolu onca sözcük!

Görüntüler giderek hızlanıp Erika'yı tekrar evine, kendine döndürerek ardından yine hızla yine geçmişe, onunla tanıştığı güne götürdüler. Sonra zamanın ve yaşantıların dar sınırlarını aşıp fışkırarak gittikçe daha renkli, daha dizginsiz bir hal aldılar. Erika bir ara kız kardeşinin yatağına girdiğini duydu. Sonra aklına çılgınca bir fikir geldi, acaba o da beni hayal ediyor mudur, diye aklından geçirdi. Dudaklarına mutlu ve sevinçli bir gülümseme yayılacak gibi oldu, ama artık iyice uykusu gelmişti. Birkaç dakika sonra derin bir uyku onu tatlı düşlere taşıdı.

Uyandığında yatağının üstünde bir kartpostal buldu. Üzerinde sadece kararlı, kıvrak bir el yazısıyla karalanmış birkaç sözcük vardı, bir yabancıya da yazılabilecek cinsten birkaç sözcük. Fakat onun kaleminden çıktıkları için Erika bu sözcükleri bir armağan ve mutluluk olarak algıladı; bu sözcükler ona, yetersizliğin ve belirsizliğin içinden bereketin işaretlerini bulması için armağan edilmişlerdi. Böylece bu aşk sadece, her varlığı çevreleyen ve aydınlatan yumuşak bir pırıltıya benzemekle kalmayacak, bu güzelleştirici duygu, öyle derinlere işleyecekti ki, bir cana ve ruha sahip olmasalar da bütün nesnelerden, içteki bir korlanmayla dışa yansıyan bir ışıltı gibi görünecekti. Erika, ürkekliğin verdiği karanlık duygular ve yalnızlığından kaynaklanan çekingenlikle, daha ilk gençlik yıllarından beri, nesneleri soğuk ve cansız şeyler olarak değil de, onlara kulak verenlere gizlerini ve sevecenliklerini açan sessiz dostlar olarak görmeyi öğrenmişti. Resimler ve kitaplar, manzaralar ve müzik parçaları onunla konuşurlardı, cansız eşyalarda renkli hakikatler görme eğiliminde olan, çocukluğun şairane hazinesini yitirmeyen o kızla konuşurlardı. Ve aşk gelinceye değin bunlar Erika'nın tek başına yaşadığı şölenler olmuştu.

Böylece kâğıdın üzerine siyah mürekkeple yazılmış birkaç sözcük Erika için bir yaşantı haline geldi. Sözcükleri, onun konuşurken kullandığı o yumuşak ve müzikal vurgulamayla okudu, onlara sadece sevginin bahşedebileceği gizli bir çekicilik katmaya çalıştı. Evdekiler yüzünden soğuk, neredeyse resmi bir tarzda yazılmış o birkaç cümlenin içinde gizlenmiş aşk tınılarını aradı, öylesine ağırdan alarak ve düşlerde yiterek satır aralarında bu tınıları aradı ki, içeriklerini unutacaktı neredeyse. Oysa içerikleri de o kadar önemsiz değildi. Pazar günü yapmayı planladıkları gezintiyi kesinleştirip kesinleştirmediğini bildirmesini istiyordu. Bir de birlikte verecekleri konserle ilgili önemsiz birkaç şey daha yazmıştı. Sonunda da dostça bir selam ve aceleyle atılmış bir imza. Ne var ki, Erika bu satırları tekrar tekrar okudu, çünkü içlerinde, aslında kendi hissedişinin bir yansısından başka bir şey olmayan güçlü ve yoğun duygular bulduğuna inanıyordu.

Bu aşkın silik, sıradan bir kız olan Erika Ewald'in hayatına girip varlığına ilk ışıltıyı kondurmasının üzerinden çok geçmemişti. Öyküsü de, dingin ve gündelik bir öyküydü.

Birbirleriyle bir topluluk içinde tanışmışlardı. Erika orada piyano dersleri veriyordu, ama içedönük ve zarif tarzıyla herkesin sevgisini öylesine kazanmıştı ki, onu artık daha çok bir arkadaş olarak görüyorlardı. Genç adam da aynı topluluk tarafından bir konsere davet edilmişti, hem de onur konuğu olarak, çünkü genç yaşına rağmen ünlü bir keman virtüözüydü.

Koşullar da bir araya gelmelerini kolaylaştırdı. Ünlü kemancıdan bir şeyler çalmasını rica ettiler, Erika'nın da kemana kendiliğinden eşlik etmesi doğal karşılandı. Genç adamın dikkatini o zaman çekti Erika, çünkü çalarken ne yapmak istediğini öyle bir anlayışla kavrıyordu ki, kemancı onun duyarlılığını ve içtenliğini hemen hissetti. Ve ortak dinletilerinin ardından gelen şiddetli alkış daha kesilmeden kıza biraz sohbet etmelerini teklif edince Erika belli belirsiz, hafifçe başını salladı.

Fakat sohbete fırsat bulamadılar. Dinleyiciler müzisyenleri o kadar çabuk serbest bırakmaya niyetli değildi, genç adam ancak arada bir, kaçamak bir bakışla Erika'nın akarcasına hareket eden aşırı ince ve kıvrımlı siluetini süzüp kara gözlerindeki çekingen ve şaşkın ilgiyi yakalayabildi. Erika'nın söyleyecekleri, etraflarını saran sıradan nezaket sözcükleri içinde yitip gitti. Sonra yanlarına yine başkaları geldi, araya başka şeyler girdi ve kız vermiş olduğu sözü neredeyse unuttu. Sonunda herkes dağılıp Erika vedalaşmadan gitmeye hazırlandığında, genç adam birdenbire yanında belirerek yumuşak ve çekingen bir sesle, evine kadar eşlik etmesine izin verir mi diye sordu. Erika bir an çaresiz kaldıktan sonra zahmet etmesini istemediğini anlatmaya çalışırken öylesine çekingendi ki, sonunda genç adam isteğini kolaylıkla kabul ettirdi.

Erika şehrin dış mahallelerinden birinde oturuyordu, ayın aydınlattığı o berrak kış gecesinde önlerinde oldukça uzun bir yol vardı. Bir süre aralarında bir sessizlik hüküm sürdü; bunun nedeni beceriksizlik değil, aksine incelikli bir eğitim almış olan insanların bayağı bir sohbetin başlamasından duydukları o belirsiz korkuydu. Sonunda genç adam konuşmaya başladı. Birlikte çaldıkları parçadan ve genel olarak sanattan söz etti. Bu yalnızca bir başlangıçtı. Erika'nın ruhuna varan bir yoldu yalnızca. Çünkü genç adam, ellerinde kalan en son şeyi bile muhteşem bir savurganlıkla sanat için tüketen ve bütün duygularını müziğin güzelliğine katan insanların, yaşamın içinde ciddi ve kapalı durduklarını, kendilerini yalnızca anlayan birine açtıklarını biliyordu. Gerçekten de Erika, yaratıcılık ve üretkenlik hakkındaki görüşleriyle, genç adama kendi gizli ruhsal yaşamıyla ilgili pek çok şeyi de aktarmış oldu; bunları daha önce hiç kimseye açmamış, hatta kendisi bile o zamana değin bazılarının bilincine varmamıştı. Birbirlerine daha da yakınlaştıktan, dost ve sırdaş olduktan sonra bunları düşündüğünde, her zamanki ürkekliğe varan çekingenliğini o akşam nasıl olup da aştığını kendisi de kavrayamadı. Oysa o akşam, Erika genç adamı henüz bir yaratıcı ve sanatçı olarak, yaşamın içine asla karışmayan, yükseklerde, ulaşılmaz ve olağanüstü bir varlık olarak görmekteydi; Erika için o, insanın karşısında hiçbir şeyini saklamasına gerek olmayan, anlayışlı ve cömert birisiydi. Şimdiye kadar çevresindekiler hep sıradan insanlar, bir okul ödevi gibi konulara ayrılabilecek başı sonu belli insanlar olmuştu; yanlarında kendisini yabancı hissettiği, neredeyse korktuğu, önyargılı ve tutucu insanlardı hepsi. Sonra sessiz ve aydınlık bir gece yaşadı. Böylesi sessiz gecelerde iki insan, onları hiç kimsenin görmediği, işitmediği yollarda birlikte yürüyorsa, evlerin karanlık gölgeleri sözcüklerinin üstüne çöküyor ve sesler hiçbir yansı bırakmadan sessizlikte dağılıyorsa, o zaman sanki kendi kendileriyle konuşurmuşçasına güvende hissederler. O zaman, günün renkli koşuşturması içinde sesini duyuramadan dibe çöken ve ancak akşamın sessizliğiyle yumuşak bir salınım kazanan derinlerdeki düşünceler uyanır ve neredeyse elinizde olmadan sözcüklere dönüşürler.

Issız kış gecesindeki bu uzun yürüyüş onları yakınlaştırmıştı. Vedalaşırlarken birbirlerine ellerini uzattıklarında, Erika'nın solgun ve serin parmakları, unutulmuş gibi, uzunca bir süre çaresizce erkeğin güçlü elinin içinde kaldı. Ve birbirlerinden eski dostlar gibi ayrıldılar.

O kış daha sonra da sık sık görüştüler. Önce bir rastlantı onları bir araya getirdi, ardından da buluşmaya başladılar. Bu ilginç kız, bütün kendine özgü halleri ve tuhaflıklarıyla erkeği çekiyordu; Erika'nın ruhunun, sadece ona açılan ve kendini korkmuş bir çocuk gibi titreyerek ayaklarının dibine bırakan soylu çekingenliğine hayrandı. Ondaki binlerce inceliği seviyordu; her güzellik karşısında elinde olmadan bir nabız gibi atan, ama hazzın arı içtenliğini bozmamak için kendini yine de yabancı gözlerden saklamaya çalışan duyarlılığının o sade gücünü seviyordu. Ne var ki, bir başkasında öylesine derinden ve kendini kaptırarak hissedebildiği bu içten duyarlığa kendisi yabancıydı. Gençliğinden, henüz yarı çocuk olduğu zamanlardan beri, bir sanatçı olarak kadınlar tarafından o kadar şımartılmış ve baştan çıkarılmıştı ki, sadece ruhani bir sevgiyle doyum bulması çok zordu, kadın duygularına ve gençliğe özgü tazeliğe pek aşina değildi, çünkü lise aşklarının bütün o söz dinlemez ve uçarı tatlılığı, erkenden olgunluk çağına geçen hayatına hiçbir zaman girmemişti. Şehvet doygunluğunun son noktasındaki tükenişi arayan ve hem hararetli hem de bıkkın olan o kaba arzuyla seviyordu. Kendisini tanıyor ve boyun eğdiği her zaaftan dolayı kendisini küçük görüyor, bu hızlı doyumların hepsini tiksintiyle karşılıyordu; ne var ki direnmek elinden gelmiyordu, çünkü yaşantısı, sanatıyla olduğu kadar şehveti ve tutkusuyla da canlanıyordu. Kemandaki ustalığını da bu sert ve ateşli erkeksiliğe borçluydu; çaldığı zaman, havada dağılıp giden son nüanslar, coşkuyla, ama aynı zamanda da Çingenelere özgü bir tatlılıkla hâkim olduğu arşesinden, uykudaki bir melankolinin hafif nefes alışları gibi süzülürdü. Üstesinden gelmeyi başardığı o heyecan verici şiddetin ardında hep hafif bir korku gizli olurdu.

Erika'nın ona duyduğu aşkta da böyle bir korku ve bağlılık vardı. Onun kişiliğinde, uzun yalnızlık yılları boyunca belli bir gerçeklik kazanmış olan bütün o düşsel arkadaşlarını seviyordu; ayrıca çocukça bir inançla, bir sanatçının yaşam tarzıyla da, rahiplere özgü bir onura sahip olması gerektiğini düşündüğü için onun kişiliğinde somutlaşan sanatçıya saygı duyuyordu. Bazen tanıdık hatlar bulmak isteğiyle genç adamı tuhaf bir resme bakar gibi soyut ve yabancı bakışlarla incelerdi ve ona duyduğu güven, günah çıkartan birine duyulan güvene benzerdi. Erika, hayatı hiç tanımadığı, aksine asılsız bir rüya gibi yaşamış olduğu için hayat hakkında düşündüğü yoktu. Bu yüzden geleceğe ilişkin her türlü korku ve endişeden de yoksundu; sanatsal güzelliğiyle ve içten saflığıyla iyimserlik aşılayan bu sevginin, bu şehvetten uzak, onurlandırıcı sevginin, yumuşak ve mutluluk verici tınılarla süreceğine inanıyordu.

Bazen genç adamın yanındayken konuşma ihtiyacı bile duymadığını fark ederek şaşırıyordu. O keman çalıyor veya susuyor, Erika da oturup düş kuruyordu, o bir şey söylediğinde ya da kendisine baktığında yalnızca düşlerinin giderek daha aydınlık ve ışıklı olduğunu hissediyordu. Her şey yavaş yavaş sessizleşmişti, artık gündelik seslerin hiçbiri yolunu şaşırıp onlara ulaşmıyordu; sadece sessizlik, suskunluk ve yüreklerinin derinliklerinde gümüşi şenlik çanlarının tınısı vardı. Ve bir de yüreğinde, özlem dolu bir sevecenlik ihtiyacının yanı sıra kulağına fısıldanmasını dilediği, ama aslında korktuğu, sevgi dolu sözcüklerin beklentisi çırpınıyordu. Erika, tümüyle genç adamın yörüngesine girdiğini, onun sanatıyla kendisine egemen olabildiğini, baştan çıkarıcı tınılarıyla içinde acı ve coşku uyandırabildiğini seziyordu; hiçbir şey veremeden sadece ellerini açıp dilendiği için kendini onun çalışı karşısında tarifsiz bir şekilde zavallı ve savunmasız hissediyordu.

Erika'nın haftada birkaç kez ona gitmesi değişmez bir alışkanlık haline gelmişti. Önceleri birlikte verecekleri konserin provaları için gidiyordu, ama kısa süre sonra baş başa geçirdikleri bu birkaç saatten vazgeçemez oldular. Erika, aralarındaki yakınlaşmanın derinleşmesinin getirdiği tehlikeyi sezemiyordu; aksine genç adamın önünde ruhundaki son çekingenliklerden de sıyrılıyor, en gizli sırlarını bile tek dostu olarak ona açıyordu. Hararetle, neredeyse hayal görür gibi bir şeyler anlatırken, ayaklarının dibinde uzanan erkeğin artan bir heyecanla ellerini kavradığını ve bazen parmaklarını ateşli dudaklarına götürdüğünü çoğunlukla fark etmiyordu bile. Müzikte de her zaman kendisini ve kendi düşlerini aradığı için, onun bazen kemanının en ısrarlı ve istekli tınılarıyla sadece kendisine seslendiğini de anlamıyordu. Bu dönem Erika için, o zamana kadar yüksek sesle söylemeye cesaret edemediği pek çok şey açısından bir kavrama ve özgürleşme dönemi oldu. Böyle sessiz saatlerin, işle geçen yavan gününe yoğun bir pırıltı, gecelerine de ışık kattığının farkındaydı. Zaten sessiz ve mutlu olmaktan başka bir şey de istemiyordu; beklediği sadece bir ibadethaneye sığınır gibi sığınabileceği bolca huzurdu.

Ancak mutluluğunu açıkça göstermekten de sakınıyordu, bazen mutluluk dolu bir gülümseyişi başkalarının ve ailesinin gözünden gizlerken öylesine güç harcıyordu ki, dudaklarının zorlanmasından ağlamak üzere olduğu sanılabilirdi. Çünkü yaşadıklarını, kaba parmakların arasında korku dolu bir çığlıkla parçalanabilecek yüzlerce hassas bağlantıyla birleşmiş bir sanat eserini saklar gibi, yabancı gözlerden saklamak istiyordu. Böylece pek çok yerden, varlığını belli etmeden ve kırılıp dökülmeden geçebilmek için, mutluluğunu ve hayatını soğuk ve aşınmış gündelik sözcüklerin arkasına saklıyordu.

Birlikte gezintiye çıkmadan önce, cumartesi akşamı genç adamı bir kez daha ziyaret etti. Kapıyı çaldığında, ona her gidişinde yüzünü görene kadar içinde yükselmeye devam eden o korkuyu yine hissetti. Ama fazla beklemesi gerekmedi. Kapı hemen açıldı ve genç adam Erika'yı çalışma odasına davet etti, üzerindeki baharlık ceketi özenli bir nezaketle aldı ve dudaklarını saygıyla kızın ince damarlı güzel elinin üzerinde gezdirdi. Sonra yazı masasının yanındaki koyu renk kadifeyle kaplı küçük kanepeye birlikte oturdular.

Odaya artık karanlık çökmüştü. Dışarıda gri bulutlar, akşam rüzgârıyla gökyüzünde birbirlerinin peşi sıra hızla sürükleniyor ve gölgeleri alacakaranlığın donuk ışığına huzursuz kıpırtılar katıyordu. Genç adam, lambayı yakmasını isteyip istemediğini sordu. Erika istemedi. Artık görülmekten ziyade sezinlenebilen soluk ve yumuşak ışığın okşayıcı melankolisi öylesine hoşuna gitmişti. Kıpırtısız oturuyordu. Zevkle döşenmiş odadaki eşyalar –üzerindeki bronz heykelle görkemli bir yazı masası ve sağ yanda camlardan kayıtsızca içeriye bakan gri gökyüzünün önünde hatları belirgin çizgilerle şekillenen oymalı keman ayaklığı– hâlâ net olarak algılanıyordu. Bir yerlerden, acımasızca ilerleyen zamanın sert ayak sesleri gibi çınlayan bir saat tıkırtısı geliyordu. Bunun dışında sessizlik hâkimdi. Sadece genç adamın yanık unuttuğu sigaradan süzülen mavimsi duman şeritleri karanlıkta ahenkle yükseliyordu. Ve ılık ilkbahar rüzgârı açık pencereden girerek onlara kadar ulaşıyordu.

Sohbet etmeye başladılar. Önceleri gülüşerek konuşurlarken, sonradan Erika'nın sözcükleri karanlığın verdiği tedirginlikle giderek ağırlaştı. Genç adam yeni bestesinden söz etti, bir keresinde bir köyden geçerken duymuş olduğu bir halk türküsünün sade, melankolik dizelerinin esinlediği bir aşk şarkısıydı bu. Tarladan dönen birkaç kızın uzaktan gelen seslerini duymuştu, sözcüklerini anlayamamış, yalnızca ezgide zorlukla soluk aldığı belli belirsiz hissedilen özlemi duymuştu. Geçen gün akşamın geç bir saatinde bu ezgi içinde tekrar uyanmış ve bir şarkıya dönüşmüştü.

Erika hiçbir şey söylemeden sadece baktı. Ve genç adam kızın ricasını anladı. Sessizce pencereye doğru giderek kemanını aldı. Çok hafiften şarkıyı çalmaya başladı.

O sırada arkasında gökyüzü yeniden ışıklanmaya başlamıştı. Akşam bulutları tutuşmuş gibi kızıl bir pırıltıyla yanıyorlardı. Oda, yavaş yavaş kararan ve doygunlaşan bir ışımayla yeniden aydınlandı.

Genç adam, ıssızlık duygusu veren bu şarkıyı görkemli bir güçle çaldı, tınılarının içinde kendini kaybetti, kendi bestesinde yitti. Koruduğu tek şey, kekeleyen, ağlayan, sevinçle haykıran, tüm bu çeşitlemeleri içinde hep aynı şeyi yineleyen, o sonsuz özlem yüklü yabancı halk türküsüydü. Artık hiçbir şey düşünmüyordu, düşünceleri uzaklaşmış ve karmaşıklaşmıştı, tınılar daha ziyade ruhundan coşkuyla akan duygularla şekilleniyor ve onlarla bütünleşiyordu. Küçük, loş oda güzelliklerle dolup taşmaktaydı... Kızıl bulutlar ağır, karanlık gölgelere dönüşeli çok olmuştu ve o hâlâ çalıyordu. Şarkıyı sadece Erika'yı hoşnut etmek için çaldığını unutmuştu; mutlu bir heyecanla titreyen tellerde tüm tutkusu, dünyanın bütün kadınlarına duyduğu aşk, güzelliğin simgesi halinde canlanıyordu. Sürekli yenilenen bir tırmanışla ve giderek daha yabanıl bir kudretle çalıyordu, ama ezgide kavuşmanın aydınlığı asla sezilmiyordu, en deli yükselişte bile yalnızca özlem vardı, inleyen ve haykıran bir özlem. Bir türlü bulamadığı belli bir akoru arar gibi, son noktayı koyacak o çözülmeye doğru gider gibi, durmadan çalıyordu.

Çalmayı aniden sert bir şekilde kesti... Erika, içinde bulunduğu esrimeyle müziğin çağrısına kapılmış gibi, boğuk, isterik bir iç çekişle yığılmış olduğu kanepenin üzerinde doğrulmuştu. Zayıf ve duyarlı sinirleri, duygulara hitap eden bir müziğe her zaman yenik düşerdi; hüzünlü ezgiler onu ağlatabilirdi. Ve bu şarkıdaki zorlayan, kırbaçlayan beklenti, bütün duygularını uyarmış, sinirlerini korkunç, soluk kesen bir gerilime sokmuştu. Erika, o dizginlenmiş özlemin şiddetini içinde bir sancı gibi duyumsuyordu, bu boğucu işkencenin kıskacında çığlık atmak ihtiyacı hissediyor, fakat yapamıyordu. Yükselen fiziksel gerilimi sonunda ani bir ağlama nöbetiyle çözüldü.

Genç adam, yanında diz çökerek onu sakinleştirmeye çalıştı. Hafifçe elini öptü. Fakat Erika hâlâ titriyordu ve ara sıra parmaklarından elektrik çarpar gibi bir titreşim geçiyordu. Genç adam onunla dostça konuştu, ama Erika duymuyordu. O da kıza biraz daha yaklaştı, ateşli sözcükler mırıldanarak parmaklarını öpmeye başladı, ellerini öptü, sonra dudaklarının altında bilincine varmadan ürperen ve titreyen dudaklarından öptü. Öpücükleri giderek yoğunlaştı, bir yandan dudaklarından sevgi dolu aşk sözcükleri dökülürken kızı giderek daha şiddetle ve istekle kucaklamaya başladı.

Erika birdenbire içinde bulunduğu yarı düş halinden sıyrıldı ve genç adamı neredeyse şiddetle iterek kendinden uzaklaştırdı. O da korkuyla irkilerek ne yapacağını bilemeden ayağa kalktı. Erika, nerede olduğunu kavramak ister gibi bir an daha sessiz kaldı, sonra kekeleyerek bağışlanma dilediğinde bakışları tedirgin, sesi kırılgandı, sık sık böyle nöbetler geçirdiğini, müziğin sinirlerini uyardığını söyledi.

Sıkıntılı sessizlik bir an daha devam etti. Genç adam bir şey söylemeye cesaret edemiyordu, çünkü küçük düşmüş olduğundan korkuyordu.

Erika, geciktiğini, artık gitmesi gerektiğini söyledi, evdekiler çoktandır onu bekliyor olmalıydılar. Ve hemen ceketini aldı. Sesi genç adama soğuk, neredeyse buz gibi gelmişti.

Bir şeyler söylemek istedi, ama az önce o tutku sarhoşluğu içinde sarf ettiği sözlerden sonra her şeyi o kadar gülünç buluyordu ki. Sessizce ve saygıyla kızı kapıya kadar geçirdi. Ancak vedalaştıklarında Erika'nın elini öperken çekinerek sordu: "Peki, yarın?"

"Konuşmuş olduğumuz gibi. Öyle değil mi?"

"Elbette."

Erika'nın az önceki davranışlarıyla ilgili bir şey söyleme-
den gitmesine sevinmiş, kızın kendisini yüzlemeden bağışla-
yan incelikli suskunluğuna da hayran kalmıştı. Birbirlerine
üstünkörü birkaç veda sözcüğü daha söylediler, sonra kapı-
nın kapanırken çıkardığı boğuk ses duyuldu.

Pazar sabahı hava biraz puslu ve kasvetliydi. Ağır bir
sabah sisi, sık ilmekli gri ağını şehrin üzerine atmıştı ve yağ-
mur, incecik çatlaklardan sızar gibi çiseleyerek sokakların
üzerine iniyordu. Az sonra sisin karanlığına, sanki içinde
giderek pırıldayan ve aydınlanan ağır bir altın taç takılmış
gibi kıvılcımlar çakmaya başladı. Sonunda puslu doku, ışıklı
yükünün altında yırtıldı ve taze bir ilkbahar güneşi ışınlarını
göndererek genç yüzünü, parlak camlarda, ıslak damlarda,
pırıldayan su birikintilerinde, dinginlikle ışıyan kilise kubbe-
lerinde ve etrafı seyreden neşeli insanların gözlerinde binler-
ce suret halinde yansıttı.

Öğleden sonra sokaklarda yoğun bir pazar günü hare-
ketliliği başlamıştı. Sallanarak geçen arabaların tekerlek-
lerinin tıkırtısı hoş bir melodi gibiydi, ama serçeler bunu
bastırmak istercesine telgraf direklerinden aşağıya doğru
bağırıyor, araya telaşlı bir gelgit içindeki tramvayın tiz çın-
gırak sesi karışıyordu. Geniş bir insan seli anacaddelerden
merkeze doğru karanlık bir deniz gibi akıyor, insanların dı-
şarıya çıkarken daha yeni yeni giyme cesareti gösterdikleri
açık renkli ve beyaz ilkbahar giysileri de kalabalığın içinde
aydınlık pırıltılarıyla göz kırpıyorlardı. Ve hepsinin üzerinde
sıcak bir ilkbahar güneşi ışıl ışıl parlıyordu.

Kalabalığın içinde yürüyen Erika sevinç doluydu, genç
adamın kolunda kendini ne kadar hafif ve mutlu hissediyor-
du. Dahası bir çocuk gibi dans etmek ve koşturmak istiyor-
du. Sade, dümdüz elbisesiyle ve her zaman alnının üzerinde

yüklü yağmur bulutu gibi dolaşan, ama o gün topladığı saçlarıyla tam bir kız çocuğu gibiydi. Coşkusu o kadar taşkın ve sahiciydi ki, genç adamın ciddi havası da çabucak dağıldı. Pazar günü kalabalığının, kulak tırmalayıcı patırtısıyla görkemli parkın törensi sessizliğini bozacağını düşündükleri için ilk baştaki Prater'e gitme kararlarından hemen vazgeçtiler. Onların Prater'i, iki yanında asırlık kestane ağaçları yükselen geniş, bakımlı yollarıyla, gölgeli korulara doğru göz alabildiğine uzanan yeşil vadileri ve doygun bir pırıltı içinde güneşlenen aydınlık çayırlarıyla, hemen yanı başında soluyan ve inleyen milyonluk şehirden habersizdi. Fakat tatil günleri bu büyü bozuluyor, akın eden kalabalığın içinde yitip gidiyordu.

Genç adam, Döbling'e doğru gitmeyi önerdi, ama çiçeklerle süslü bahçelerin içinden tatlı tatlı göz kırpan küçük sevimli beyaz evleriyle asıl köye değil de, daha ötelere. O taraflarda, beyaz çiçekleri kar gibi yağan akasyaların arasından geçen patikalarla geniş çayırlara açılan birkaç hoş ve sessiz yürüyüş rotası biliyordu. O tarafa gittiler. Taşraya özgü bir pazar günü huzurunun neredeyse bütün gezintileri boyunca yumuşak, belirsiz bir koku gibi çevrelerini sarmaladığı o sessiz kırlara gittiler. Bazen birbirlerine baktıklarında suskunluklarının ne kadar zengin olduğunu hissettiler, fışkıran ilkbaharın verdiği mutluluk duygusu bu sessizlikle içlerine dolarak çoğalıyordu.

Ekinin henüz boy atmamış olduğu tarlalar yeşildi. Sıcak ve cömert toprağın bereketle ağırlaşmış kokusu, davetkâr bir selam gibi onlara kadar ulaşıyordu. Uzaklarda Kahlenberg ve dimdik duvarları Tuna'ya kadar inen çok eski kilisesiyle Leopoldsberg yükseliyordu. Ortalarında da, çoğu henüz işlenmemiş gibi görünen ve çatlamayı bekleyen tohumla dopdolu geniş, bereketli topraklar uzanıyordu. Aralarında, bir rençberin çalışmaktan sıkılaşmış esmer güçlü bedenine benzeyen kahverengi topraktan belirgince ayrılan, sararmaya başlamış ürünle dolu dörtgen alanlar vardı. Tarlaların üzerinde mavi bir kubbe gibi yükselen neşeli ilkbahar göğü, cıvıltılı bir coşkuyla uçuşan telaşlı serçelerle doluydu.

İki yanı akasyalı, geniş, eski bir yoldan geçtiklerinde genç adam bu yolun Beethoven'ın en sevdiği yürüyüş yollarından biri olduğunu ve en etkileyici yapıtlarının ilk esinlerinin burada yürürken geldiğini anlattı. Bestecinin adının anılmasıyla birlikte ikisi de ciddi ve resmi bir havaya büründü. Ve onun, yaşamlarını daha zengin ve daha derinlikli kılan seçkin müziğini düşündüler. Besteciyi anarken gözlerine her şey daha anlamlı, daha yüce göründü, önceden sadece neşeli şenliğini gördükleri coğrafyanın muhteşemliğini hissettiler ve ilkbaharın en saklı simgesini sunarak güneşin altında ışıyan bereket dolu toprağın ağır doygun kokusunu algıladılar.

Yolları tarlaların arasından devam etti. Erika ekinlerin yanından yürürken ellerini olmamış başakların arasından geçiriyordu, zaman zaman bir sap parmaklarının arasında kırıldığında fark etmiyordu bile. Aralarındaki sessizlik onu, düşler kurarak içlerinde kaybolduğu garip ve derin düşüncelere sürüklemişti. Ruhunda hafiften gizli bir aşk duygusu uyanmıştı, fakat erkeği değil de, çevrelerinde bulunan diğer bütün canlıları, rüzgârda hafifçe salınan başakları, bereketli ürünün iş ve mutluluk bahşettiği insanları düşünüyordu, gökyüzünde birbirlerini kovalayan kırlangıçları düşünüyordu, aşağıda uzaklarda, gri bir buğu kubbesinin altından bakan şehri düşünüyordu, sonra yumuşacık akan güneş ışığının içine ilk kez koşan neşeli bir çocuk gibi, içinde yine ilkbaharın her şeyi kucaklayan gücünü hissetti.

Tarlalarda ve çayırlarda uzun süre dolaştılar. Öğle sonrası artık akşama dönmeye başlamıştı. Henüz karanlık inmemişti, ama ışığın keskinliği yerini ağır ağır, akşamın yaklaştığını haber veren yumuşak, buğulu bir solgunluğa bırakıyor ve uçuk pembe bir tül havada hafifçe titreşiyordu. Erika biraz yorulmuştu, hem dinlenmek için hem de biraz meraktan yol kenarındaki küçük bir lokantaya girdiler, içerideki renkli kalabalıktan neşeli sesler yükseliyordu. Bahçede oturdular, komşu masalarda da şehrin dış mahallelerinden gelen aileler oturuyordu; samimi halleri, yüksek sesle teklifsiz konuşmalarıyla, pazar gününü Viyana usulü bir gezintiyle değerlendiren rahat insanlardı. Biraz daha geride, yeşilliklerin arasında birkaç müzisyen çalıyordu, hafta içleri şehirde üç beş kuruş için sokaklarda dolaşan, sadece pazar günleri bir mekânda çalabilen üç dört kişiydiler. Eski beylik halk şarkılarını oldukça iyi çalıyorlardı, arada bir daha neşeli ve popüler bir şarkıya başladıklarında herkes derhal melodiye eşlik etmeye başlıyor ve var güçleriyle söylüyorlardı. Kadınlar da katılıyordu, nazlanan kimse yoktu, ortamda huzurlu ve keyifli bir hoşnutluk hâkimdi.

Erika masanın diğer tarafından erkeğe gülümsedi, ama kimseyi rahatsız etmeyecek kadar belli belirsiz. Bu, duygularını ve dürtülerini gizleyemeyen, karmaşadan uzak ve sade insanlardan hoşlanmıştı. Dışarıdan hiçbir müdahalenin bozmadığı rahat taşra atmosferini sevmişti.

Yapılı, babacan bir adam olan lokantacı neşeli bir gülümsemeyle masalarına geldi. Konuğunun seçkin bir adam olduğunu fark ederek kendi hizmet etmek istemişti. Şarap getirmek için izin istedi, kabul edilince de eşiniz hanımefendi de bir şey isterler mi, diye sordu.

Erika kıpkırmızı kesildi ve bir an için ne söyleyeceğini bilemedi. Sonra altüst olmuş bir halde sadece başını sallayabildi. "Eşi" karşısında oturuyordu, Erika ona bakmasa da, şaşkınlığını zevkle seyretmekte olan neşeli bakışlarını üzerinde hissetti. Aslında doğal sayılacak bir yanlış anlama karşısında bu denli beceriksizce davrandığı için utanmıştı, fakat bu sıkıntı verici duygudan kurtulamıyordu. Bir anda ruh hali değişmişti, insanların şarkılara nasıl da tezdüze ve yarım yamalak katıldıklarını ancak şimdi fark ediyor, taşkın bir neşeyle bira içenlerin çirkin haykırışlarının ve biradan kısılmış seslerin uğultusunun da şarkılara karıştığını ancak şimdi işitiyordu. Oradan kalkıp gitmeyi yeğlerdi.

Tam da o sırada kemancı birkaç değişik mezür çaldı. Yumuşak tatlı dokunuşlarla Johann Strauss'tan eski bir valse başlamıştı, diğerleri de bu okşayıcı ve hoş melodiye uyumla katıldılar. Erika, müziğin ruhunun üzerindeki zorlu gücü karşısında bir kez daha şaşırdığını hissediyordu, çünkü bir anda ruhu hafiflemiş, salınıp süzülmeye başlamıştı. Melodinin hoşluğu onu bilmediği dizeleri birlikte söylemeye sevk etmiş, farkına bile varmadan çok hafif bir sesle diğerlerine katılmıştı. Her şeyin yeniden güzelleşip şenlendiğini hissediyordu sadece, ilkbaharın çiçeklenişini ve kendi dans eden yüreğini yeniden hissediyordu.

Vals bittiğinde genç adam kalkıp yürüdü. Melodinin o sürükleyici gücünün ve sıcacık içtenliğinin, avam bir şarkının yavanlığıyla bozulmasına izin vermek istemediğini anladığı için Erika da hoşnutlukla onu izledi. Sonra yine o güzel yoldan yürüyerek şehre döndüler.

Güneş artık batmıştı, yalnızca dağların kenar çizgilerinin ardında, altın bir ışıltıya bulanmış ağaçların arasında, tuhaf bir pembelikteki ışık derecikleri aşağıdaki vadiye doğru süzülüyordu. Muhteşem bir görüntüydü. Gökyüzünde, uzaklardaki bir yangının ışıması gibi kızıl bir parıltı vardı ve iyice aşağılardaki şehrin üstündeki buğu, en yoğun renklerle erguvan bir top gibi kubbeleniyordu. Çevredeki bütün sesler akşamın içinde yumuşak bir uyumla silinmekteydi: Gezintiden dönenlerin armonika eşliğinde söylediği uzaktan duyulan şarkılar, cırcırböceklerinin giderek yükselen tiz sesleri ve bütün yapraklarda nefes alan, bütün dallarda fısıldayan, hatta havada titreşen o belli belirsiz vızıltı.

Genç adam, Erika'nın törensi, neredeyse huşu içindeki sessizliğini aniden, hiç hazırlıksız birkaç sözcükle böldü: "Erika, lokantacının sizden benim eşim olarak bahsetmesi ne komikti ama."

Sonra kendini zorlayarak güldü.

Erika düşlerinden silkindi. Ne demek istemişti? Bir sohbet başlatmaya çalıştığını, bunu denediğini hissetti. Dehşet içindeydi; budalaca, anlamsız, karanlık bir korkuya kapılmıştı. Bir karşılık vermedi.

"Komikti ama, değil mi? Nasıl da kızardınız!"

Erika erkeğin yüz ifadesini görmek için ona doğru baktı. Onunla alay mı etmek istiyordu? – Hayır! Son derece ciddiydi, Erika'ya bakmıyordu bile. Bir niyet gütmeden konuşmuştu, ama bir yanıt bekliyordu. Erika onun bir başlangıç yapabilmek için ne kadar zorlanarak konuşmuş olduğunu ancak şimdi hissediyordu. Ne var ki çok korkuyordu ve sebebini bilmiyordu. Fakat bir şeyler söylemek zorundaydı, genç adam yanıtını bekliyordu.

"Benim için komik olmaktan çok utandırıcıydı. Ben böyleyim işte, şakadan hiç anlamıyorum." Bunları sertçe ve sözlerine nokta koyarcasına söylemişti, neredeyse öfkeyle.

Sonra aralarında yeniden bir sessizlik oldu. Fakat artık bu, henüz belirmemiş duyumsamaları birlikte sezip fark edilmelerini sağlayan, ortak bir haz duydukları o eski huzurlu sessizlik değildi, aksine tehditkâr ve zorlayıcı bir şeyi örtbas ediyormuşlarcasına ağır ve kasvetli bir suskunluktu.

Erika, duyduğu sevgiden korktu birdenbire, şimdiye kadar tattığı her mutluluk gibi, sonunda ağlasa da çok sevdiği hüzünlü ve sessiz kitaplar gibi, en büyük mutluluğunu yaşatan, ama yine de bir sancı gibi eziyet eden "Tristan ve Isolde"deki flütlerin yakıcı dalgaları gibi, bu sevginin de acı verici ve tüketici olacağından korktu. Suskunluk kızı giderek daha, daha çok ezmeye başladı ve canını yakarak gözlerine çöken karanlık, ağır bir sise benzedi. Önce kendini yavaş yavaş korkudan kurtardı. Bu duruma bir son vermek, genç adama açık ve net bir soru sormak istiyordu.

"Benden gizlediğiniz şeyler var sanki. Söylemek istediğiniz bir şey mi vardı?"

Erkek bir an sessiz kaldı. Sonra Erika'ya karanlık, hareketsiz yıldızlar gibi duran gözleriyle baktı. Düşündü ve kıza bir kez daha, daha derin ve güvenli bir bakışla baktı, melodik ve garip toklukta bir sesle konuştu.

"Uzun zamandır farkında değildim. Ancak kısa bir süredir biliyorum. Ben – sizi özlüyorum."

Erika titredi. Gözlerini yere çevirmişti, ama erkeğin kendisine derin, soru dolu, ısrarlı bakışlarla baktığını hissediyordu. Evine son gittiği günü ve kendisini öptüğünü düşündü. O gün erkeğe hiçbir şey söylememişti, ama yüreği şiddetle ayaklanmıştı, öfkeyle mi, utançla mı olduğunu anlayamamıştı. Normalde hararetli ve tutkulu parçalar çalarken hissettiği o titreme, o sonsuz uçurumlar ve mutluluklarla dolu mesut ürperti içini sarmıştı. Şimdi ne olacaktı. Eyvah, eyvah!.. Erika, onun konuşmaya devam edeceğini hissetti, bunu hem istedi hem de korktu. Duymak istemiyordu. Tarlalara bakmak istiyordu, evet akşamı seyretmek, bu muhteşem akşamı seyretmek istiyordu. Hiçbir şey, ama hiçbir şey duymak istemiyordu. Yalnızca koyu sis perdesinin altındaki şehri ve tarlaları görmek istiyordu. Bir de yukarıdaki bulutları... Gökyüzünde nasıl da hızla kayıyordu bulutlar! Geride çok azı kalmıştı. Bir... iki... üç... dört... beş... evet, beş bulut... Hayır! Dört... Sadece dört bulut vardı...

O sırada genç adam konuşmaya başladı.

"Uzun süre tutkumdan korku duydum, Erika! Canlanacağını hep hissettim, ama inanmak istemedim. Fakat artık içimde tutkuyu hissediyorum. Bana son geldiğinizden beri, dünden beri bunu hissediyorum."

Bir an sustu ve derin bir nefes aldı.

"Ve bu beni kederlendiriyor, sonsuz keder veriyor. Sizinle evlenemeyeceğimi biliyorum, böyle bir şeyin sanatıma mal olacağını biliyorum. Başka hiç kimse bunu anlayamaz – siz anlarsınız benim sevgili, sevgili Erikam. Bunu ancak bir sanatçı anlayabilir ve siz zengin, sonsuz zengin bir sanatçı ruhuna sahipsiniz. Ayrıca akıllısınız da. Bu şekilde devam edemeyiz... buna bir son vermek zorundayız..."

Sustu. Erika onun henüz her şeyi söylemediğinin farkındaydı. Önünde dilenircesine diz çökmek ve devam etmemesi için yalvarmak isterdi. Şimdi hiçbir şey dinlemek, hiçbir şey anlamak istemiyordu. – Hayır, istemiyordu... Ve korkudan titreyerek tekrar bulutları saymaya başladı.

Ama dağılmışlardı artık... Yok, orada bir tane daha vardı... Bir tanecik daha, bu sonuncusu, karanlık sularda uzaklaşan pembe tüllere bürünmüş gururlu bir kuğu gibiydi... Bu imge aklına nereden düşmüştü? Bilmiyordu... Düşünceleri gittikçe karışıyordu. O buluttan başka hiçbir şey düşünmek istemediğini hissediyordu sadece... Bulut uzaklaşıyordu şimdi, evet dağın üzerinden aşıp uzaklaşıyordu... Tüm yüreğinin ona bağlandığını, ellerini uzatıp onu tutmak istediğini hissediyordu şimdi, ama o gitti... hızla, giderek daha da hızlanarak kayıp gitti... Artık bütün bulutlar gözden kaybolmuştu... Ve Erika şimdi genç adamın, yüreğini kör bir korkuyla titreten, net ve geri alınmaz sözcüklerini yeniden duymaya başlamıştı.

"Beni bu halimle tanıyor musun, bilmiyorum. Ama sanmıyorum, beni her zaman olduğumdan üstün gördün. Büyük bir insan değilim ben... ben, kendi kendine yetmenin güveniyle hayata üstün gelenlerden değilim. Öyle olmayı isterdim, ama değilim. Ben yaşama yapışan biriyim, sevdiği şeylere istek duyan biriyim alt tarafı. Bütün erkekler nasılsa ben de öyleyim, bir kadını sevdiğimde onu sadece onurlandırmıyorum... arzuluyorum da... Ve... seni başkalarıyla aldatmak istemiyorum. Beni küçük görmeni istemiyorum. Bunu göze alamayacak kadar sevgi duyuyorum sana..."

Erika'nın benzi solmuştu. Genç adamın ne söylemek istediğini ancak şimdi anlamıştı ve bunu daha önce düşünmemiş olmasına hayret etti. Bir anda sakinleşiverdi. Her şey olması gerektiği gibi olmuştu aslında.

Olumsuz davranmak istedi, ama elinden gelmedi. Genç adamın, konuşurken tatlılıkla "sen" diye hitap etmesindeki sevgi dolu samimiyet, Erika'yı tamamen teslim almıştı. Onu ne kadar sevdiğini bir kez daha hissetti; sevgisi, unutulmuş bir sözcük gibi aniden yüzeye çıkmıştı. Ayrıca onu kaybetmenin ne kadar ağır geleceğini, genç adama derin ve gizli bir güçle ne denli bağlı olduğunu hissetti. Erika bir rüyada gibiydi...

Genç adam konuşmaya devam ederken sesi bir okşayış kadar yumuşaklaştı ve kız, erkeğin elini narin parmaklarının arasında hissetti.

"Beni sevdin mi... benim seni şu anda sevdiğim gibi sevdin mi, bilmiyorum. Sadece armağan eden ve hiçbir şeyi esirgemeyen o en kutsal sevgiyle, kendini tamamen feda ederek, bütün basit şeyleri sonsuza değin unutarak, sevdin mi? Ben yalnızca uğruna kurban gidilen bir sevgiye inanırım... Fakat artık her şey bitti. Ve sana olan sevgim bu yüzden biraz olsun azalmış değil..."

Erika bir sarhoşluğa kapılmış gibiydi. Bedeninden hoş bir ürperti geçti. Bildiği sadece, onu kaybetmek zorunda olduğu ve bunun elinden gelmeyeceğiydi. Bir de kendini hayatın çok üzerinde hissediyordu. Her şey o kadar uzak, o kadar ıraktı ki. Tarlaların üzerine akşam sessizliği ve tatlı bir huşu inmişti, şehir, şehrin uğultusu ve gerçekliği hatırlatan diğer her şey uzaklardaydı. Özveriye hazır, özgür ve bağışlayıcı sevgisiyle, mutluluk bahşetmenin huzur dolu gücüyle, kendini güneşli yüksekliklere çıkmış gibi, bütün çirkinliklerin ve basitliklerin ötesine geçmiş gibi hissediyordu. Zihninde artık hiçbir düşünce, hiçbir hesap kitap yoktu; sadece duygular, daha önce hiç hissetmediği coşkun, taşkın duygular vardı. İçinde bulunduğu ruh haline ve ruhunun en derinlerindeki o isteğe yenik düştü. Erika, alçak sesle ve yalın bir biçimde şunları söyledi:

"Dünyada senden başka kimsem yok. Ve seni mutlu etmek istiyorum."

Genç adama bunları söylerken tüm utancından sıyrılmıştı. Tek bir sözüyle büyük bir mutluluk bağışlayabileceğini biliyor, sadece erkeğin ışıyan gözlerini ve içlerindeki teşekkür dolu pırıltıyı görüyordu.

Genç adam eğildi ve sessiz bir huşuyla kızı dudaklarından öptü.

"Senden asla kuşku duymadım."

Sonra yokuşlu yoldan inerek şehre doğru, eve doğru yürüdüler.

Yavaş yavaş tekrar günün yorgunluğunu taşıyan karanlık şehre yaklaştılar ve Erika'ya sanki bir mutluluk düşünün pırıltılarından yine sert, soğuk ve acımasız hayatın içine düşüyormuş gibi geldi. Yabancı ve ürkek bakışlarla, dış mahallelerin yorucu bir gürültüyle ve pusla dolu, sisin nemini içmiş çirkin sokaklarına girdiğinde içine acı verici bir ıssızlık duygusu çöktü. Kasvetle birbirlerine yaslanan isli evlerin, gündelik hayatın, acımasız ve tehditkâr bir güçle parçalamak üzere kaderini zorlayan bu karanlık simgelerin altında ezildiğini hissetti.

Genç adam, aniden bir sevgi sözcüğüyle hitap ettiğinde Erika adeta korktu, yaşadıkları o sevecen dakikaları ve vermiş olduğu sözü neredeyse unutmuş oluşuna şaştı. Birkaç saat önce içinde aniden bir esrime halinin coşkusunu doğurmuş olan her şey, bu boğucu ve iç daraltan çevrede nasıl da birdenbire yabancılaşmıştı. Erika, büyük bir dikkatle, yandan genç adama baktı. Alnında sert kırışıklıklar, dudaklarının kıyısında kendinden emin birinin sakinliği vardı, yüz ifadesinden tümüyle dik başlı ve erkeksi bir gurur yansıyordu. Normalde genç adamın içindeki gücü her zaman güzel bir uyumla zapt eden o tatlı melankoliden eser yoktu, sadece belki de pusudaki şehvetten başka bir şey olmayan muzaffer bir sertlik görülüyordu. Erika bakışlarını yavaşça çevirdi. – Genç adam ona hiçbir zaman o andaki kadar uzak ve yabancı olmamıştı.

Ve aniden korkuya, müthiş, dizginsiz bir korkuya ka-
pıldı! Zihninde bir anda uyaran, gürültü eden ve birbirle-
rini bastıran binlerce ürkek ses yükseldi. Bunun ardından
ne gelecekti? Ancak belli belirsiz sezinleyebiliyordu, çünkü
açıkça düşünmeye cesareti yoktu. Bir zayıflık anının baştan
çıkarmasıyla verdiği söze içindeki her şey isyan etmekteydi
ve kızgın utancı bir yara gibi yanıyordu. Erika hiçbir zaman
şehvetli olmamıştı, şimdi bunu yüreğinin derinliklerinde
hissediyordu, hiçbir zaman bir erkeği arzulamamış, sadece
kaba ve zorlayıcı güç karşısında nefret duymuştu. Erika o
an yalnızca tiksinti hissetmekteydi ve gözünün önündeki
her şey –siste bir görünüp bir kaybolan âşık çiftler, erkeğin
hafifçe hissettiği kolunun basıncı, geçip giderken karşılaştığı
her rastlantısal bakış– karararak çirkin ve bayağı bir anlam
yüklendiler.

Bir anda aşkının, hayal kırıklıklarının altında dayak ye-
mişçesine sarsılan derin acıtıcılığını fark etti. Her zaman ya-
şanmış olan bir şey bir kere yaşanmaktaydı. Erkeğin şehveti,
kızın tatlı aşkını ve kutsal heyecanını katletmişti. Karanlığın
üzerinde ışıldayan akşam bulutları gibi duran mutluluk ar-
tık parçalanmıştı, gece tehditkâr, sancılı sessizliği ve acımasız
suskunluğuyla karanlık ve ağır, yükselmeye başladı...

Ayakları hiç ilerlemek istemiyordu. Genç adamın kendi
evinin yoluna girdiğini fark ettiği an, zihninde bir uyuşma
hissetti. Ona her şeyi anlatmak istiyordu: Kendi sevgisinin
onunkinden tamamen farklı olduğunu, hassas sinirlerine ye-
nik düştüğü bir ruh halinin esiriyken söz vermiş olduğunu
ve içindeki her şeyin bu peşinen sözü verilmiş aşk sahnesine
karşı ayaklandığını anlatmak istiyordu. Fakat sözcükler sese
dönüşemiyor, sadece ruhuna azap veren ve azat etmeksizin
işkence eden karanlık ve zorlayıcı duyguları algılıyordu.
Kasvetli ve ürkütücü anılar kara gölgeli kanatlarıyla etra-
fında süzülüyordu. Ve bunlardan biri, birlikte okula gitmiş
oldukları bir kızın garip, ama bir o kadar da gündelik hikâ-

yesi, durup durup geri dönüyordu. Kız bir erkeğe kendini vermişti ve onun tarafından terk edildiğinde öfkeyle ve intikam isteğiyle bir başkasına, sonra bir başkasına daha gitmişti – artık nedenini kendi de bilmez olmuştu. Ve Erika, aşkın, hayatından karanlık bir fırtına gibi geçtiği bu kızı düşündüğünde hep ürperirdi; içinde duyduğu o şiddetli direnç, ilk kez yaşayacağı şeyden korkan saf bir kızın ilk utancından fazlasıydı, gürültücü hayattan ve onun kaba çirkinliğinden korkan narin, kırılgan ve ürkek bir ruhun hoş zaafıydı.

Yan yana yürüyen kızla erkeğin arasındaki soğuk ve uzaklaştıran suskunluk devam etti. Erika kolunu çekmeyi isterdi, fakat uzuvları tüm hareket yetilerini kaybetmiş gibiydi, sadece ayakları düşsel bir tekdüzelik içinde ileri sürükleniyordu. Ve düşünceleri giderek karmaşıklaşıyor, ince, yakıcı dişleriyle beynine saplanan korlaşmış oklar gibi birbirlerinin yanından geçiyorlardı. Bunun da ötesinde, o takatsiz dehşetin ve çaresiz boyun eğişin kara bulutları giderek yoğunlaşıyordu. Sadece dudaklarında, her şeyin bir anda geride kalması için, büyük, karanlık, acısız bir hiçliğin, bir artık düşünmek ve hissetmek zorunda kalmayış halinin, ani ve kesin bir bitişin, kötü bir rüyadan kurtaran uyanışın gelmesi için bir dua dolaşıp duruyordu...

Genç adam birden durdu.

Erika irkildi ve korktu. Evin önüne gelmişlerdi. Kalbi bir an atmadan durdu, sessizce, tamamen hareketsizce. Fakat sonra çekiç gibi vuran bir korkuyla ve yükselen bir hızla tekrar, telaşlı ve vahşi atmaya başladı.

Genç adam birkaç şey söyledi, tatlı sevecen sözcükler. Öylesine içten ve duyarlı konuşmuştu ki, Erika bir an için ona tekrar sevgi duydu. Fakat kolunu daha sıkı kavrayıp dirençsiz bedenini tatlı bir yumuşaklıkla sardığında yine o eski karanlık korkuya kapıldı ve korku bu kez her zamankinden çok daha şiddetli ve sersemleticiydi. Erika, tıkanıp kalmış sesinin bir anda çözüleceğini ve erkeğe kendisini serbest bırakması için yalvarıp dil dökeceğini sandı, fakat gırtlağından ses çıkmıyordu. Ruhunda, kaçınılmaz olanın artık azap olarak algılanmayacak kadar derin sancısı, büyük, karanlık kapıdan onun kolunda yarı baygın geçti.

Helezoni loş merdivenden yukarıya çıktılar. Erika, soğuk, küf kokulu bodrum havasını algıladı ve serin nemin içinde salınan gaz lambalarının titreşen sarı ışıklarını gördü. Her bir basamağı hissetmekteydi, bütün bu görüntüler uykudan hemen önceki son imgeler gibi, kayarcasına ama yine de net ve derinden etkileyerek, buna rağmen bir an sonra tekrar dağılıp kaybolarak gözlerinin önünden akıp gittiler.

Şimdi koridorda durmuşlardı. Erika biliyordu, kapısının önündeydiler...

Genç adam önden yürüyüp kızın kolunu bıraktı.

"Bir dakika Erika, sadece ışık yakacağım."

Erika onun içeriden gelen seslerini duydu, daireye girmiş ve lambayı yakmıştı. Bu kısa süre kızın cesaret bulmasını ve kendine gelmesini sağladı. Dehşet duygusu, bir nöbet gibi bir anda üzerine çökerek gergin donukluğunu çözdü. Ve o çılgın panik içinde basamaklara dikkat bile etmeden yıldırım gibi merdivenlerden indi, sadece, sadece hızla uzaklaşmak istiyordu. Yukarıdan genç adamın sesini duyduğunu sandı, ama artık algılamak bile istemiyordu, sadece koşmak, koşmak, hiç durmadan uzaklaşmak istiyordu. İçinde, genç adamın peşinden geldiği gibi delice bir korku uyanmıştı, bir de kendinden, tekrar geri dönmek isteyebileceğinden korkuyordu. Ancak sokaklarca öteye gittiğinde ve kendini aniden yabancı bir mahallede bulduğunda, derin bir iç çekişle olduğu yerde durdu ve sonra ağır ağır evinin yönünde yürümeye başladı.

Kaderi içinde barındıran boş, anlamsız saatler vardır. Bunlar hemencecik kaybolmak üzere gelen karanlık, kayıtsız bulutlar gibi yükselirler, ama gitmezler, inatla ve ısrarla orada dururlar. Ve kara bir duman gibi yükselir, dağılıp uzaklaşarak yayılırlar, sonra donuk, kasvetli bir grilikle hayatın üzerine kapanıp kalırlar, yaşadığınız ana kıskançlıkla ve kaçınılmaz biçimde yapışarak, bir gölge gibi durmadan tehditkâr yumruklar sallarlar.

Erika, karanlık odasına saklanıp divana uzanmış, başını yastığa gömmüş ağlıyordu. Akıtacak gözyaşı kalmamıştı, ama yaşların taşarak ve yakınarak, sıcacık döküldüklerini hissediyordu, bazen de bedeni ani bir hıçkırık nöbetiyle sarsılıyordu. Bu acı dolu anların yaşantıya dönüşmekte olduğunu, bu ilk büyük düş kırıklığının, kederi kendini ona habersizce açan ruhunun derinliklerine çektiğini hissetti. Aslında o son kritik anda kaçmayı başardığı için yüreği zafer duygusuyla titremekteydi, fakat bu duygu berrak, coşkulu bir sevince dönüşmek yerine bir sancı gibi dilsiz kaldı. Çünkü öyle kişilikler vardır ki, bütün büyük olaylar ve olağanüstü yaşantılar onlarda ruhun genelde sarsılmasının yanı sıra gizli bir kederin ve derin bir melankolinin ilk boğuk seslerinin serbest kalmasına yol açarlar ve bu sesler öylesine yükselir, öylesine baskın çıkar ki, diğer bütün ruh halleri onların içinde çözülür gider.

İşte Erika Ewald böyle bir durumdaydı. Oyun oynarken kendini yaşamın içinde yitiren bir çocuk gibi, o taze ve güzel aşkı kaybetmenin yası içindeydi. Bir de açık davranmadığı için utanç duyuyordu, erkeğin karşısında, onu boyun eğmek zorunda bırakacak bir serinkanlılık ve sert bir gururla konuşmak yerine, dilsiz ve çaresiz bir yaratık gibi kaçıp gittiği için utanç, sıcak, yakıcı bir utanç duyuyordu. Genç adamı ve aşkını öylesine mesut bir acı ve yakıcı bir ürküntüyle düşünüyordu ki, bütün görüntüler tekrar gözünün önünde beliriyor, iç içe geçip birbirlerine karışıyorlardı; fakat artık aydınlık ve şen değillerdi, aksine hatıraların hüznünün karanlık gölgesi düşmüştü üzerlerine.

Dışarıda bir kapı açıldı. Erika ani ve yoğun bir korku duydu. Her sese ürkerek kulak veriyor ve en ufak bir tınıyı bile, açıkça düşünme cesaretini dahi gösteremediği belirsiz fikirlerle yorumlamaya çalışıyordu.

O sırada kız kardeşi içeri girdi.

Erika'nın aklı karışmıştı. En yakınındaki şeyleri bile, kardeşinin gelebileceğini bile düşünemeyişine şaştı ve yine tuhaf bir duyguyla, birlikte yaşadığı bu insanların kendisine ne denli uzak, ne denli yabancı olduklarını hissetti.

Sonra kız kardeşi öğleden sonrasıyla ilgili sorular sormaya başladı. Erika beceriksizce cevaplar verdi ve kendine olan güvensizliğini fark ettiğinde ona karşı sert ve haksızca davrandı.

Kız hiçbir şey söylemeden odadan çıktı. Erika o zaman kardeşine ne kadar haksızlık etmiş olduğunu hissetti. Kendine ait hiçbir yaşantısı olmayan, böyle bir şeyi talep de etmeyen, hayattan hiçbir pay almayan kız kardeşine karşı; kendi çektiği acı gibi, insanı zenginleştiren, soylu bir acı bile çekmeden kadere teslim olmuş bu sessiz varlığa karşı, içinde bir acıma duydu.

Erika bu duyguyla tekrar kendi düşüncelerine döndü. Ve düşünceleri, karanlık akıntıyı sessizce yararak, ne bir renk ne de derin bir iz bırakarak, gelip görünmeyen güçler tarafından yönlendirilen ağır, kara tekneler gibi yakınlaştılar ve yanından geçerek uzaklarda kayboldular. Ne var ki düşüncelerindeki kasvet, onlar geçip gittikten sonra da Erika'nın ruhunda titreşmeye devam etti ve o ağır, karanlık saatlerden sonra kızın istemeden teslim olduğu bir yorgunluğun içinde çözülüp eridi.

Erika sonraki günleri bekleyiş ve korku içinde geçirdi. Gizliden gizliye bir mektup, onun elinden bir haber bekliyordu; kendisi de sert, acımasız suçlamalar, öfkeli sözcüklerle dolu bir mektup yazma özlemi duyuyordu. Çünkü bir son istiyordu, geçmişin üzerine örtülecek ve onun gelecekteki günlerine gizlice karışmasını engelleyecek bir bitiş istiyordu.

Ya da onu, mutlu saatlerle dolu yaşadığı ve artık içinden çıkmış olduğu o oyuna tekrar geri döndürecek tatlı, anlayışlı sözcüklerle dolu, içine işleyecek bir mektup gelmeliydi.

Oysa hiçbir haber gelmedi, o azap veren belirsizlikle Erika'nın arasına hiçbir işaret girmedi. Çünkü Erika, erkeğe duyduğu sevgi hâlâ yaşıyor mu, yoksa çoktan bitti mi veya daha farkına varmadığı yeni bir dönüşüm sürecinin sonunda mı, bunları henüz bilemeyecek kadar kendi duyumsamalarının ve heyecanlarının etkisi altındaydı. Sadece içindeki huzursuzluğu ve karmaşıklığı algılıyor, içinde öfkeli ve çirkin duygular uyandırarak, gevşemek bilmeden devam eden gerilimi hissediyordu. Bütün falsoları ve ses uyumsuzluklarını çok daha keskin bir şekilde algıladığı için, her zamankinden daha korkunç gelen derslere gergin ve başı ağrıyarak gidiyordu. Her türlü ses aklını karıştırıyordu, gürültücü telaşı ve zorlayıcılığıyla dış dünya katlanılmaz hale geliyor ve kendi düşünceleri bile yumuşak, rahatlatıcı düşselliklerini yitiriyor, sivrilerek keskinleşiyorlardı. Erika artık her şeyde bir düşmanlık ve onu yaralamak isteyen inatçı bir kasıt görüyordu. İçinde yaşadığı dünyayı, binlerce gizli işkence aletiyle dolu ve ışığın girmesini engelleyen körleştirici aynaların gizlendiği büyük ve karanlık bir hapishane gibi görüyordu.

Bugünler Erika için katlanılmaz derecede uzundu ve bir türlü bitmek bilmiyorlardı. Pencerenin önünde oturuyor, bütün zıtlıkları yavaşça yumuşatarak biraz huzur getiren akşamın inmesini bekliyordu. Güneş damların ardında ağır ağır alçalmaya, yansıları giderek daha mat ve karanlık titreşmeye başladığında, içinde ne varsa daha bir sessizleşip dinginleşiyordu. O zaman tüm duygu ve düşüncelerinin de artık değişmeye ve yabancılaşmaya meylettiğini, hayatının eşiğinde yeni duyguların ve yaşantıların beklediğini ve içeri girmek için bağrıştıklarını hissediyordu. Ne var ki onlara dikkat etmiyordu, çünkü içinde büyüyen ve şekillenen duyumsamaların ölmekte olan aşkının son titreyişlerinden başka bir şey olmadığına inanıyordu...

Böylece Erika genç adamdan bir haber alamadan iki hafta daha geçti. Her şey geride kalmış ve unutulmuş görünüyordu. Kederi ve iniş çıkışları henüz bitmemişti, ama o çirkin, sinirli tarzından kurtulmuş, daha ruhsal ve incelikli bir ifade biçimine kavuşmuştu. Acı verici duygular, hüzünlü şarkılarda, dizginlenmiş minör tonlu melodilerde ve melankolik tınılı akorlarda hafifleyerek ağır ağır çözülüyordu. Bazı akşamlar bir şey düşünmeden, tatlı bir aldanışla asıl izlekten kendi yarattığı tınılara kayarak ve artık yavaş yavaş geçmişe karışmaya yüz tutan o ıstırap dolu aşkının hikâyesi gibi adım adım yavaşlayarak çalıyordu.

Tekrar okumaya da başlamıştı. İçlerinden tuhaf koyuluktaki melankolik çiçeklerden yayılan ağır, uyuşturucu kokular gibi hüzün fışkıran o muhteşem kitaplara yine yakınlaşmıştı. Hayatın katılığının kutsal ve kalpten gelen bir sevgiyi elinden aldığı Marie Grubbe'yi, pes etmek istemeyen ve sıradan mutluluğa yüz çeviren mutsuz *Madam Bovary*'yi tekrar eline aldı. Cömert ve özlem dolu sanatçı yüreğiyle elleri açık beklese de, büyük aşkın hiç kapısını çalmadığı Maria Baschkirtscheff'in tarifi imkânsız dokunaklılıktaki günlüğünü okudu. Ve Erika'nın azap içindeki ruhu, kendi acısını yitirmek ve unutmak için bu yabancı insanların acılarında battı; fakat bazen dehşetin gururla kardeş olduğu bir korkuya kapılıyordu, çünkü sözcükler, kendi hayatında da bulunan ve kaderin yüklediği ağır anlamlarını kavradığı görüntülere denk düşüyordu. Artık onların hikâyelerinin, hayatın adaletsizliğini ve nefretini ilan etmediğini, sadece kolayca unutarak, acının karanlık ama gizlerle dolu uçurumlarının üzerinden atlayabilen, gülmeye açık ve basit bir ruhun dans edercesine şen adımlarından yoksun oldukları için acı verici olduklarını hissediyordu. Bir de, yalnızlığı daha da ezici bir şekilde üzerine çöktü. Kimseyle yakınlığı kalmamıştı. Kendini tüm derinlikleri ve gizli güzellikleriyle bir yabancıya vermenin tuhaf utancı, onu bütün kız arkadaşlarından uzaklaştırmıştı; ayrıca bir tanrıya açılan ve en gizli itiraflarını ona yapan dindar insanların huzur ve güven veren inancına da sahip değildi. İçinden fışkıran acı tekrar ruhuna geri dönüyordu ve bu bitmek tükenmek bilmeyen, sadece kendi kendine açılma ve kendi kendini didikleme hali, sonunda Erika'yı artık kaderle ve onun gizli güçleriyle boğuşmak istemeyen kör bir yorgunluğa ve umutsuz bir uyuşukluğa sürükledi.

Pencereden sokağa bakarken tuhaf düşüncelere kapılıyordu. Kör bir koşuşturma içindeki insanları, mutlu bir dalgınlık içinde geçip giden sevgilileri, sonra tekrar aceleci delikanlıları, telaşla geçen bisikletlileri, tekerlerini vınlatarak hız yapan arabaları, günün ve sıradanlığın görüntülerini seyrediyordu. Hepsi de Erika'ya o kadar yabancıydı ki. Bütün bu mahlukların, bütün hedefler o kadar küçük ve bayağıyken niçin böylesine acele edip itiştiklerini ve telaşla koşturduklarını anlamıyormuş gibi uzaklardan, başka bir dünyadan bakıyordu onlara. Bütün tutkuların ve özlemlerin yörüngesinde uyuduğu, bütün hastalıkların ve çirkinliklerin, gizil güçler barındıran tatlı suyunun içinde bir atık tabakası gibi çözülüp gittiği mucizevi bir kaynağa benzeyen o büyük huzurdan daha bereketli ve mutluluk verici bir şey olabilir miydi sanki. O halde bütün bu kavgalar ve kazanma çabaları niyeydi? O halde kimseyi azat etmeye yanaşmayan ve asla yorulmak bilmeyen bu yakıcı özlem niyeydi?

Erika Ewald bazen böyle düşünüyordu ve yaşam onu güldürüyordu. Çünkü bu büyük huzura inanmanın da sadece bir özlem olduğunu, kendi özümüze varmamıza izin vermeyen, en samimi ve en kalıcı arzu olduğunu bilmiyordu. Aşkının üstesinden geldiğine inanıyor ve onu düşünürken bir ölüyü düşünür gibi düşünüyordu. Anılar yumuşak, barışçıl renklere bürünmüştü, unuttuğu bölümleri tekrar hatırlıyordu ve gizli, bağlayıcı iplikler, çözülmez bir şekilde kaynaşana değin gerçeklikle tatlı düşlerin arasında gidip gelmeyi sürdürüyordu. Çünkü Erika, başından geçenleri, uzun zaman önce okumuş olduğu özgün ve güzel bir romanı hayal eder gibi düşünüyordu; figürler yavaş yavaş tekrar yaklaşıyor, bildik ama yine de uzak sözcüklerle konuşuyorlardı, bütün mekânlar aniden patlayan bir ışıkla aydınlanmış gibi tekrar görülebilir bir hal alıyordu, her şey yine eskisi gibi oluyordu. Erika akşamları coşan düşüncelerinin içinde hikâyeye durmadan yeni sonlar yazıyor, ama uygununu bulamıyordu; çünkü dostça bir serinkanlılık ve derin bir anlayışla el sıkışılarak yaşanacak, yücelik ve olgun bir özveriyle dolu, yumuşak ve barışçıl bir son istiyordu. Erika, bu romantik düşlerin içinde yavaş yavaş, genç adamın da beklediğine ve bin bir mesut acı içinde hayal kurmakta olduğuna inanmaya başladı; giderek değişmez bir olgu halinde yoğunlaşan bu düşünce, her şeyin yoluna gireceğine ve aşklarının tuhaf bir şekilde hareketlenen melodisinin uzlaştırıcı son bir tınıyla özgürleşeceğine olan güvenini zamanla daha da pekiştirdi.

Uzun, çok uzun günler sonra, Erika, artık kabuk tutmaya başlayan bütün o keskin yaralarıyla aşkını düşündüğü zamanlar bazen dudaklarında bir gülümsemeye izin verme cesaretini gösterir olmuştu. Çünkü derin bir acının, yeraltında huzursuz bir suskunlukla taşların arasında köpüren ve kapalı kapılara karşı aciz bir öfkeyle çarpıp duran karanlık bir dağ akarsuyu gibi olduğunu henüz bilmiyordu. Ama akarsu bir yerde duvarı aşar ve dizginsiz bir coşkuyla gücünü saçıp önüne geleni yıkarak, her şeyden habersiz neşeli bir güvenle yayılan çiçek açmış vadiye akın eder...

Olaylar Erika'nın düşlediğinden çok farklı gelişecekti. Aşk hayatına bir kez daha girdi, ama değişmişti, bu kez öyle sakin ve bir kız çocuğu gibi seven ve bereketli armağanlarla ağır ağır yaklaşmadı, aksine bir ilkbahar fırtınası gibi, dudakları hararetle yanan ve koyu renk saçlarında tutkunun koyu kırmızı gülünü taşıyan ateşli, arzulu bir kadın gibi geldi. Oysa erkeklerin şehveti kadınlarınki gibi değildir, onlarda başlangıcından beri, ilk olgunlaşma deneyiminden de önce şehvet kor gibi yanar, fakat bazı kızlara ancak bin bir gizli kılıkta ve görünümde gelir. Şehvet kızlara bazen coşkunluk olarak, bazen mutlu bir düş, bazen kibirlilik ve estetik haz olarak sokulur, fakat sonunda öyle bir an gelir ki bütün maskelerini indirir ve ardında gizlendiği örtüleri yırtıp atar.

Günün birinde Erika her şeyin bilincine vardı. Onu bu kavrayışa zorlayan ne bariz bir olay olmuştu ne de bir rastlantı. Belki bir düşün akıl karıştıran çağrısına kapılmış ya da baştan çıkarıcı gizli bir güce sahip bir kitap okumuştu, belki de uzaktan duyduğu bir melodiyi veya çiçeklenen yabancı bir mutluluğu birden anlayıvermişti – bunu asla bilemedi. Sadece birdenbire onu tekrar özlediğini anladı, ama geçirdikleri sessiz saatleri ve güzel sözcükleri değil, güçlü kollarını ve bir zamanlar dudaklarının sessiz, yalvaran sözcüklerini anlamadan onların üstünde istekle yanan sıcak dudaklarını özlemişti. Kız çocuklarına özgü utancı bu farkındalığın karşısında boşuna direndi; ürkütücü şehvetin bir nebzesinin olsun karışmadığı eski günleri düşünmeye çalıştı, erkeğin evinden samimi bir tiksintiyle kaçtığı o akşamı düşünerek bu aşkın çoktan öldüğü ve gömüldüğü yalanıyla kendini kandırmaya çalıştı. Fakat sonra, yakıcı bir tutkuyla kanının tutuştuğunu hissettiği, inlememek ve dışarıdaki sessiz, acımasız karanlığa onun adını haykırmamak için dudaklarını serin yastıklara bastırmak zorunda kaldığı geceler geldi. Artık kendini daha fazla yanıltmaya cesaret edemedi ve bunun bilinci Erika'yı korkuyla titretti.

Şimdi bütün o günler boyunca hissettiği bunaltıcı heyecanın, güzel ve aydınlık aşkının ölümüne değil, aksine şimdi ruhunu kasıp kavurmakta olan bu zorlayıcı güçlerin ağır ağır olgunlaşmasına işaret ettiğini de biliyordu. İçinden sürekli yeni acılar fışkırsa da, karanlık bir talihin hain çocukları ürese de, son derece sıradan ve basit olan bu eğilim üzerinde tuhaf bir ürkeklikle düşündü. Üşüyen, boş tarlalara meyvelerini bırakan gecikmiş bir sonbahar gibi gelen bu tutkuda, dokunulmamışlığın gücü, kanın zorlayıcı nöbetlerine asla kapılmayan yaşanmamış gençlik günlerinin bolluğuyla birleşti. Bütün engelleri aşarak ve son tereddütleri de silerek direnç ve kaçınma tanımayan bu tutkuda, her şeye üstün gelen şiddetli bir güç vardı.

Erika, bu sert tutkunun karşısında ne kadar zayıf olduğunun henüz farkında değildi. Sadece genç adama fark ettirmeden ve onu özlediğini sezmesine imkân vermeden, onu uzaktan, çok uzaktan da olsa tekrar görmek için duyduğu isteğin içinde ağır bastığını hissediyordu. Genç adamın gizli bir çekmecede tozlanmış fotoğrafını tekrar ortaya çıkardı ve tuhaf bir biçimde ona neredeyse tapındı. Ateşli bir tutkuyla ağzını öptü, sonra fotoğrafı karşısına koydu ve aslında doğrudan kendisine söylemek istediği şeyleri karmakarışık bir şekilde ve hararetle anlatmaya başladı, o zamanlar çocukça ve ürkek davrandığı için bağışlanma diledi. Sonra telaştan birbirine karışan cümlelerle ozlemini anlattı, onu sonsuza değin sevdiğini, hiçbir zaman anlayamayacağı kadar çok sevdiğini anlattı. Fakat bütün bu kendinden geçmeler Erika'yı doyurmadı, çünkü istediği genç adamın kendisini tekrar görmekti. Günlerce onun geçtiği yolların köşelerinde bekledi, ama boşuna. Sonunda sabırsızlığı öylesine yükseldi ki, büyük bir korku verse ve belirsiz de olsa bazen içinde, evine gidip o zamanki davranışı için özür dileme fikri belirmeye başladı. Tam o sırada gazetelerde, genç adamın yakın zamanda solo konseri için sahneye çıkacağını okudu, bu haber Erika'nın içini mesut bir esrimeyle doldurdu, çünkü onu fark ettirmeden görebilmesi için çok uygun bir fırsattı bu. Sonra Erika'yı büyük bir özlemle beklediği o akşamdan ayıran günler ona korkunç gelen bir ağırlıkla birer birer geçti.

Erika, titreşen binlerce mumun ışığıyla aydınlatılmış konser salonuna ilk girenlerdendi. Gün ağardığından ve o gün her şeyin olup bitmek zorunda olduğu düşüncesiyle gözüne uyku girmediğinden beri, içini kaplayan ve dakikaları saatlere çeviren özlem dolu bir sabırsızlıkla titreyip durmuştu. Yaptığı işin gerekleri kızı her an irkilterek, dalgın beklentilerinden ve dingin özleminden kopartıp kendine getirse de, bütün o saatler boyunca bir düşler ülkesinde gezinmişti. Akşam olduğunda en iyi giysisini çıkartarak, sadece sevgilinin karşısına çıkacak kadınlarda görülen o törensi özenle hazırlandı. Konser salonuna bir saat erken gitti. Aslında önce, gerilmiş sinirlerini biraz yatıştıracak kısa bir yürüyüş yapmayı planlamıştı, fakat sokağa çıkar çıkmaz onu belli bir yöne gitmeye zorlayan karanlık bir gücün çekimini hissetti. İlk başta çekimser adımlarla yürürken sonra adımları giderek tedirginleşip hızlandı. Kendini bir anda konser salonunun geniş basamaklarının önünde bulunca aceleciliğinden utandı ve haline kendisi de şaştı. Orada bir süre daha herhangi bir şey düşünmeksizin bir aşağı bir yukarı gidip geldi. Telaşsız ve rahat bir tempoyla ilk arabalar gelmeye başladığında artık kendini zorlamak için daha fazla çaba göstermedi ve yürekli bir tavırla ışıkları henüz yakılmış salona girdi.

İçeride karşılaştığı, korkulu düşleri davet eden o geniş ve boş sessizlik uzun sürmedi. Kalabalık giderek yoğunlaştı. Erika tek tek insanları ayırt etmiyor, sadece içeriye akan kitleyi hissediyor, tuvaletlerin dolaşan renk renk kumaşlarını, kalabalığın karanlık devinimini ve gözüne maske gibi görünen pek çok değişken simayı görüyordu. Bütünüyle sabırsızlığa ve beklentiye gömülmüştü. Gözlerinin önünde sadece tek bir isim, tek bir istek, tek bir sözcük vardı.

Aniden, sessizlikten önceki o tedirginlik, yükselen mırıltılar ve kıpırtılar, açılan opera dürbünlerinin, tek saplı gözlüklerin hafif tıkırtıları, heyecan ve hareket başladı, ardından da şiddetli bir alkışa dönüşen o çok sesli uğultu yükseldi. Erika, o anda onun içeriye girdiğini hissetti. Ve gözlerini yumdu. Kendini, ona o gurur dolu anında sakince bakamayacak kadar zayıf hissediyordu. Elinde olmadan çığlık atıp ona seslenebilir veya yerinden fırlayıp ona el sallayabilirdi, ama her halükârda budalaca, düşüncesizce, gülünç bir şey yapacağı kesindi. Kalp atışlarının boğazına kadar yükseldiğini hissediyordu. Bekledi. Kapalı gözlerle her şeyi görerek bekledi, onun yukarı çıkışını, eğilerek selam verişini ve şimdi –evet şimdi olmalıydı– arşeye uzanışını. Sonunda kemanından ilk tınılar, tarlalardan gökyüzüne doğru ağır ağır yükselen tarlakuşları gibi neşeyle yayılana kadar bekledi.

Nihayet yavaşça, çok parlak, göz kamaştıran bir ışığa bakar gibi büyük bir dikkatle, bakışlarını yukarıya çevirdi. Ve onu gördüğü anda sıcak bir kan dalgasının hücum ettiğini hissetti, ışıldayan dürbün camlarının ve aranan bakışların içinde dalga köpükleri gibi titreşerek parladığı bu karanlık ve sessiz deniz, kızı adeta yukarı taşıdı. Sonra çalışını duydu ve bir zamanların bütün o sihirli gücünü yeniden içinde hissetti. Sesler yükselip çoğalırken, yüreği de öyle kabarıp doldu. İçinde hem kahkaha hem gözyaşı vardı, bir heyecan seliyle titreyen sıcak dalgalar vardı. Coşkuyu, coşkunun güneşte ışıldayan sular gibi binlerce fıskiyeden fışkırarak yüreğine dolduğunu hissediyordu; bu coşkunun aniden kabaran bir havuzun suyu gibi neşeyle boğazına yükseldiğini duydu. Müziğin etkisi Erika'yı yine, yolunu göremeyen bir körün yabancı ve sevecen bir ele kendi isteğiyle teslim olması gibi baştan çıkardı. Sonra alkışlar patladığında ve adeta sihirli bir uykuya dalmış gibi duran o karanlık deniz, salonda aniden vahşi ve dizginsiz bir kabarışla köpürdüğünde, her yandan taşkın bir tezahürat yükseldiğinde Erika'nın içi birdenbire gururla doldu. Genç adam tarafından arzulanmış olma düşüncesi ruhunu sevince boğdu. Bu gururun bilincine vardığında, yaşamış oldukları olayın bütün çirkinliği ve acılığı da genç adamın sanatının üstün geldiği o anın içinde eriyip gitti. Böylece bu akşam, Erika'nın arayış içindeki huzursuz ruhu için parlak ve yoğun bir şenliğe dönüştü. Sadece bir soru aklını ısrarla meşgul ediyordu, acaba genç adam da onu düşünüyor muydu? O an tümüyle huşu içindeydi, kendini vermekten başka bir şey istemeyen özlem dolu bir kadındı. Artık kendini hiç düşünmüyordu, sadece onu ve onun arzusunu görüyor, kemanın çağrısında artık sesleri ve melodileri değil de, genç adamın heyecanını duyuyordu.

O sırada Erika'nın sorusuna tuhaf, ama kıza sonsuz bir mutluluk bahşeden bir yanıt geldi. Genç adam, bitmek bilmeyen alkışlardan sonra nihayet bir parça daha çalmaya karar vermişti. Henüz ağır ağır birkaç basit mezür çalmıştı ki Erika'nın yüzü bembeyaz oldu. Büyülenmiş gibi dinledi, dinledi. Şarkıyı buruk bir korkuyla tanımıştı, bu genç adamın evindeki o garip günbatımında kendisi için karanlıkta çaldığı parçaydı. İşte Erika o an kendisine kur yapıldığını düşündü. Parçanın kendisi için, kendisine çalındığını duyumsadı. Parçayı, salondaki herkesi aşıp kendisine varan bir soru olarak dinledi, karanlık salonda şarkının onu bulmak için uçuşan ruhunu gördü. Birden gelen bu kesinleşme Erika'yı mutlu hayallere sürükledi. Şarkıyı, erkeğin kendisini, sadece kendisini düşündüğüne dair bir itiraf olarak yorumladı. Ve üzerine bir mutluluk çöktü. Erika'yı baştan çıkaran ve tümüyle gerçekliğin üstüne taşıyan yine müzik olmuştu. Yukarılara havalandığını, ayakları yerden kesilerek, insanların üstünde yükseldiğini hissediyordu. Aynı uzaklarda uğuldayan kente yükseklerden bakarak yan yana durdukları o akşamdaki gibi. İstediği sadece daha yükseklere, kaderin ve dünyanın, sıradanlıkların ve kaygıların çok üzerlerine çıkmaktı. Erika, şarkının çalındığı kısa zaman süresince, mutlu hayaller içinde bütün engellerin ve gerçeklerin ötesine geçti.

Parçanın ardından gelen görülmemiş alkış Erika'yı tekrar düşlerinden çıkardı. Ve genç adamı beklemek için büyük bir telaşla çıkışa koştu. Çünkü şimdi onu korkutan ve kendini genç adama armağan etmekten alıkoyan son soruya da içini ferahlatan aydınlık bir yanıt almıştı – artık onun da kendisini hâlâ sevdiğinden ve eskisinden daha hararetli, çok daha güzel, şiddetli ve büyük bir aşkla sevdiğinden emindi. Yoksa Erika'ya duyduğu aşkla yarattığı bir kutlama olan bu ışıltılı methiyeyi, o zamanlar gücüyle Erika'yı o farkına bile varmadan teslim almış olan bu muhteşem şarkıyı bütün bu insanların karşısında söylemezdi. Ve Erika bugün, bağışlayıcı sevgisinin özenle koruduğu meyvelerini, mutlulukla yüceltsin diye onun ayaklarının dibine sermek istiyordu...

Kendine zorlukla yol açarak, sanatçıların kullandığı çıkışa vardı. Mat loşluğu birkaç lamba alevi aydınlatmaktaydı; burada öyle itişe kakışa koşturan insanlar yoktu ve Erika da kendini rahatça mutluluk ve güven içinde süzülen düşlerine bıraktı yine. Aslında genç adamın onu unutmasının mümkün olmadığını çok daha önceden bilmesi gerekirdi – bu düşünce durup durup tekrar öne çıkıyor ve gelecek günlerin sevinçli vaatleriyle birleşiyordu.

Heyecan içinde gülümseyerek, onun her şeyden habersiz merdivenlerden ineceğini ve birdenbire, belki de az önce aklından geçirdiği dileğinin gerçekleştiğini görünce ne kadar şaşıracağını düşündü. Ve eğer...

O sırada gerçekten de, giderek yükselen ve yakınlaşan ayak sesleri duyuldu. Erika ister istemez biraz daha karanlığa doğru çekildi.

Genç adam gülerek ve sohbet ederek merdivenlerden iniyordu – üzerinde dantellerle bezeli bir elbise olan bir hanıma doğru sevecenlikle eğilmişti; ufak tefek hoş bir opera şarkıcısı olan kadın eski bir opera melodisini mırıldanmaktaydı. Erika olduğu yerde büzüldü. O zaman genç adam onu fark etti. İçgüdüsel olarak eli şapkasına uzandı, ama yarı yolda geri çekiverdi. Dudaklarında kötücül, kırgın ve kibirli bir gülümseme pusuda bekler gibiydi, fakat başını öbür yana çevirdi. Sonra da dantel elbiseli ufak tefek hanımı arabasına götürdü, önce onun binmesine yardım etti ve orada ihanete uğramış aşkıyla tek başına kalan Erika Ewald'e bir kez bile bakmadan kendisi de bindi.

Böylesi deneyimler, amansız şiddetleriyle çoğu zaman öyle korkunç ve derinden yaralayan bir azap verirler ki, bu vahşice darbeyle kavrama ve bilincine vararak hissetme yetinizi yitireceğiniz için artık bunu acı olarak algılayamazsınız. İnsan sadece düştüğünü hisseder, henüz bilmediği ama sezdiği ve o şiddetli savruluşun içinde uçup giden, kaybedilen her anla, her saniyeyle, daha da, daha da yaklaştığını hissettiği bir uçuruma, kendisini parçalayacağını ve darmadağın edeceğini bildiği o korkunç sona doğru, baş döndürücü yüksekliklerden nefesi kesilerek, istemsizce ve direnç gösteremeden hızla aşağı doğru inmekte olduğunu hisseder.

Erika Ewald, daha önce küçük çapta da olsa öylesine çok acıya katlanmıştı ki, büyük bir olayı serinkanlılıkla karşılayabilirdi. Şairlerin, içlerinden en samimi ve hüzünlü dizelerini çıkarttıkları o melankolik ve düş dolu anlara, tatlı ürkekliklere ve hoş kederlere götürdükleri için tuhaf bir mutluluk duygusu da barındıran bu küçük acılar, Erika'nın yaşamını doldurmuştu. Ama daha o anlarda bile kaderin güçlü pençesini hissettiğine inanmıştı ve hissettiği, tehditle uzanan o pençenin geçip giden gölgesiydi sadece. Erika, yaşamın karanlık gücünü çoktan sırtlandığını sanmıştı ve bu inançla kurduğu güçlü güvenlik mekanizması, şimdi gerçeğin karşısında, öfkeli bir darbenin parçaladığı bir çocuk oyuncağı gibi dağılıp gitmişti.

İşte bu yüzden ruhu birleştirici güçlerini tümüyle yitirdi. Yaşam ona bütün tohumları ve tomurcukları kıran bir dolu sağanağı gibi geldi. Gözlerinin önünde sadece ıssızlık vardı artık, bir de bütün yolları kapatan, bütün bakışları körleştiren ve korku çığlıklarının yankılarını acımasızca yutan derin ve nüfuz edilmez karanlık vardı. İçinde sadece suskunluk vardı artık; boğucu, soluksuz bir suskunluk, bir ölüm sessizliği. Çünkü tek bir anda içinde çok şey ölmüştü; henüz doğmamış olan, ama ışığa ulaşmak isteyen bir çocuk gibi hayatına girmeye çalışan aydınlık, neşeli bir kahkaha. Ve çokça da gençlik, o geleceğe güvenen ve istediği zaman açılmasını beklediği bütün kapalı kapıların ardında neşe ve parıltı hisseden özlem dolu kucaklama isteği. Sonra pek çok saf ve dünyaya güven duyan hissediş, kendini bütün insanlığa ve inançlı öğrencilerine, sadece şenlikler ve mucizeler gösteren büyük doğaya teslim etme hali. Ve son olarak da, acının karanlık kaynaklarında yıkandığı ve mükemmelliği bulmak için değişen şekillerde yol aldığı için sonsuzca zengin bir aşk ölmüştü.

Fakat bu düş kırıklığının içinde yeni bir tohum, çevresindeki her şeye karşı acı bir nefret ve henüz yolunu nasıl açacağını bilemeyen kızgın bir intikam ihtiyacı da vardı. Yanaklarında hakaretin ateşi yanıyordu ve elleri, her an öfkeli bir şiddetle herhangi bir şeye girişecekmiş gibi titriyordu. Zayıflık ve utanç Erika'yı terk etmişti, içinde harekete geçmenin zorlayıcı gücü giderek belirginleşiyor ve tedirgin ediyordu; kendini kaderin şekillendirmesine ve yönlendirmesine her zaman izin vermiş bir varlık şimdi ona karşı çıkmak ve onunla mücadele etmek istiyordu.

Ve bu hedefsiz, taşkın dürtü, Erika'yı bir karara varamadan rastgele yürüdüğü yollara düşürdü. Hakikat çok, çok daha uzaklardaydı. Nereye gittiğini bilmiyordu, ayaklarında kurşun gibi bir yorgunluk, ama aynı zamanda da ilerlemeye zorlayan deli bir hareket vardı. İçinde uyanmaya çalışan acıyı silmek ve yürüyüşün hızına kapılarak unutmak için düşüncelerine giderek daha fazla sarındı; ne var ki henüz dökülme noktasına gelmeyen, ama içten içe yanan ve damlayan gözyaşlarının basıncını hissediyordu...

Kendini bir anda bir köprünün önünde buldu. Aşağıda nehir, karanlık ve ağır ağır kayarak akarken içinden pek çok aydınlık nokta pırıldıyordu. Bunlar yıldızların ve iyice açılmış gözler gibi yukarı bakan köprü lambalarının yansımalarıydılar. Ve bir yerlerden hafif ve sürekli bir şıpırtı geliyordu, akıntı köprünün ayaklarından birinde kırılıyordu.

O anın içinde bir ölüm düşüncesi gizliydi. Erika'nın bedeninden bir ürperti geçti. Arkasına döndü. Yakınlarda hiç kimse yoktu, sadece orada burada kayıp giden kara gölgeler görünüyordu. Arada sırada uzaklardan bir kahkaha veya bir arabanın geçip gidişi duyuluyordu. Fakat yakınlarda onu engelleyebilecek hiç kimse yoktu. Ne kadar kolay, ne kadar çabuk olup bitebilirdi, korkuluğu kavrayıp üzerinden atlamak, sonra aşağıda, o suskun karanlığın içinde birkaç çirkin çırpınma anı daha, sonra huzur... cömert ve sonsuz huzur, bir daha uyanmamanın bütün hakikatlerden uzak, rahatlatan tesellisi...

Fakat ardından aklına başka bir şey geldi! Sudan çıkartılan bozulmuş bir ceset, alaya alan meraklılar, gevezelikler, çekiştirmeler – nasılsa artık canı yanmıyor! Fakat bunu duyabilecek ve belki de galip gelme duygusuyla kendinden emin gülümseyebilecek biri daha vardı... Hayır... bu olmamalıydı! Hayat henüz bitkin düşmemişti, bunu hissediyordu; çünkü hâlâ bir intikam, etrafı yoklayan son bir ümitsizlik girişimi barındırıyor olabilirdi. Hatta belki de hayat güzeldi, sadece kendisi yanlış yaşamıştı, belki de insan, başkalarının canıyla beslenen yırtıcı bir hayvan gibi gaddar, hırslı ve sinsi davranırsa hayat iyi ve güven doluydu, sevecen ve temkinliydi.

Köprüye arkasını döndüğünde göğsünden bir kahkaha koptu, kendisini de korkutan bir kahkaha. Çünkü kendi dile getirilmemiş sözcüklerine inandığını hissediyordu. Sahici olan sadece acıydı ve kızgın, yakıcı öfkeyle kör intikam hırsıydı. Kendisine ne kadar da yabancılaşmıştı, ne kadar kötü ve değersiz olduğunu göremeyecek kadar!

Ürperdi. Artık hiçbir şey düşünmek istemiyordu. Tekrar şehrin içerlerine doğru yürüdü... rastgele... eve doğru... Hayır – ev olmazdı! Bunu korkuyla aklından geçirdi. Orada her şey o kadar karanlık, dar ve boğucuydu ki; orada her köşede, kötücül parmaklarını uzatarak onu gösteren, pusuya yatmış anılar vardı; orada büyük acısıyla tamamen yalnız kalacaktı, elem evde karanlık kanatlarını iyice açıp onu kavrayarak nefesini kesinceye değin iyice, iyice kendine çekebilirdi.

Fakat nereye gidecekti? Nereye? Bu soru beynini dağlıyordu. Artık başka bir şey düşünemiyordu da, bütün zihni sadece bu sözcüğe yoğunlaşmıştı...

Yanında birinin gölgesi vardı.

Erika dikkat etmedi.

Gölgenin kendi gölgesine yaklaşıp bir süre paralel gittiğine de dikkat etmedi. Yanında yürüyen biri vardı, bir gönüllü asker ve bir sokak lambasının önünden geçtikleri sırada kızın yüzünü dikkatle inceledi. Asker, Erika'ya nazikçe hitap ettiğinde kız aniden düşüncelerinden sıyrıldı. İçinde bulunduğu durumu kavrayabilmek için birkaç dakika geçmesi gerekti ve önce bir karşılık vermedi.

Erika'nın suskunluğu, bir süvari olan, henüz çok genç ve biraz da beceriksiz gönüllüyü caydırmadı, aksine yarı teklifsiz, ama yine de bir ölçüde temkinli bir tonda konuşmaya devam etti. Belli ki karşısındakinin nasıl biri olduğunu tam anlayamamıştı; kız cevap vermemişti, ama çok kibardı ve üzerinde ağırbaşlı bir kıyafet vardı. Fakat bir yandan da gecenin o saatinde dışarıda tek başına dolaşıyordu – ne olduğunu tam olarak çözememişti. Ama kaygısızca konuşmaya devam etti.

Erika sustu. İçgüdüsel olarak onu geri çevirmek istemiş, fakat öncesinde yaşamış olduğu şeyler aklına tuhaf bir fikir getirmişti. Artık farklı bir hayata başlamak istiyordu, onca acı çektiren bu hayaller içinde kaybolmaktan ve beyhude özlem çekmekten kurtulmalıydı, evet Erika için yeni bir hayat başlamalıydı, gözü pek ve taze güçle dolu bir hayat. Sonra yine aklına o geldi – intikam almak, korkunç bir hakarette bulunmak istiyordu. Karşısına ilk çıkana kendini vermek istiyordu; o kendisine hakaret ettiği için, en acı ve belki de ölümcül aşağılanmayı son damlasına kadar tatmalıydı. İçini yakan eskisini unutmak için, yeni bir aşağılanmayla kendine zalimce işkence etmek üzere Erika'nın içindeki her şey çabucak, bir plana ve karara dönüştü... fırsat nasıl da karşısına çıkmıştı... her şeyden habersiz, bilgisiz genç, çok genç bir insan, ilk karşısına çıkan oydu işte...

Ve askere öylesine telaşlı bir sevecenlikle cevap verdi ki, oğlan karşısındakinin kim olduğu hakkında tekrar tereddüde düştü. Fakat Erika'nın sorduğu bir soru, konserden yanında getirmiş olduğu opera dürbünü ve asil davranışları, askerin ona karşı takındığı özensiz tavrı değiştirdi. Çekingenliği devam etti. Aslında daha yarı çocuktu ve üniformasının içinde, bir maskeli baloda savaşçı kostümü giymiş gibi tuhaf görünüyordu; o zamana kadarki maceraları da macera bile sayılamayacak kadar basit şeyler olmuştu. Kendini ilk kez gerçek bir bilmeceyle karşı karşıya görüyordu. Çünkü Erika bazen dakikalarca sessiz ve hareketsiz kalıyor, soruları duymuyor ve rüyada gibi yürüyordu; sonra birdenbire, herhalde anında unuttuğu kışkırtıcı bir sevecenlikle onunla şakalaşıp gülüyordu, fakat asker bile bu gülüşlerde sahte bir tını varmış gibi hissediyordu.

Gerçekten de zihninde en çılgın düşünceler birbirini kovalarken lütufkâr ve hafif bir kadın rolü oynamak Erika'ya az çabaya mal olmadı. Sonunun nereye varacağını biliyor ve bunu istiyordu, fakat durup durup, kendine kötülük etmekte olduğuna dair gizli bir korkuya kapılıyordu. Ne var ki olumlu işlemesi mümkün olmayan intikam ihtiyacı, sonunda ona zarar verecek yanlış bir yönde de olsa gelişmek için uygun bir araç bulmuştu ve öylesine taşkın ve güçlüydü ki, karşısında Erika'nın kadınsı algıları boşu boşuna isyan ediyordu. Ne olursa olsun, yeter ki intikamını alsındı... yeter ki o hakareti bilmemiş olsundu... yapay ve harap edici bir sarhoşluk içinde de olsa yeter ki unutsundu... bir daha düşünmek zorunda kalmasındı...

Böylece askerin, bir restoranın kapalı bölmelerinden birine gitme teklifini de memnuniyetle kabul etti, oysa bunun ne anlama geldiğini bir şekilde sezmekteydi. Fakat düşünmek istemiyordu... yeter ki durmadan düşünmek zorunda kalmasındı...

Önce hafif bir akşam yemeği geldi, ama Erika pek bir şey yemedi. Fakat kendini uyuşturmak için hırslı bir telaşla, kadeh üstüne kadeh şarap içti. Ne var ki sarhoş olmayı henüz başaramamıştı. Bazen bütün durumu korkunç bir berraklıkla görüyordu. Karşısındakini inceledi. Aslında doğru olanı bulmuştu, daha iyisi düşünülemezdi: iyi bir oğlan, kırmızı yanaklı, sağlıklı ve sağlam görünüyor, biraz kibirli ve fazla akıllı değil... bu akşam olup bitenleri, zavallı, azap dolu bir insanın hayatında nasıl bir rol oynadığını kavramayacaktı bile... ertesi gün unutacaktı. Ve Erika bunu istiyordu.

Düşünürken böyle anlarda gözlerine hayalperest bir ifade yerleşiyor ve yüzünde içsel bir acının karanlık gölgesi beliriyordu. Sonra usulca hayallere dalıyordu... parmakları hafifçe titriyordu... Her şeyi unutuyordu ve yitip gitmiş uzak görüntüler ağır, çok ağır bir şekilde tekrar yüzeye çıkmaya meylediyordu...

Sonra aniden bir sözcük veya bir dokunuş onu yine kendine getiriyordu. Her şeyi tekrar yerli yerine oturtmak için her seferinde bir saniye yetiyor, fakat ardından yine şarap kadehine uzanıp bir dikişte bitiriyordu. Sonra bir tane ve bir tane daha, ta ki kolunun ağırlaşıp düştüğünü hissedene değin...

Asker bu arada Erika'nın yanına geçip iyice yaklaşmıştı. Kız hâlâ bunu fark edecek durumdaydı, ama rahatça şakalaşmaya devam etti...

Ne var ki giderek şarabın etkisini hissetmeye başlamıştı. Bakışları bulanıklaştı, ağır ve yaygın bir sisin yoğun bulutları arasından görür gibiydi; askerin nazik ve ikna edici sözcükleri çok, çok uzak bir yerlerden gelir gibi, tümüyle belirsiz ve yitikti. Dili dolaşmaya başladı ve tüm çabalarına rağmen düşünce akışının karıştığını ve gözlerinin önünde artık nasıl direneceğini bilemediği parlamalar ve titreşmeler belirdiğini hissetti. Fakat Erika'yı giderek daha sıkı ve daha sevecenlikle saran yorgunlukla birlikte o hüzün geri geldi, biraz sarhoşluğun sebepsiz ve sarsak melankolisinden, biraz da bütün akşam zaten göğsünü sıkıştırmış ve hâlâ yolunu açamamış olan o sancıdan kaynaklanıyor gibiydi. Dış dünyaya karşı tamamen körelip duyarsızlaşmış, kendi acısının içinde yitmişti, bütün sözcüklerin ve tatlı okşamaların karşısında sağırdı.

Delikanlı Erika'nın davranışlarını tam olarak anlayamıyordu ve ona nasıl davranması gerektiğini bilemediğinden üzerine bir güvensizlik çöktü; kızın sarhoş olduğunu düşünüyor, ama sarhoşluğundan faydalanmaktan utandığı için de onu kendine getirmeye çalışıyordu. Ne var ki Erika'nın uyuşmuşluğu ne konuşmayla ne de okşayıcı öpücüklerle dağıtılacak gibiydi; delikanlı onu yelleyerek serinletmeye çalıştı, ama ferahlatmak için düğmelerini açmaya çalıştığında korkuya kapılmasına yol açan beklenmedik bir şey oldu.

Çünkü Erika'yı kavradığı anda kız kendini aniden oğlanın kollarına atarak korkunç bir şekilde ağlamaya başladı. Bu, dipsiz bir korku ve acıyla dolu bir hıçkırmaydı, bir sarhoşun çakırkeyif hüznü değildi, aksine kızın ağlamasında ilkel bir şiddet vardı; yıllarca kafeste kapalı kalmış ve bir anda yabanıl bir güçle parmaklıkları kırmış vahşi bir hayvan gibiydi; bu onun, belli belirsiz bilmekte olduğu ve şimdi sarsıntılı bir sağanakla çözülen son derece kutsal ve derin acısıydı. Erika yüreğinin derinliklerinden ağlıyordu, gözyaşlarının yakıcı yükü ve boşalmamış heyecanların ezici ağırlığı, güçlü fırtına patlamalarıyla boşaldığı için şimdi içindeki her şey, ama her şey, iyileşmeye başlamış gibi görünüyordu; ağladı, ağladı, çaresizce kendini bırakmış bedeni ani titremelerle sarsıldı, fakat gözlerinin sıcak yaşları tükenmek bilmedi; büyüyen kristaller gibi yavaşça yerleşen ve sertleşerek bir daha yumuşama bilmeyen bütün o ağır acıları da yıkayıp götürdü. Sadece gözleriyle ağlamıyordu, narin, yumuşak bedeni olduğu gibi sert darbelerle sarsılıyor, yüreği de birlikte titriyordu.

Delikanlı bu ani ve üzücü patlama karşısında tümüyle çaresiz kalmıştı. Kızı sakinleştirmeye çalıştı, örgülü koyu renk saçlarını hafifçe ve şefkatle okşadı; fakat Erika'nın çırpınmaları arttıkça oğlanda da ona karşı acımayla karışık tuhaf bir yakınlık uyanmaya başladı. Böyle bir ağlama daha önce hiç duymamıştı ve hiç bilmediği ama büyüklüğünü muhtemelen sezdiği bu görülmemiş acı, iradesizce kollarında yatan bu kadın karşısında içine saygı dolu bir korku salmıştı. Onun, en küçük bir direnç bile gösteremeyecek kadar güçsüz olan bedenine dokunmak bir cürüm gibi geliyordu; sonra yavaş yavaş aslında çok mükemmel davranmakta olduğunu fark etti ve böyle tuhaf bir deneyimden duyduğu çocuksu sevinç irade gücünü artırdı...

Bir araba çağırttı ve Erika'dan adresini öğrendikten sonra ona evine kadar eşlik ederek, orada dostça ve rahatlatıcı sözcüklerle vedalaştı.

Erika kendisini tekrar odasında bulduğunda sarhoşluğun son kırıntıları da dağılıp gitmişti. Sadece son birkaç saattir olanlar bulanık ve belirsizdi, fakat geride kalanları ürküntü ve korkuyla düşünmüyordu, aksine huzurlu bir dinginlik içindeydi. Genç ruhunun tümü, bütün acısıyla o gözyaşlarında vardı: büyük, zorlayıcı bir aşk, şiddetli ve yakıcı bir hakaret ve neredeyse gerçekleşecek olan son aşağılanma.

Yavaş yavaş giysilerini çıkarttı.

Her şey olması gerektiği gibi olmuştu; çünkü bazı insanlar dünyaya aşk için gelmezler, kavuşmanın acı verici mutluluklarını taşıyamayacak kadar zayıf oldukları için onlarda sadece beklentinin kutsal ürpertisi vardır.

Erika hayatını düşündü. Aşkın bir daha gelmeyeceğini ve kendisinin de ona yaklaşmaması gerektiğini biliyordu artık, hayal kırıklığının acılığı son kez yakınına gelmişti.

Gizli ve anlaşılmaz bir utançla bir an daha tereddüt etti; sonra aynanın önünde üzerindeki son giysileri de attı.

Hâlâ genç ve güzeldi. Çiçek beyazlığındaki bedeninde hâlâ eski yılların tazeliği vardı, şiddetli bir iç gerilimle yükselip inen göğüsleri, ritmik bir akışla iç içe geçen hatlarının oyununda, yumuşak, neredeyse çocuksu bir yuvarlaklıkla hafif ve narin titriyordu. Uzuvlarında gücün ve esnekliğin ihtişamı vardı; her şey, cömert bir sevgiyi kabul edip yüceltmek için, karşılıklı bir oyunda alıp vermek, en kutsal amaca doğru ilerlemek ve yaratılışın ışıklı mucizesini kendi içinde yaşamak için yaratılmıştı ve hazırdı. Ve bunların hepsi de, rüzgârın savurduğu bir çiçeğin güzelliği gibi, insanlığın uçsuz bucaksız tarlasındaki kof bir tohum gibi, yararlanılmadan ve ürün vermeden geçip gidecek miydi?

Erika'yı yumuşak, barışçıl bir teslimiyet, en büyük acının içinden geçmiş bir insanın yüceliği sardı. Ve bu çiçeklenmiş gençliğin, onu arzulamış ve aşağılamış olan tek, bir tek kişi için belirlenmiş olduğu düşüncesi, bu en son zorlu sınav bile artık bir garez uyandırmıyordu. Işığı hüzünle söndürdü, artık özlediği sadece tatlı rüyaların hafif mutluluğuydu.

Bu birkaç hafta Erika Ewald'in hayatına sınır çekti. Yaşadığı her şey bu zaman diliminin içine kapandı ve daha sonraki günler yanından bir yabancı gibi kayıtsızca geçip gittiler. Babası öldü, kız kardeşi bir memurla evlendi, akrabalar ve dostlar mutluluk ve mutsuzluk getirdiler, ancak Erika yalnız anlarına kaderin girmesine bir daha izin vermedi. Hayatın

ağır şiddeti onu etkileyemezdi artık; uğrunda mücadele et-
tiği büyük ve kutsal huzura, yoğun ve ıslah edici bir acıdan
geçmeden varılamayacağını, acının yoluna girmeyen için
mutluluk olmayacağını söyleyen derin hakikatin bilincine
varmıştı. Ne var ki, yaşamdan mücadeleyle söküp aldığı bu
bilgelik kayıtsız ve meyvesiz kalmadı; Erika'yı, müzik öğ-
rettiği ve kendilerini korumaları gereken bir insandan bah-
seder gibi kaderden ve kötülüklerinden söz ettiği çocuklara
yöneltti. Böylece günbegün, aylar geçti gitti.

Memlekete bahar ve ardından sıcak ve bereketli yaz gel-
diğinde, Erika'nın akşamları da içten bir güzellikle dolup
taşıyordu.

O zaman açık pencerenin karşısında piyanonun başına
geçiyordu. İlkbaharın getirdiği taze baharlı hava dışarıdan
içeriye akıyor; büyük şehrin, fırtınalı dalgalarını beyaz kıyı-
lara vuran bir denize benzeyen uğultusu uzaklarda kalıyor-
du. Odada kanaryası en neşeli şarkılarını söylüyor, dışarıda
koridordan komşunun haşarı ve neşeli oyunlar oynayan
oğullarının sesi geliyordu. Fakat Erika çalmaya başladığında
dışarısı sessizleşiveriyordu, sonra kapı çok, ama çok usulca
açılıyor ve oğlanlar, huşu içinde müziği dinlemek üzere peş
peşe içeriye süzülüyorlardı. Ve Erika giderek daha aydınlık
ve şeffaf bir hal alır gibi görünen beyaz, ince parmaklarıyla
hüzünlü melodileri yakalıyor, aralara uzaklarda sönen anıla-
rın tınılarını taşıyan hafif fanteziler katıyordu.

Bir keresinde, böyle çalarken, ne olduğunu hatırlayama-
dığı bir tema öne çıktı. Aniden ne olduğunu bulana kadar
tekrar tekrar çaldı; onun aşk şarkısını esinleyen hüzünlü
halk türküsüydü bu...

O zaman parmaklarını tuşlardan çekip tekrar geçmi-
şi düşledi. Düşünceleri garezden ve kıskançlıktan tümüyle
uzaktı. Buluşamamış olmalarının haklarında en iyisi olma-
dığını kim bilebilirdi... Ve birbirlerine uygun olup olma-
dıklarını? Kim bilebilirdi?.. Fakat... – bu düşündüğünden

neredeyse utandı– ondan bir çocuğu olmasını isterdi, yalnız kaldığında, tümüyle bir başına olduğunda kucağında sallayabileceği ve bakıp büyütebileceği altın bukleli güzel bir çocuk...

Gülümsedi. Ne kadar da budalaca hayallerdi bunlar!

Ve parmakları tuşların üzerinde, tekrar unutulmuş aşk şarkısının temasını arandı...

Unutulmuş Düşler

Villa denizin tam kıyısındaydı.

Çamlarla kaplı sessiz ve loş yollarda tuzlu deniz havasının güçlü, doygun soluğu dolaşıyor, portakal ağaçlarıyla oynayan yumuşak, kesintisiz bir meltem, arada bir rengârenk bir çiçeği okşarcasına dokunarak düşürüyordu. Güneşin altında parlayan uzaklar, üzerlerinde zarif evlerin beyaz inciler gibi ışıdığı tepeler, millerce uzakta mum gibi dimdik yükselen bir deniz feneri; hepsi de keskin, net hatlar çizerek pırıldıyor ve gökyüzünün koyu mavisinin içine gömülmüş ışıltılı bir mozaik gibi duruyordu. Çok uzaklarda, ara sıra yelkenlerin beyaz kıvılcımıyla pırıldayan denizin kıpırtılı dalgalarıyla yaslandığı kat kat yükselen taraçaların üzerine kurulmuş villa, gerilerde masal sessizliğindeki yorgun bir parkla birleşen, yeşil gölgeli, geniş bahçenin içinde gözden kayboluyordu.

Üzerine çöken öğle öncesi sıcağında uyuyan evin önündeki çakıllı patika, beyaz bir çizgi gibi uzanarak serin manzara terasına varıyordu, terasın altında kesintisiz bir hücumla uğuldayan dalgalardan, keskin güneş ışığında gökkuşağı renkleriyle elmaslar gibi parlayan ışıltılı su damlacıkları saçılıyordu. Güneşin pırıltılı ışınları, kâh aralarında önemli bir şey konuşuyorlarmış gibi toplaşmış, çamların üzerinde kırılıyor; kâh üzerinde rahatsız edici, keskin renklerle çizilmiş tuhaf figürler bulunan, geniş bir Japon şemsiyesine saplanıp kalıyordu.

Bu şemsiyenin gölgesinde, bir kadın güzel bedenini geniş hasır koltuğa rahatça bırakarak oturmuştu. Unutulmuş gibi aşağı sarkan yüzüksüz, zarif eli, ağır ve huzurlu okşayışlarla bir köpeğin parlak, ipeksi tüyleriyle oynarken; diğer elinde, kara kirpiklerinin arasından engellenmiş bir gülümseme gibi bakan siyah gözlerinin kesintisiz bir dikkatle yoğunlaştığı bir kitap tutuyordu. Bunlar, güzellikleri gizli ve hafif bir pırıltıyla daha da artan iri ve tedirgin gözlerdi. Keskin hatlı, oval yüzünün bıraktığı güçlü ve çekici etkiyi, doğal ve bütünsel bir güzelliğe değil, hoşa gitme kaygısıyla özenle bakımı yapılmış ayrıntıların incelikle tek tek vurgulanmasına borçluydu. Doğal bir şekilde dağınık bırakılmış gibi görünen güzel kokulu, parlak bukleleri, bir sanatçının zahmet dolu çabalarının ürünüydü; okurken dudaklarında titreşen ve dişlerinin beyaz ışıltılı minesini sergileyen o hafif gülümseme de aynanın önünde yıllar boyu yapılan provaların sonucuydu, fakat artık vazgeçilmez ve yerleşik bir alışkanlığa dönüşmüştü.

Kumlarda hafif bir gıcırtı duyuldu.

Kadın, göz kamaştırarak akan sıcak güneş ışınlarının altında yıkanırcasına uzanan ve fosforlu gözlerini tembelce gelene doğru çeviren bir kedi gibi, duruşunu değiştirmeden baktı.

Adımlar hızla yaklaştı ve üniformalı bir uşak kadının önünde durup elindeki ince kartviziti ona uzattıktan sonra biraz geri çekilerek bekledi.

Kartvizitin üzerindeki ismi, insanın sokakta bir yabancı tarafından aileden biriymişçesine samimiyetle selamlandığında duyacağı cinsten bir şaşkınlıkla okudu. Bir an için keskin kavisli, kara kaşlarının üzerinde, düşünürken zorlandığına işaret eden küçük kırışıklıklar belirdi; ama sonra tüm yüzünden neşeli bir ışıltı geçti ve gözleri, bu isimle birlikte anıları yeniden canlanan, o neredeyse tamamen unutulmuş gençlik günlerinde olduğu gibi coşkulu bir aydınlıkla parladı. Siluetler ve düşler yeniden vücut buluyor, gerçek gibi netleşiyordu.

"Ah evet," dedi hatırlayınca birden uşağa doğru dönerek, "beyefendi elbette gelebilirler."

Uşak dalkavukça adımlarla ağır ağır uzaklaştı. Ortalığa bir anda sessizlik hâkim oldu, sadece yorulmak bilmeyen rüzgâr, öğle zamanının altın ışığıyla ağırlaşmış tepelerde hafif sesle şarkısını söylüyordu.

Sonra birdenbire çakıllı yolda kuvvetle yankılanan esnek adımların sesi duyuldu, uzun bir gölge neşeyle koltuğundan doğrulmuş olan kadının ayaklarının dibine kadar vardı, ardından yapılı bir erkek karşısında durdu.

Önce gözleri karşılaştı. Erkek bakışlarını hızla kadının zarif endamında dolaştırırken kadının dudaklarındaki hafif alaycı gülümseme gözlerine de yansıdı.

"Hâlâ beni düşünüyor olmanız ne hoş," dedi kadın, erkeğin saygıyla dudaklarını dokundurduğu bakımlı, ince ve ışıltılı elini ona doğru uzatırken.

"Sayın hanımefendi, bu, yıllar sonra –ve korkarım ki uzun yıllar sonra– gerçekleşen bir buluşma oldugu için size karşı açık olmak istiyorum. Buraya gelişim bir rastlantıyla oldu, malikânenin muhteşem yerinden dolayı merak ettiğim sahibinin adını öğrenmek sizi tekrar zihnimde canlandırdı. Şu an karşınızda suçunun farkında biri olarak duruyorum."

"Fakat bu yüzden ziyaretinizin hoşluğu azalmayacak, çünkü benim için bir zamanlar epeyce önemli olan varlığınızı, ilk anda ben de hatırlayamadım."

Şimdi ikisi de gülümsüyorlardı. Tam olarak itiraf edilmeden yaşanmış bir gençlik aşkının tatlı, hafif havası, insanın aslında bir daha görmeyi, bir daha yaşamayı arzulamasına rağmen uyanırken küçümseyerek dudak büktüğü bir düş gibi, bütün o sarhoş edici tatlılığıyla içlerinde uyanmıştı. Sadece arzulayan ama talep etmeye cesaret edemeyen, sadece vaat eden ama vermeyen bir yarım kalmışlığın güzel düşü.

Sohbetlerine devam ettiler. Artık seslerinde, ancak yarı solmuş, tozpembe bir gizin katabileceği bir içtenlik ve sevecen bir teklifsizlik vardı. Alçak sesle tatlı tatlı konuşarak, geçmişten, unutulmuş şiirlerden, solmuş çiçeklerden, kaybedilmiş veya atılmış armağanlardan, o zamanlar gençliklerini geçirdikleri o küçük kentte birbirlerine verdikleri küçük aşk nişanelerinden söz ederlerken, sohbetleri arada bir şen bir kahkahayla ışıldıyordu. Sonra yitik efsaneler gibi yüreklerinde susup kalmış eski hikâyeler, toza boğulmuş anılar harekete geçerek yavaş yavaş acıtan ve yorgun bir ayine dönüşünce, ölüp gitmiş gençlik aşklarının son tınıları, sohbetlerine derin, neredeyse kederli bir ciddiyet kattı.

Erkeğin derinden gelen hüzünlü sesi konuşurken hafifçe titriyordu: "Amerika'dayken nişanlandığınızın haberini aldığımda düğün herhalde çoktan yapılmıştı."

Kadın buna bir karşılık vermedi. Düşünceleri on yıl geriye gitmişti.

Uzun süren bu birkaç dakika boyunca ikisinin de üstüne boğucu bir sessizlik çöktü.

Sonra kadın, alçak sesle, neredeyse ses çıkarmadan sordu: "O zaman benimle ilgili ne düşünmüştünüz?"

Erkek şaşkınlıkla bakışlarını ona çevirdi.

"Bunu size açıkça söyleyebilirim, yarın tekrar yeni vatanıma dönüyorum zaten. Size öfkelenmedim, karmaşık ve düşmanca karar anları yaşamadım, çünkü hayat daha o zamandan, aşkın renkli alevini anlayışın yumuşak sıcaklığına dönüştürmüştü. Sizi anlayamadım, sadece – sizin için üzüldüm."

Kadının yanakları hafifçe kızardı, gözlerinin pırıltısı derinleşti ve heyecanla sesini yükselterek karşılık verdi:

"Benim için üzüldünüz demek! Nedenini pek anlayamadım."

"Müstakbel eşinizi, her zaman kazanmak isteyen ve para için yaşayan o kayıtsız insanı düşündüğüm için –itiraz etmeyin lütfen, her zaman saygı gösterdiğim eşinize asla hakaret etmek niyetinde değilim–, bir de sizi, bırakıp gittiğim o kızı düşündüğüm için. Bir başına duran, ideallerine bağlı ve gündelik hayata ancak küçümser bir ironiyle yaklaşan sizi, sıradan bir insanın saygıdeğer karısı olarak hayal edemediğim için."

"Durum böyleyse onunla niye evlendim peki sizce?"

"Bunu tam olarak bilemiyorum. Belki de eşinizin, ilk bakışta gözden kaçan ve ancak yakın ilişkide pırıltısını gösteren gizli meziyetleri vardı. Benim için bu, bilmecenin kolay çözümüydü; çünkü ne olursa olsun inanmak istemediğim bir şey vardı."

"Peki, neydi bu?"

"Onu, kontluk unvanı ve milyonları için seçmiş olmanız. Benim için imkânsız olan buydu."

Kadın bu son sözlerini duymamış gibi, güneş ışığında deniz kabukları gibi ışıyan pembe parmaklarını yüzüne siper ederek uzaklara, gökyüzünün soluk mavi giysisini, dalgaların lacivert ihtişamına terk ettiği, tüllere bürünmüş ufka baktı.

Erkek de derin düşüncelere dalmış ve son sözlerini neredeyse unutmuşken, kadın birdenbire, ama neredeyse duyulmayacak bir sesle, ondan tarafa bakmadan cevap verdi:

"Ama tam da öyle yaptım."

Erkek hayretle, neredeyse korkuyla kadına baktı; o ağır ağır, belli ki zoraki bir dinginlikle kendini tekrar koltuğuna bırakmıştı, sessiz bir hüzün içinde, neredeyse dudaklarını hiç kıpırdatmadan tekdüze bir sesle sözlerine devam etti.

"Çocuksu sözcüklerle konuşan küçük bir kız olduğum için o zamanlar beni kimse anlamadı, bana o kadar yakın olan siz bile anlamadınız. Belki kendim de anlamadım. Bunu hâlâ sık sık düşünüyorum ve o zamanki halimi kavrayamıyorum; zaten kadınlar mucizelere inanan ve ince, narin, beyaz çiçeklere benzeyen düşleri, gerçeğin ilk üflemesiyle savrulup giden genç kızların halinden ne kadar anlarlar ki? Hem ben, arayış dolu özlemlerini ışıltılı bir mutluluğa, sessiz sezgilerini saadet bahşeden bir olgunluğa dönüştürerek onları, genç kızlık günlerini gölgeleyen ve gittikçe daha karanlık, daha tehditkâr, daha ağır bir hal alan o belirsiz, bulanık, kavranamayan ama hissedilen ıstıraptan kurtaracak o cesur erkeği, o genç ve güçlü kahramanı hayal eden diğer kızlar gibi değildim. Bunlara tümden yabancıydım, benim ruhum, ilerideki günlerin sisinin ardında yatan bir geleceğin saklı diyarına doğru, başka düşlerin kayıklarında yol alıyordu. Düşlerim bana özgüydü. Kendimi hep eski masallardaki gibi, ellerini hazinelerin altın parıltısına daldırmış, ışıklar saçarak kıvılcımlanan değerli taşlarla oynayan, paha biçilmez giysiler içindeki prensesler gibi hayal ettim – ikisini de sevdiğim için lüks ve ihtişam hayal ettim. Titreştiğinde mırıldanarak şarkılar söyleyen tiril tiril bir ipeği okşadığımda, parmaklarımı ağır bir kadifenin derin düşlere dalmış yumuşak tüylerinin arasında uyumaya bıraktığımda duyduğum o haz! Sevinçten titreyen parmaklarımı sıra sıra yüzüklerle donatabildiğimde, beyaz taşlar gür saçlarımın içinde dağılan köpükler gibi ışıldadığında mutlu oluyordum, en büyük emelim şık bir arabanın rahat minderlerine kendimi bırakabilmekti. O zamanlar, gerçek hayatımı küçümsememe neden olan bir yapay güzellik sarhoşluğuna kapılmıştım. Bir rahibe gibi, mütevazı ve sade günlük giysilerimle olduğumda kendimden nefret ediyordum ve kendi sıradanlığımdan utandığım için evden günlerce çıkmadığım oluyordu; küçük ve çirkin odamda saklanırken en büyük düşüm, açık denizin kıyısında, ihtişamlı ve aynı zamanda sanatla dolu bir evde, çalışan insanların gündelik hayatındaki bayağılığın kirli pençelerini uzatamadığı gölgeli, ağaçlıklı yollarla çevrili huzur dolu bir yerde –yani aşağı yukarı böyle bir yerde– yalnız olmaktı.

Düşlerimde istediğim şeyi eşim yerine getirdi ve bunu yapabildiği için de eşim oldu."

Kadın sustu ve yüzü esrik bir güzellikle alevlendi. Gözlerindeki pırıltı derinleşip tehditkâr bir hal aldı ve yanaklarının alı giderek daha hararetli parlamaya başladı.

Derin bir sessizlik oldu.

Sadece aşağıdan, sevgilinin göğsüne yaslanır gibi taraçanın basamaklarına vuran pırıltılı dalgaların tekdüze şıpırtısı duyuluyordu.

O sırada erkek kendi kendine konuşur gibi, alçak sesle şunları söyledi:

"Fakat ya aşk?"

Kadın duymuştu. Dudaklarında hafif bir gülümseme dolaştı.

"Bugün, bir zamanlar sizi uzak diyarlara götürmüş olan *tüm* ideallerinize hâlâ sahip misiniz? Onları, zedelenmeden koruyabildiniz mi, yoksa bazıları yitip gitti mi? Yoksa sonunda zorla yüreğinizden sökülüp alındılar ve çamura fırlatılıp hedeflerinin peşinden giden binlerce arabanın tekerleği altında çiğnendiler mi? Yoksa hiçbirini kaybetmediniz mi?"

Erkek düşünceli, başını salladı ve bir şey söylemedi.

Sonra aniden kadının elini dudaklarına götürerek sessizce öptü. Ve içten bir seslenişle:

"Hoşça kalın! Kendinize iyi bakın!" dedi.

Kadın ona güçlü ve samimi bir şekilde karşılık verdi. Yılların yabancılaştırdığı bir insana en derin gizini açmış ve ruhunu göstermiş olduğu için utanç duymuyordu. Gülümseyerek erkeğin ardından bakarken aşka dair söylediği sözleri düşündü ve geçmiş yine ağır, sessiz adımlarla yaklaşıp şimdiyle arasına girdi. Kadın birdenbire, yaşantım *onun* yanında da şekillenmiş olabilirdi, diye düşündü ve aniden aklına gelen bu tuhaf fikir zihninde renkli hayallere dönüştü.

Sonra hayalperest dudaklarındaki gülümseme yavaş, çok yavaş, neredeyse fark edilmeden söndü...

Alacakaranlık Hikâyesi

Rüzgâr şehrin üzerine tekrar yağmur mu getirdi ki, odamıza birdenbire böyle karanlık çöktü? Hayır. Hava, bu yaz günlerinde çok ender görülen durgun ve gümüşsü bir berraklıkta, sadece artık saatin geç olduğunu fark etmedik. Bir tek karşıdaki tavan arası pencereleri hâlâ hafif bir pırıltıyla gülümsüyor ve çatının üzerinde gökyüzü altın bir sisle çevrelenmiş. Bir saat içinde gece olacak. Bu bir saat harikulade bir zamandır, çünkü ağır ağır solan ve gölgelenen bu rengi seyretmekten daha güzel bir şey olamaz; sonra içeride, yerden yayılan loşluk yükselmeye başlar, ta ki kabaran dalgalar gibi duvarların üzerinde birleşip bizi de karanlığın içine alana kadar. Bu saatlerde karşılıklı oturup hiç konuşmadan birbirinize baktığınızda, insana karşısındaki o bildik yüz gölgelerin içinde yaşlanıyor, yabancılaşıyor ve uzaklaşıyor gibi gelir; sanki onu hiç tanımamıştır da uzun yılların ve sonu gelmez bir uzaklığın ötesinden görüyordur. Fakat sen, şimdi sessizlik istemediğini söylüyorsun, yoksa saatin, zamanı yüzlerce küçük parçaya ayırışını ve soluk alışımızın sessizlikte bir hastanınki gibi yükseldiğini duymak içini daraltacak. Sana bir şeyler anlatmamı istiyorsun. Memnuniyetle. Elbette kendime dair olmayacak, çünkü bu sonu gelmez şehirlerde hayatlarımız olaydan yana yoksul, ya da gerçekten kendimize özgü olanı henüz bilmediğimiz için bize öyle geliyor.

Fakat ben sana yalnızca bu ana uygun bir hikâye anlataca-
ğım, aslında bu suskunluğu seven bir hikâye ve onda ala-
cakaranlığın, pencerelerimizin önünde tül gibi süzülen bu
sıcak, yumuşak, kucaklayıcı ışığından da bir şeyler olmasını
istiyorum.

Bu hikâyenin bana nasıl ulaştığını hatırlamıyorum. Yal-
nız şunu biliyorum. Hatırladığım kadarıyla daha öğle son-
rasının erken saatleriydi, buraya rahatça yerleşmiş kitap
okuyordum, sonra hayaller içinde kendimden geçtim, belki
de hafif bir uykuya daldım ve kitap elimden kayarak yere
düştü. Sonra birden siluetler gördüm, duvar boyunca ilerli-
yorlardı; sözcüklerini duyabiliyor, yaşamlarına bakabiliyor-
dum. Fakat kaybolup giden bu siluetleri izlemek istediğimde
çoktan uyanmıştım ve yalnızdım. Kitap ayaklarımın dibinde
duruyordu. Onu elime alıp içinde siluetleri aradığımda hikâ-
yeyi orada bulamadım, sanki yaprakların arasından süzülüp
karşıma çıkmıştı, belki de hiç orada olmamıştı. Belki de sa-
dece ben hayal etmiştim veya bugün uzak ülkelerden gelip
onca zamandır bizi bunaltmakta olan yağmuru alıp götüren
rengârenk bulutlardan birinin üzerinde okumuştum. Yoksa
bu hikâyeyi penceremin altında bir laternanın hüzünle çal-
dığı o eski basit şarkılarda mı dinlemiştim? Belki de eski za-
manlarda biri anlatmıştı. Bilmiyorum. Böyle hikâyeler bana
sık sık gelirler ve ben de, başakları veya uzun saplı çiçekleri
yanlarından geçerken kopartmadan okşar gibi, parmakla-
rımın arasından akıp gitmeye bırakırım onları. Hikâyeleri
keskin renkli bir imgeden, daha yumuşak bir sona doğru
hayal ederim sadece, fakat onlara dokunmam. Ama sen bu-
gün benden bir hikâye istiyorsun, ben de alacakaranlığın,
içimizde griler içinde yoksullaşan renkli ve hareketli şeylerin
parlaklığını görme özlemi doğurduğu bu saatte sana ken-
dimden bir hikâye anlatacağım.

Nasıl başlamalıyım? Belli bir anı, bir görüntüyü ve bir
silueti, karanlığın içinden çekip çıkartmam gerektiğini his-

sediyorum, çünkü bu tuhaf düşler benim içimde de böyle başlıyor. Şimdi hatırlıyorum işte. Bir şatonun geniş basamaklı merdivenlerinden inen bir oğlan çocuğu görüyorum. Vakit gece ve sadece solgun ay ışığıyla aydınlanan bir gece, ama ben esnek bir bedenin her çizgisini, aydınlatılmış bir aynadaymış gibi seçiyor, her hattını tam olarak görüyorum. Olağanüstü güzel. Çocuksu tarzda taranmış kara saçları neredeyse fazla açık sayılabilecek alnının üstüne dümdüz düşüyor ve güneşi içmiş havanın ısısını teninde hissedebilmek için ileriye uzattığı elleri çok narin ve soylu. Adımları çekingen. Düşlere dalmış bir halde, pek çok ağacın hışırdadığı ve ortasında tek bir geniş yolun beyaz bir iskele gibi parladığı büyük bahçeye doğru basamaklardan iniyor.

Bütün bunlar ne zaman oldu bilmiyorum, dün mü, yoksa elli yıl önce mi ve nerede olduğunu da bilmiyorum, fakat sanırım İngiltere veya İskoçya olmalı, çünkü uzaktan bir kale gibi meydan okurcasına tehditkâr ve asık yüzlü görünen ve ancak tanıdık bakışlar karşısında aydınlık, çiçekli bahçelere doğru eğilen böylesine geniş ve yüksek şatoları sadece oralardan biliyorum. Evet, şimdi tamamen eminim, burası kuzeyde, İskoçya'da, çünkü yaz geceleri sadece oralarda böyle ışıklı olur, öyle ki gökyüzü sütümsü bir ışıkla opal gibi pırıldar ve tarlalar asla kararmazlar, her şey içinden ışıyormuş gibi görünür ve yalnızca gölgeler, kara, dev kuşlar misali, aydınlık yerlere düşerler. Burası İskoçya, ah şimdi bundan tümüyle eminim ve biraz uğraşırsam bu kontluk şatosunun ve küçük oğlanın isimlerini de bulabilirim, çünkü şimdi düşün karanlık kabuğu hızla soyuluyor ve her şeyi sanki tasavvur değil de, yaşantıymış gibi berrak algılıyorum. Oğlan yaz boyunca evli ablasının yanında konuk ve soylu İngiliz ailelerinin dost canlısı tarzına uygun olarak yalnız değil; akşamları av arkadaşları ve eşlerinden oluşan geniş bir topluluk bir araya geliyor, onlara birkaç da genç kız katılıyor, neşeleri ve gençlikleriyle kahkahalar atarak, ama patırtı yapmadan eski duvarların yankılarıyla oynayan seçkin, güzel insanlar. Gün boyu atlar oradan oraya sıçrıyor, köpekler ikişerli tasmalarla gezdiriliyor, yukarıda, nehirde pırıldayan birkaç tekne görünüyor: Telaşsız bir hareketlilik, günün ritmine hoş bir hız katıyor.

Fakat şimdi akşam vakti, masadaki grup dağılmış. Beyler salonda oturmuş sigara içip oyun oynuyorlar; gece yarısına kadar aydınlık pencerelerden parkın içine kenarları titreşen, beyaz ışık konileri düşüyor, bazen de dolu dolu, keyifli bir kahkaha duyuluyor. Hanımların çoğu odalarına çekilmiş bile, belki bir ikisi hâlâ holde sohbet ediyor. Ve böylece oğlan akşamları tümüyle yalnız. Henüz erkeklerle oturmasına izin yok veya ancak bir an için yanlarına gidebiliyor, kadınların yanına gitmeyeyse çekiniyor; çünkü çoğu zaman, kapıyı çaldığında aniden seslerini alçaltıyorlar ve çocuk duymaması gereken şeylerden söz ettiklerini hissediyor. Zaten onların arkadaşlığından hoşlanmıyor da, çünkü ona çocuk muamelesi yaparak sorular soruyor, verdiği yanıtları da öylesine dinliyorlar ve ona hatır için bir yığın ufak tefek iş yaptırıp terbiyeli bir çocuğa teşekkür eder gibi teşekkür ediyorlar. Böylece o da yatağına gitmek istemiş ve kavisli merdivenden yukarı çıkmıştı; fakat boğucu, ağır havanın çöktüğü oda çok sıcaktı. Gündüz pencerelerin kapatılması unutulmuş ve güneş içeriye iyice yayılmıştı: Masayı kızdırıp ateşlemiş, yatağı kora çevirmiş, tüm ağırlığıyla duvarlara sinmişti ve boğucu soluğu perdelerde, köşelerde hâlâ titreşmekteydi. Aslında daha çok erkendi ve dışarıda yaz gecesi beyaz bir mum gibi parlıyordu, öylesine sakin, öylesine kıpırtısız, öylesine özlem dolu bir sessizlikle. Ve o zaman oğlan, şatonun yüksek basamaklı merdivenlerinden tekrar aşağıya, gökyüzünün mat ışığının karanlık kubbesini kutsal bir hare gibi sardığı ve görünmeyen pek çok çiçeğin yaydığı davetkâr kokuların onu karşıladığı bahçeye indi. Tuhaf bir şeyler hissediyor. On beş yaşının karmaşık duyguları içinde bunun nasıl bir şey olduğunu söyleyemiyor, fakat dudakları, sanki bu sakin yaz gecesiyle aralarında seslenilmeyi veya bir selam işareti bekleyen gizli ve samimi bir şeyler varmış ve geceye herhangi bir şey söylemesi veya ellerini kaldırması ya da gözlerini uzun süre yumması gerekiyormuş gibi titriyor.

Oğlan ağır ağır, ağaçlıklı geniş yoldan, yukarıda ağaçların gümüş ışıklı yüksek tepelerinin birbirlerini kucaklarmış gibi göründüğü, fakat aşağıda gecenin ağır karanlığının hâkim olduğu yan yollardan birine sapıyor. Ortalık tümüyle sessiz. Tatlı ve anlaşılmaz bir hüzün içinde tamamen kaybolmuş yürüyen oğlana doğru sadece, bir bahçe sessizliğinin o tarif edilmez sesi, sanki çimenlere hafif bir yağmur düşüyormuş veya otlar birbirine sürtünüyormuş gibi hissettiren o mırıltılı titreşimin esintisi geliyor. Bazen hafifçe bir ağaca sürtünüyor veya bu belli belirsiz sesi duymak için duruyor: Şapkasının alnını sıkıştırdığını hissediyor, o zaman, zonklayan şakaklarında uykulu rüzgârın ellerini hissetmek için şapkayı çıkartıyor.

O sırada, karanlığın daha da derinlerine dalmasıyla birlikte birdenbire olağandışı bir şey oluyor. Arkasından çakılların gıcırtısı duyuluyor. Ürkerek arkasına döndüğünde uzun boylu, beyaz bir siluetin kendisine doğru yaklaşan ve çoktan yanına varan dalgalı parıltısını görebiliyor ancak ve korku içinde, bir kadın tarafından kuvvetlice, ama güç kullanılmadan kucaklandığını hissediyor. Sıcak, yumuşak bir beden sıkıca bedenine yaslanıyor, bir el aceleyle ve ürpererek saçlarını okşuyor ve başını geriye yatırıyor: Başı dönerek ağzının üstünde tadını bilmediği, yarılmış bir meyve hissediyor, titreyen dudaklar dudaklarını emiyor. Kadının yüzü o kadar yakınında ki hatlarını göremiyor. Ve bakmaya cesaret de edemiyor, çünkü bedenini sancı gibi saran bir ürpermeyle gözlerini yummak ve kendini, karşı koymadan, bir av gibi, bu yanan dudaklara bırakmak zorunda kalıyor; kolları şimdi, bir soru gibi kararsız ve güvensiz, bu yabancı silueti sarıyor ve ani bir sarhoşluk içinde o tanımadığı bedeni kendi bedenine bastırıyor. Elleri yumuşak hatlar boyunca iştahla dolaşıyor, duruyor ve titreyerek tekrar, daha ateşli, daha heyecanlı devam ediyor. Ağırlığı mutluluk veren bir yük, giderek daha ısrarla üstüne doğru eğiliyor ve bedenin tüm ağırlığını üzerinde hissettiğinde göğsü pes ediyor. Bir şekilde yere çöktüğünü ve üstünde sıklaşan nefeslerin baskısı altında eriyip gittiğini hissediyor, artık dizleri de tutmuyor. Hiçbir şey düşünmüyor, ne bu kadının nasıl yanına geldiğini ne de kim olduğunu; yalnızca gözleri kapalı, bu hoş kokulu, nemli, yabancı dudaklardan şehveti içine çekiyor, sarhoş olana kadar, dirençsizce, anlamsızca muazzam bir tutkunun içine sürüklenene kadar. Yıldızlar bir anda yeryüzüne inmiş gibi hissediyor, gözlerinin önünde öyle bir yanıp sönme var, dokunduğu her şey kıvılcımlanmış gibi titreyip yanıyor. Ve bütün bunların ne kadar sürdüğünü bilmiyor, bu yumuşacık sarılmanın içinde saatler mi geçti yoksa saniyeler mi, bilmiyor: Her şeyin, o şehvetli mücadelenin verdiği yabanıl duygu içinde alevlendiğini ve bir baş dönmesiyle muhteşem bir sarhoşluğun içine sürüklendiğini hissediyor.

Ve sonra birdenbire, ani bir hareketle o ateşli zincir kırılıveriyor. Göğsünü kavrayan o kucaklayış sertçe, neredeyse öfkeyle çözülüyor, yabancı siluet doğruluyor ve beyaz bir ışık şeridi, aydınlık ve hızlı, ağaçların yanından kayıp gidiyor ve o daha yakalamak için elini bile uzatamadan gözden kayboluyor.

O kimdi? Ve ne kadar sürdü? Endişeyle, sarhoş gibi bir ağaca yaslanarak ayağa kalkıyor. Ateş gibi yanan şakaklarının arasına aklın serinliği yavaş yavaş geri dönüyor: Hayatı bir anda binlerce saat ileri alınmış gibi hissediyor. Kadınlarla ve tutkuyla ilgili hayal ettiği karmakarışık şeyler şimdi aniden gerçek mi oldu? Yoksa sadece bir rüya mıydı? Kendi kendine dokunuyor, saçlarını kavrıyor. Evet, nabız gibi atan şakakları nemli, içine yuvarlandıkları çimenlerin çiyiyle nemli ve serin. O an her şey tekrar yıldırım gibi gözlerinin önünden geçiyor, tekrar dudaklarının yandığını hissediyor, şehvetin giysilerinde hışırdayan yabancı kokusunu soluyor, her sözcüğü hatırlamak istiyor. Ama aklına hiçbir şey gelmiyor.

Ve bir anda korkuyla, kadının zaten hiç konuşmadığını, adını bile söylemediğini anımsıyor; sadece onun kabaran inlemeleriyle, hazzının tehditkârlığı ve zor zapt edilen hıçkırıklarıyla tanıştığını, karışmış saçlarının kokusunu, göğüslerinin ılık basıncını, teninin kaygan parlaklığını bildiğini, onun endamını, soluğunun verdiği o sarsıcı duyguyu kendine mal ettiğini, ama buna rağmen, tutkusuyla kendisine karanlıkta baskın veren bu kadının kim olduğunu bilmediğini anlıyor. Şimdi şaşkınlığını, mutluluğunu adlandırabilmek için bir ismin peşinde kekelemek zorunda olduğunu anlıyor.

O zaman, az önce bir kadınla aniden yaşadığı olağandışı deneyim, karanlığın içinden davetkâr gözlerini ona dikmiş bakan bu pırıltılı giz karşısında boş ve önemsiz görünüyor. Kimdi bu kadın? Hızla bütün olasılıkları düşünüyor, şatoda yaşayan bütün kadınları gözünün önünde canlandırıyor; her tuhaf anı yeniden hatırlıyor, onlarla yaptığı her konuşmayı, bu gizeme karışmış olabilecek beş altı kadının her gülümsemesini hafızasının derinliklerinden çıkartıyor. Yaşlanmakta olan kocasına sık sık şiddetle çıkışan genç Kontes E. mi acaba, yoksa amcasının, gözleri gökkuşağı renkleriyle parlayan ve tuhaf bir şekilde yumuşacık bakan genç karısı mı, yoksa –bu düşünceyle irkildi– gururlu, sert ve tepeden tavırlarıyla birbirlerine çok benzeyen kuzenleri üç kız kardeşten biri mi? Hayır, bunların hepsi de soğuk, hesaplı insanlardı. Son yıllarda gizli korlar içini kavurmaya ve harlanarak rüyalarına girmeye başladığından beri kendisini sık sık kabahatli gibi, hasta ve dışlanmış gibi hissetmişti; öylesine sakin, aklı başında ve tutkusuz olan veya öyle görünen insanları nasıl da kıskanmıştı, uyanan tutkularından bir illetten korkar gibi korkmuştu. Peki, şimdi?.. Fakat bunların arasından kim, kim insanı bu kadar yanıltabilirdi?

Bu ısrarcı soru yavaş yavaş kanındaki sarhoşluğu dağı-tıyor. Geç olmuş. Oyun salonunun ışıkları sönmüş, şatoda yalnız o uyanık, o – ve belki bir de o yabancı. Yorgunluk ağır ağır çöküyor. Daha fazla düşünmeye ne gerek var ki? Bir bakış, kirpiklerin arasından çakan bir kıvılcım, gizli bir el teması yarın her şeyi ele verecek nasılsa. Merdivenlerden hayaller içinde inmiş olduğu gibi hayaller içinde çıkıyor, ama yine de öylesine farklı. Kanında hâlâ hafif bir heyecan var ve sıcak odası şimdi ona daha berrak ve serin görünüyor.

Ertesi sabah uyandığında aşağıda atlar eşinip tepinmeye başlamış bile, gülüşmeler geliyor kulağına ve arada adının geçtiğini duyuyor. Hemen fırlıyor –kahvaltıyı kaçırmış– yıl-dırım gibi giyinip aşağı iniyor, diğerleri onu neşeyle karşılı-yorlar. Kontes E. "Uykucu," diyerek gülüyor ve gülüşü açık renk gözlerinde ışıldıyor. Hırslı bir bakış yüzüne yansıyor, hayır, o olamaz, gülüşü fazlasıyla kaygısız. "Tatlı düşler mi gördün?" diye takılıyor genç kadın, fakat narin bedeni gö-züne fazla çelimsiz görünüyor. Soran bakışları hızla yüzden yüze kanat çırpıyor, ama hiçbirinde beklentili bir gülümseme göremiyor.

Sonra tarlaların içine doğru at sürüyorlar. Her sese kulak veriyor, at üzerinde devinen kadın bedenlerinin her çizgisini, her dalgalanışını gözleriyle emiyor, nasıl eğilip büküldükle-rine, kollarını nasıl kaldırdıklarına dikkat ediyor. Öğlen ma-sada sohbet ederken, dudaklarından yükselen her kokuyu veya saçlarının esintisini yakalamak için iyice yaklaşıyor, yine de hiçbir şey, ama hiçbir şey ona zihnindeki hararети yöneltebileceği bir işaret, ufacık bir belirti bile göstermiyor. Gün bitmeyecekmiş gibi uzayarak akşama yaklaşıyor. Dışa-rıda kitap okurken sanki satırlar birden sayfaların kenarın-dan taşıp bahçeye doğru uzanıyor ve onu tekrar o olağandışı geceye götürüyor, kendini tekrar kim olduğunu bilmediği o kadının kollarında hissediyor. O zaman kitabı titreyen elle-rinden bırakarak havuza doğru gitmek istiyor. Ama aniden, kendisi de korkarak, çakıllı yolda aynı noktada duruveriyor. Akşam yemekte heyecanlı, ellerini ne yapacağını bilmiyor, izleniyormuş gibi çaresizlikle sağı solu yokluyor, gözleri ürkekçe gözkapaklarının ardına saklanıyor. Diğerleri nihayet, oh, nihayet sandalyelerini geri iterek kalktıklarında kendini mutlu hissediyor ve hemen dışarıya süzülüp parka dalıyor, ayaklarının altında süte benzer bir sis gibi yanıp sönen beyaz yola girerek bir aşağı bir yukarı gidip geliyor ve sonra bir daha, bir daha, belki yüzlerce, binlerce kere. Salonda ışıklar yanıyor mu? Evet, sonunda salon aydınlanıyor ve birinci kattaki karanlık pencerelerden bazılarında da ışıklar pırıldıyor. Hanımlar odalarına çekilmişler. Eğer gelmek istiyorsa gelmesi artık ancak birkaç dakika sürer, fakat o an her dakika sabırsızlıktan çatlayacakmış gibi kabardıkça kabarıyor. Tekrar bir aşağı bir yukarı gidip gelmeye başlıyor, aslında gizli ipler tarafından çekiliyormuş gibi oradan oraya seğirtiyor sadece.

Ve aniden, merdivenlerden aşağıya hızla beyaz bir siluet süzülüyor, çok hızlı, kim olduğunu tanıyamayacağı kadar hızlı. Bir ay ışığı huzmesi gibi, ağaçların arasında dalgalanan kaybolmuş bir tül gibi görünüyor, sanki güçlü bir rüzgârla sürükleniyor ve şimdi, hızdan ateş basmış, nabız gibi atan o yabanıl beden kollarına savruluyor, kolları onu bir pençe gibi kavrıyor. O sıcak dalganın beklenmedik bir şekilde göğsüne çarpması, dün de yaşadığı gibi yine öyle ani oluyor ki, bu tatlı darbeyle bayılacağını sanıyor ve istediği sadece akıp gitmek, o karanlık hazzın içinde erimek. Fakat sonra sarhoşluğuna bir anda hâkim oluyor ve içindeki ateşi dizginliyor. Hayır, bu muhteşem hazzın içinde kendini kaybetmeyecek, onu küt küt atan bu yabancı yüreğin kendi göğsünde attığını sanacağı kadar sıkı kucaklayan bu beden hangi ismi taşıyor bilmeden kendini bu dudaklara terk etmeyecek! Yüzünü görebilmek için, kadının öpücükleri karşısında başını geriye atıyor, fakat gölgeler yüzünü örterek belirsiz bir ışıkta kara saçlarıyla karışıyor. Ağaçlar çok sık ve bulutlarla çevrili ayın ışığı çok soluk. Sadece gözlerinin yanıp sönen pırıltısını görüyor, mat yüzeyli bir mermere gömülmüş ışıltılı taşlar gibi. O zaman ondan bir sözcük duymak istiyor, sesinden kopmuş ufacık bir parça sadece. "Kimsin sen, söyle bana, kimsin sen?" diye yanıt istiyor. Fakat bu nemli, yumuşak ağızdan sadece öpücükler çıkıyor, sözcükler değil. O zaman ondan zorla bir sözcük almak, bir acı çığlığı da olsa sesini duymak istiyor, kolunu sıkıp tırnaklarını iyice etine bastırıyor, fakat sadece gergin göğsünden gelen kesik kesik soluk alıp verişini, sıcak nefesini ve inatla susan dudaklarının ıslaklığını hissediyor, arada hafif hafif inleyişinin ise acıdan mı, hazdan mı olduğunu anlayamıyor. Ve bu dik kafalı irade karşısında güçsüz kalışı, karanlıktan gelen bu kadının kendini ele vermeden istediğini alışı, o şehvetli beden üzerinde sınırsız güce sahipken adını öğrenemeyişi onu deli ediyor. İçinde bir öfke patlıyor ve kucaklayışa direniyor, fakat kadın kollarının gevşediğini hissedip huzursuzluğunun farkına vararak yatıştırmak ve kendine çekmek ister gibi heyecandan titreyen elleriyle saçlarını okşuyor. Ve parmakların kayışıyla birlikte alnında hafif şıngırtılı bir şey hissediyor, metal bir şey, bileziğin ucunda sallanan bir madalyon, bir madeni para. Aklına aniden bir fikir geliyor. Yabanıl bir tutkuya kapılmış gibi kadının elini yakalayıp madeni parayı, yüzeyi tenine gömülene kadar giysisi yarı sıyrılmış olan koluna iyice bastırıyor. Şimdi bir işaret yakaladığından emin ve bu bedeninde yandığı için de artık kendini, dizginlemiş olduğu tutkuya isteyerek bırakıyor. Şimdi kadının bedenine sımsıkı sarılıyor, sözsüz bir kenetlenmenin gizem dolu, şehvetli ateşine dalarak dudaklarından hazzı emiyor.

Ve kadın dün de yaptığı gibi birden fırlayıp kaçarken onu durdurmaya çalışmıyor, çünkü kolundaki ize duyduğu merakla kanı kaynıyor. Odasına koşup ağır, opal lambanın ışığını iyice açıyor ve paranın kolunda bıraktığı izin üzerine sabırsızca eğiliyor.

Artık çok belirgin değil, izin tamamı biraz silinmiş, fakat tek bir köşesi hâlâ net ve kırmızı, açık seçik görünüyor. Köşeleri keskin hatlı bir sekizgen şeklinde ve orta büyüklükte olmalı, yaklaşık bir peni gibi, yalnız daha kalınca, çünkü yüksekliğine denk düşen kenarın, kolundaki izi hâlâ derin. Öylesine şehvetle incelediği iz ateş gibi yanıyor, aniden bir yara gibi canını acıtıyor ve ancak elini soğuk suyun altına tuttuğunda yanması geçiyor. Artık çok emin, madalyon sekizgen. Gözlerinde zafer kıvılcımları yanıp sönüyor. Yarın her şeyi öğrenecek. Ertesi sabah kahvaltı sofrasına ilk gelenlerden biri o. Hanımlardan sadece, geçkince bir kız, onun kız kardeşi ve Kontes E. masada. Hepsinin de neşesi yerinde, sohbetlerine ona dikkat etmeden devam ediyorlar. Böylece daha rahat gözlemleme olanağı buluyor. Bakışları hızla kontesin narin bileklerinde dolaşıyor, kolunda bilezik yok. Ancak bundan sonra onunla sakince konuşabilir, ne var ki gözleri yine gerginlikle kapıya çevrili. Kuzenleri olan üç kız kardeş yine hep birlikte içeriye giriyorlar. Tedirginlik içini yine altüst ediyor. Kızların giysilerinin kolları arasından bilekliklerinde bir şey var mı diye görmeye çalışıyor, ama onlar çabucak yerlerine oturuyorlar, tam karşısına kahverengi saçlı olan Kitty geçiyor. Sarışın Margot ve saçları karanlıkta gümüş gibi parlayacak, güneşte ise altın suyu gibi akacak kadar açık renkli olan Elisabeth. Üçü de her zamanki gibi soğuk, sessiz ve savunmadalar, kendisinden pek de büyük olmadıkları ve daha birkaç yıl öncesine kadar birlikte oyun oynadıkları için, onlarda o kadar nefret ettiği o gururla kaskatılar. Amcasının genç karısı henüz yok. Sonucu çok yakınında hissettiği için oğlanın yüreğindeki huzursuzluk giderek artıyor ve bir anda neredeyse bu gizin bilmecemsi eziyetini yeğleyecek gibi oluyor. Fakat kadınların ellerinin kenarında kıpırdamadan durduğu veya örtüsünün parlak beyazlığında ışıltılı bir koydaki gemiler gibi ağır ağır süzüldüğü masanın çevresini hızla tarayan bakışlarında merak var. Sadece elleri görüyor ve onlar da bir anda bağımsız varlıklara dönüşmüş gibiler, sahneye çıkmış karakterler gibi, her birinin kendi yaşamı ve ruhu var. Şakakları da niçin böyle zonkluyor? Dehşetle kuzenlerinin üçünün de bilezik taktığını görüyor ve bahçedeki yabancının, çocukluk günlerinde bile hep kibirli ve inatla içekapanık olarak tanıdığı, dışarıdan öylesine kusursuz görünen bu üç kızdan biri olabileceği gerçeği onu alt-üst ediyor. Hangisi olabilir? En büyükleri olduğu için en az tanıdığı Kitty mi, hırçın Margot mu, yoksa küçük Elisabeth mi? Hiçbirini dilemeye cesareti yok. İçten içe hiçbirinin olmamasını veya bunu bilmemiş olmayı istiyor. Fakat yine de meraktan yerinde duramıyor.

"Bir fincan daha çay rica edebilir miyim, Kitty?" Sesi, sanki gırtlağına kum kaçmış gibi çıkıyor. Fincanını uzatıyor, Kitty şimdi kolunu kaldırıp masanın üzerinden ona kadar uzanmak zorunda. Evet – bileziğinin ucundan sallanan bir madalyon görüyor, bir saniye için eli donup kalıyor, fakat hayır, bu yeşil bir taş yalnızca, yuvarlak çerçeveli, porselene temas edince hafifçe şıngırdıyor. Müteşekkir bakışları Kitty'nin kahverengi saçlarını bir öpücük gibi okşuyor.

Bir an için derin bir nefes alıyor.

"Margot, zahmet olmazsa bana bir parça şeker uzatabilir misin?" Masanın karşı tarafında narin bir el harekete geçiyor, gümüş bir şekerliği alıp yaklaşıyor. Ve o sırada –delikanlının eli hafifçe titremekte– kızın bileğinin elbisesinin kol ağzında kaybolduğu noktada, incelikle işlenmiş örgülü bir bileziğin ucunda eski bir gümüş paranın sallandığını görüyor, sekizgen ve peni büyüklüğünde, belli ki bir aile yadigârı. Dün gece keskin köşesinin izi etinin içinde yanan madalyon bu. Elinin titremesine hâkim olamıyor, şeker maşasını iki kez boşa uzattıktan sonra bir parça şekeri tutup çayına atabiliyor, onu da içmeyi unutuyor.

Margot! Bu isim dudaklarını yakıyor, o müthiş şaşkınlıkla neredeyse bir çığlık atacak, fakat kendini tutuyor. O sırada kızın konuştuğunu duyuyor –fakat sesi, sanki yüksek bir kürsüden geliyormuş gibi yabancı– kız öylesine serinkanlı, ağırbaşlı ve hafiften şakalaşarak konuşuyor ve öylesine sakin soluk alıp veriyor ki, delikanlı onun yaşamındaki bu müthiş ikiyüzlülük karşısında dehşete düşüyor. Dün gece yabani bir hayvan gibi üstüne atılan, yere bastırıp sarıldığında soluk soluğa kalan, nemli dudaklarını içercesine öptüğü kadınla aynı kadın mı bu gerçekten? Dudaklarına gözlerini dikip duruyor. Evet, gurur, içekapanıklık ancak bu sımsıkı dudakların arkasında gizlenebilir, fakat o ateşlilik neyi ele veriyor?

Kızın yüzünü, sanki ilk kez görüyormuş gibi derinlemesine inceliyor. Ve ilk kez, sevinçle, mutluluktan titreyerek, neredeyse ağlayacak gibi oluyor, kızın o gururlu haliyle ne kadar güzel olduğunu ve bu sırrın onu ne kadar çekici kıldığını fark ediyor. Delikanlının bakışları, kızın birden keskin bir açıyla çatılan kavisli kaşlarını hazla izliyor, birer akik gibi duran dingin gri-yeşil gözlerinin derinliklerine gömülüyor, yanaklarının solgun ve hafif saydam tenini öpüyor, o an keskin bir çizgi gibi duran dudaklarını öperek yumuşatıyor, ışıklı saçlarının çevresinde gezinip hızla aşağıya doğru kayarak şimdi bütün bedenini şehvetle kucaklıyor. Sanki o ana kadar onu hiç tanımamış. Delikanlı masadan kalktığında dizleri titriyor. Kıza bakmaktan sert bir şarabın tadına varmışçasına sarhoş.

O sırada aşağıdan kız kardeşi sesleniyor. Atlar sabah gezintisine hazır, gerginlikle eşinerek gemlerini ısırıyorlar. Herkes birbiri ardına eyerlere atlıyor ve renkli bir kalabalık alay halinde geniş bahçe yolunda ilerliyorlar. Tekdüzeliği delikanlının coşkun kanının ritmine pek uymayan hafif bir tırısla gidiyorlar önce. Fakat büyük bahçe kapısından çıktıktan sonra dizginleri gevşetip sağlı sollu yoldan ayrılarak hâlâ sabah sisi içindeki çayırlara akın ediyorlar. Gece bol çiy düşmüş olmalı, çünkü örtü gibi duran sisin altında kıpır kıpır kıvılcımlar ışıyor ve hava sanki yakınlardaki bir çağlayan serinletmiş gibi harikulade. Çok geçmeden dağılıp rengârenk küçük gruplara ayrılıyorlar, binicilerin birkaçı ormanın içinde tepelerin arasında gözden kayboldu bile.

Margot en öndekiler arasında. Bu vahşi atılışı, saçlarını dağıtan rüzgârın tutkulu okşayışını, havayı yararak doludizgin at sürmenin verdiği tarifsiz duyguyu seviyor. Peşinden de delikanlı ileri fırlıyor: Kızın dimdik duran gururlu bedeninin, o vahşi devinimin içinde güzel bir yay çizişini izliyor, arada bir hafif al basmış yüzünü, gözlerinin pırıltısını görüyor ve şimdi, gücünü böylesine bir tutkuyla harcarken onu tekrar geceki haliyle tanıyor. Büyük bir çaresizlikle o ani aşkı, arzuyu hissediyor yine. Birden, kızı yakalayıp atından indirmek, onu kollarına almak, tekrar o taşkın dudaklarını içercesine öpmek ve heyecanlı yüreğinin sarsıntılarını kendi göğsünde hissetmek için müthiş bir istek duyuyor. Atını mahmuzluyor, hayvan kişneyerek ileri atılıyor. Şimdi kızla yan yanalar, neredeyse dizleri birbirine sürtünüyor, hafifçe tınlayan üzengilerinin sesi birbirine karışıyor. Şimdi onunla konuşmalı, konuşmak zorunda. "Margot," diyor kekeleyerek. Kız başını çevirip kaşlarını kaldırıyor. "Ne var Bob?" diye soruyor soğuk bir tavırla. Bakışları da sert ve soğuk. Delikanlı tepeden tırnağa ürperiyor. Ne söylemek istiyordu? Artık bilemiyor. Geri dönmekle ilgili bir şeyler kekeliyor. Kız, biraz alay sezdiği bir tonda "Yorgun musun?" diye soruyor. "Hayır, ama diğerleri çok geride kaldı," diyor delikanlı zorlukla. Bir dakika daha geçse çılgınca bir şey yapacağını, aniden kollarını ona uzatacağını ya da ağlamaya başlayacağını veya ellerinde elektriklenmiş gibi titreyen kamçıyla kıza vuracağını hissediyor. Atını birdenbire geri döndürdüğünde hayvan şaha kalkıyor. Kız ise doludizgin yoluna devam ediyor; dimdik, azametli, yaklaşılmaz.

Diğerleri çok geçmeden oğlana yetişiyor. Çevresini neşeli konuşmaların uğultusu sarıyor, fakat yanından geçip giden sözcükler de, gülüşmeler de nalların sert takırtıları kadar anlamsız geliyor. Kıza aşkından söz etme ve ondan bir itiraf kopartma cesaretini gösteremediği için kendi kendine eziyet ediyor ve kızı alt etme hırsı kabardıkça kabararak karşısındaki manzarayla arasına kızıl bir perde gibi iniyor. Margot, azametiyle kendisini küçümserken o niye kızla alay etmedi sanki. Atını bilinçsizce sürüyor, ancak doludizgin giderken biraz rahatlıyor. O sırada diğerleri geri dönmek üzere onu çağırıyor. Öğlen güneşi tepenin üzerinde yükselmiş. Tarlalardan hafif hafif tüten kokular geliyor, renkler keskinleşmiş ve erimiş altın gibi göz yakıyor. Basık ve boğucu hava toprağın üzerinde yayılıyor, ter içindeki yorgun atlar daha uyuşuk ve buharlar çıkartarak kesik kesik soluyorlar. Yavaş yavaş kafile tekrar toplanıyor, artık coşkuları düşmüş, daha az konuşuyorlar.

Margot da tekrar ortaya çıkıyor. Atı köpükler içinde, elbisesinde titreşen beyaz lekeler bırakmış, tokaları o kadar gevşemiş ki saçındaki topuz dağılmak üzere. Oğlan, kızın örülü sarı saçlarına büyülenmiş gibi bakıyor, onların bir anda çözülüp dağılarak omuzlarına dökülebileceği düşüncesiyle heyecandan çılgına dönüyor. Artık şosenin sonunda, kubbeli bahçe kapısının pırıltıları ve ardında şatoya giden geniş yol görünmekte. Temkinlice öbürlerinin önüne geçip şatoya ilk olarak o varıyor, atından atlayıp dizginleri karşılamak için koşan seyise veriyor ve diğer atlıları bekliyor. Margot son gelenler arasında. Çok ağır bir tırısla yaklaşıyor, bedenini bitkinlikle geriye vermiş, üzerinde sanki şehvet sonrası yorgunluğu var. Dün ve önceki gün de, gece de yaşadığı haz sarhoşluğundan sonra böyleydi herhalde, diye aklından geçiriyor oğlan. Hatırladıklarıyla tekrar kanı tutuşuyor. Kızın yanına gidip nefesi kesilerek attan inmesine yardım ediyor.

Üzengiyi tutarken ateşler içindeki eliyle kızın narin ayak bileğini kavrıyor. İç çekerek hafifçe "Margot," diye mırıldanıyor. Kız ona bir bakışla bile karşılık vermeden uzattığı elini kayıtsızca tutarak yere atlıyor.

"Margot, ne kadar muhteşemsin," diye bir kez daha kekeliyor çocuk. Kız ona sertçe bakarken kaşları tekrar alnının ortasında çatılıyor. "Sanırım sen sarhoşsun Bob! Neler saçmalıyorsun öyle?" Arzudan körleşmiş haldeki oğlan bu ikiyüzlülük karşısında kapıldığı öfkeyle kızın hâlâ tutmakta olduğu elini göğsünün içine sokmak istermiş gibi kuvvetle kendine doğru çekiyor. O zaman öfkeden kızaran Margot delikanlıyı sendeletecek kadar şiddetle iterek hızla geçip gidiyor. Bütün bunlar o kadar ani ve hızla olup bitiyor ki kimse bir şey fark etmiyor, oğlan kendisi bile her şeyin kötü bir rüya olduğunu sanıyor.

Gün boyunca o kadar solgun, o kadar darmadağın görünüyor ki sarışın Kontes yanından geçerken saçlarını okşayarak neyi olduğunu soruyor. Öylesine canı sıkkın ki oynamak için havlayarak üstüne sıçrayan köpeğini bir tekmede uzaklaştırıyor. Oyunlardaki beceriksizliği karşısında kızlar onu alaya alıyorlar. Margot'un o gece gelmeyeceği düşüncesi kanını zehirlemiş gibi, huysuz ve sinirli. Çay saatinde bahçede toplanıyorlar, Margot karşısında oturuyor, ama ona hiç bakmıyor. Gözleri manyetik bir çekime kapılmış gibi durmadan kızın gözlerini arıyor, ne var ki onun soğuk gözleri iki granit parçası kadar kıpırtısız ve bir karşılık vermiyorlar. Kızın kendisiyle böyle oynaması delikanlıyı çileden çıkartıyor. Nasıl da bir anda sertçe sırt çevirdi, diye düşünerek yumruklarını sıkan delikanlı onu rahatlıkla öldürebileceğini hissediyor.

O anda birisi birdenbire, "Çok solgunsun Bob, neyin var?" diye soruyor. Bu Margot'un kız kardeşi küçük Elisabeth. Kızın gözlerinde yumuşak, sıcak bir ışıltı var, ama oğlan bunun farkında değil. Bir şekilde kendini yakalanmış gibi hissederek öfkeyle bağırıyor: "Beni rahat bırakın, şu lanet olası kaygılarınızdan bıktım." Ve anında pişman oluyor. Çünkü Elisabeth'in beti benzi atıyor ve başını çevirerek ağlamaklı bir sesle, "Bu yaptığın tuhaflığın da ötesinde," diyor. Herkes ona kötü kötü, gözdağı verircesine bakıyor, kendisi de zaten işlediği kabahatin farkında. Fakat daha özür dilemeye bile fırsat bulamadan masanın öbür tarafından bıçak kadar keskin ve sert bir ses, Margot'un sesi geliyor. "Bob'un davranışlarını yaşına göre çok uygunsuz buluyorum. Ona bir centilmen, hatta genç bir adam muamelesi yapmak doğru değil." Bunları Margot söylüyor, daha dün gece dudaklarını ona bağışlamış olan Margot. Etrafındaki her şey dönüyor, gözlerinin önüne bir sis bulutu iniyor. Yoğun bir öfkeye kapılarak çok kötü bir ses tonuyla, "Bunu en iyi sen bilirsin elbette!" diyerek ayağa kalkıyor. Hareketinin sertliğinden arkasında koltuğu devrilse de bir daha geri dönüp bakmıyor.

Ne var ki kendisine bile son derece anlamsız gelmekle birlikte geceleyin yine aşağıya inip bahçede bekliyor ve onun gelmesi için Tanrı'ya dua ediyor. Belki bu yaptıkları da rolden başka bir şey değildir ve gururundan kaynaklanıyordur; hayır, artık ona bir şey sormayacak ve eziyet etmeyecek, yeter ki gelsin, yeter ki yumuşak ve nemli dudaklardaki bütün soruları mühürleyen o şiddetli arzuyu tekrar ağzında hissedebilsin. Saatler uykuya dalmış sanki, gece şatonun önünde tembelce yatan miskin bir hayvana benziyor. Zaman akıl almaz bir yavaşlıkta geçiyor. Etraftaki otların arasından gelen hafif fısıltıda alaycı sesler duyduğunu sanıyor, ağır ağır sallanarak gölgelerle ve ışığın hafif pırıltılarıyla oynayan dallar gözüne kibirli eller gibi görünüyor. Tüm sesler anlaşılmaz ve yabancı, sessizlikten daha da iç sıkıcı. Bir kez uzaklarda, kırda bir köpek havlıyor, bir kez de gökyüzünde bir yıldız kayarak geçip şatonun arka taraflarında bir yerde kayboluyor. Gece giderek aydınlanıyor, ağaçların yola düşen gölgeleri giderek kararıyor ve etraftaki hafif fısıltı giderek belirsizleşiyor gibi. Sonra hareket halindeki bulutlar gökyüzünü yeniden ağır bir karanlığa boğuyorlar. Bu yalnızlık delikanlının ateşli yüreğine acıyla çöküyor.

Oğlan bir aşağı bir yukarı gidip geliyor. Her seferinde daha hızlı, daha haşin. Bazen öfkeyle bir ağaca vuruyor, bazen bir parça ağaç kabuğunu avucunun içinde öyle bir şiddetle eziyor ki parmaklarından kan geliyor. Hayır, gelmeyecek, bunu biliyordu, ama yine de inanmak istemiyor, çünkü inancını yitirirse bir daha asla gelmez. Bu hayatının en acı anı. Gençliğinin verdiği heyecanla o kadar dolu ki, kendini ümitsizlikle nemli otların üzerine atıp parmaklarını toprağa geçiriyor, çocukken hiç yapmadığı ve bir daha da asla yapamayacağı gibi alçak sesle acı acı hıçkırırken yanaklarından yaşlar yuvarlanıyor.

Birden çalılıkların arasından gelen hafif bir çıtırtıyla ümitsizliğinden sıyrılıyor. Hemen fırlayıp kalkıyor ve karanlıkta ellerini uzatarak yürürken birdenbire sıcacık bir temasla göğsüne çarpan, o deli gibi hayalini kurduğu bedeni tekrar kollarının arasında buluveriyor. Boğazında bir hıçkırık yükseliyor, bütün varlığı görülmemiş şiddette bir nöbetle sarsılıyor ve bu uzun, diri bedeni öyle bir hırsla kendine çekiyor ki, kızın o yabancı, ses vermeyen dudaklarından bir inilti kopuveriyor. Ve kızın kendi gücüne teslim olup inlediğini duyduğunda ilk kez, dünkü ve geçen günkü gibi onun kaprislerine oyuncak olmak yerine ona sahip olduğunu anlıyor; içini birden, kendisine yüzlerce saat çektirdiği eziyetin karşılığında ona eziyet etme arzusu dolduruyor, kibrinden ve bu akşam herkesin önünde sarf ettiği küçük düşürücü sözlerden dolayı, sürdürdüğü ikiyüzlü yaşamdan dolayı ona dersini vermek istiyor. Ona duyduğu ateşli aşka öylesine çözülmez biçimde kin karışıyor ki, kıza sarılışı sevişmekten çok boğuşmayı andırıyor. Onun narin bileklerini, nefes nefese titreyen tüm bedenini de sürükleyip getirecek şiddette kavrayarak, bir hamlede kendine çekiyor ve sonra yine savurarak temas edemeyeceği şekilde kendinden uzaklaştırıyor; öyle ki kız ancak, hazdan mı acıdan mı olduğunu anlayamadığı boğuk bir inilti çıkartabiliyor. Fakat delikanlı ondan tek bir sözcük olsun kopartamıyor. Bu boğuk iniltiyi de örtmek için dudaklarını onunkilere bastırarak emdiğinde kızın dudaklarında sıcak bir ıslaklık hissediyor, bu kan, kanı akıyor, dişlerini dudaklarına öylesine geçirmiş. Böylece birden kendi içindeki gücün kesildiğini ve şehvetin ateşli dalgalarının kabardığını hissedene kadar ona bu şekilde eziyet ediyor. Şimdi ikisi de göğüs göğse yaslanmış hızla soluyorlar. Gecenin içinden alevler geçiyor, gözlerinin önünde yıldızlar yanıp sönüyor, her şey birbirine karışıyor, zihnindeki burgaç hızlanıyor ve her şey tek bir adda birleşiyor: Margot. Ateşli taşkınlığının içinde, nihayet ruhunun derinlerinden bu sözcük fışkırıyor; coşku, ümitsizlik, özlem, kin, kızgınlık ve aşk, hepsi bir çığlık oluyor, üç günün ıstırabı bu çığlığın içinde: Margot, Margot, delikanlı için tüm evrenin müziği bu iki hecede titreşiyor.

Bu haykırış bir tokat gibi kızın tüm bedenini sarsıyor. Kucaklayışındaki hararet birden sönüyor, oğlanı bir an hırsla itiyor, boğazı bir hıçkırıkla titriyor ve hareketlerine tekrar bir hararet geliyor, fakat bu kez istemediği bir temastan kurtulmak için. Delikanlı şaşkınlıkla onu tutmaya çalışıyor, fakat kız mücadele ediyor, yüzüne yaklaştığında yanaklarında öfke gözyaşlarının titrediğini ve ince bedeninin bir yılan gibi kıvrıldığını görüyor. Sonunda kız onu aniden sert bir darbeyle iterek kaçıyor. Giysisinin beyaz ışıltısı bir süre ağaçların arasında titreşiyor, sonra karanlıkta eriyip kayboluyor.

Delikanlı, bu ateşli ve tutkulu beden aniden kollarının arasından kaçıp gidiverdiğinde, ilk seferinde olduğu gibi şaşkın ve yüreği ezik bir halde tek başına kalakalıyor. Gözlerinin önünde yıldızlar buğulanmış gibi ışıldarken kanı, alnını içeriden iğneli kıvılcımlarla dağlıyor. Bu başına gelen nasıl bir şey? Giderek seyrekleşen ağaçları yoklayarak bahçenin derinliklerine ilerliyor, küçük bir çeşmenin bulunduğunu bildiği yere gidip hafifçe mırıldanan ve bulutların arasından şimdi tekrar çıkmakta olan ayın ışığında harikulade pırıltılar saçan beyaz, gümüşsü suyunu okşar gibi ellerinin üzerinden kaydırıyor. Şimdi görüşü biraz daha netleşirken, sanki ılık rüzgâr ağaçlardan ona doğru üflemiş gibi, içine müthiş bir keder çöküyor. Sıcak gözyaşlarıyla göğsünden taşıyor ve o an, Margot'u ne kadar çok sevdiğini birbirlerine çılgınca sarıldıkları saniyelerdekinden çok daha net, çok daha şiddetli hissediyor. O ana kadar yaşamış olduğu her şeyden sıyrılıyor, ne baş dönmesi kalıyor ne sahip olmanın ürpertisi ve gerilimi, ne de saklanan sırrın öfkesi; şu anda onu kucaklayan sadece hüzün tadında bir aşk, neredeyse özlemsiz, ama karşı koyulmaz şiddette bir aşk.

Ona niçin o kadar eziyet etti sanki? Kız o üç gece boyunca ölçüsüzce cömert davranmamış mıydı, kız onu okşayışlarıyla ve aşkın vahşi ürpertileriyle tanıştırdıktan sonra hayatı bir anda o bulanık alacakaranlıktan sıyrılıp pırıltılı ve tehlikeli bir ışığa kavuşmamış mıydı? Ve kız ondan gözyaşlarıyla, öfke içinde ayrılmıştı! İçinde onunla barışmak ve tatlı, yatıştırıcı sözler söylemek için dayanılmaz bir istek uyanıyor; onu arzudan uzak, kollarının arasında tutmak ve ona nasıl minnettar olduğunu söylemek için şiddetli bir istek duyuyor. Evet, büyük bir alçakgönüllülükle ona gitmek, onu ne kadar saf bir sevgiyle sevdiğini söylemek ve bir daha ismini asla dillendirmeyeceğini, istemediği bir soruyu asla sormayacağını söylemek istiyor.

Şırıl şırıl akan, gümüş gibi su, kızın döktüğü gözyaşlarını aklına getiriyor. Belki de şu anda odasında yapayalnız, düşünmeye devam ediyor ve ona kulak veren sadece şu fısıltılarla dolu, herkesi dinleyen, ama kimseyi avutmayan gece. Ruhları artık sıkı sıkıya birbirine karışmış olmasına rağmen, saçının bir pırıltısını bile göremeden, rüzgâra karışıp giden bir sözcüğünü olsun duyamadan, ona hem bu kadar uzak hem bu kadar yakın olmak katlanılmaz bir acı veriyor. Ve bir köpek gibi kapısının önünde yatarak veya bir dilenci gibi penceresinin dibinde bekleyerek de olsa, ona yakın olmak için duyduğu özlem karşı konulmaz bir hal alıyor.

Çekinerek ağaçların gölgesinin dışına süzüldüğünde, kızın birinci kattaki odasında lamba hâlâ yanmakta. Dışarıya vuran mat bir pırıltı, geniş bir akçaağacın; parlak, küçük pencerenin önünde kulak kabartmakta olan o kara devin hafif esintide uzanıp, sonra çekilen ve pencereyi tıklatmak isteyen elleri andıran dallarını zar zor aydınlatıyor. O ışıklı pencerenin ardında Margot'un uyanık olduğu, belki hâlâ ağlamakta veya kendisini düşünmekte olduğu düşüncesi delikanlıyı o kadar heyecanlandırıyor ki, sendelememek için ağaca yaslanmak zorunda kalıyor.

Büyülenmiş gibi, gözlerini pencereden ayıramıyor. Esintiyle oynar gibi duran beyaz perdeler karanlıktan taşarak huzursuzca salınıyor; kâh lambanın sıcak, sarı ışığında korlaşmış altın gibi, kâh yuvarlak yaprakların arasından sızan titrek ay ışığına sürtünüp gümüş gibi parlıyor. Işık ve gölgenin bu hareketli akışı, yansımalardan dokunmuş gevşek bir kumaş gibi camın üzerine düşüyor. Ne var ki, ateşler içindeki delikanlı akçaağacın gölgesinde durmuş, yanan gözleriyle yukarıya bakarken, olup bitenlerin bütün bu karmaşık işaretleri ona beyaz bir sayfaya yazılı gibi görünüyor. Akıp giden gölgeler, camın üzerinde hafif bir sis gibi titreşen gümüşsü pırıltılar, bütün bu belli belirsiz izlenimler fantezisinde ateşli imgelere dönüşüyor. Uzun boylu, güzel Margot'u saçlarını –ah, o dağınık sarı saçlarını– çözmüş, içinde kendi duyduğu huzursuzluğun aynısı, odada bir aşağı bir yukarı gidip gelirken görüyor, tutkusunun ateşi içini sarmış öfkeden hıçkırıyor. Şimdi kızın en küçük hareketini, yüksek duvarların ardında bile sanki bir camdan bakarmış gibi gözünde canlandırıyor, ellerinin titreyişini, kendini bir koltuğa bırakışını, yıldızlarla aydınlanan gökyüzüne sessizce, ümitsizce bakışını. Hatta cam bir anlığına aydınlandığında, onun yüzünü gördüğünü, kendisini aramak için ürkekçe uykudaki bahçeye doğru eğildiğini sanıyor. O zaman içini yabanıl bir duygu sarıyor, kendini tutarak ama yine de ısrarla, onun adını çağırıyor: Margot!.. Margot!

Camın üzerinden hızla tül gibi beyaz bir şey kaymadı mı? Bunu açıkça gördüğüne inanıyor. Kulak veriyor. Fakat hiçbir kıpırtı yok. Arkasında uykulu ağaçların hafif soluğu ve durgun rüzgârda otların yumuşak hışırtısı hissediliyor, bir uzaklaşıp bir yaklaşarak yavaşça dağılan bir dalga gibi. Gece dinginlikle nefes alıp veriyor, dilsiz pencere gümüş bir çerçevedeki karanlık bir resme benziyor. Seslendiğini duymadı mı? Yoksa artık duymak mı istemiyor? Pencerenin çevresindeki bu titrek pırıltı oğlanı iyice deli ediyor. Duyduğu arzuyla yüreği göğsünden fırlayacakmış gibi atıyor, yaslandığı ağacın tutkusunun şiddetinden sarsıldığını sanıyor. Bildiği tek şey, onu şimdi görmek, onunla şimdi konuşmak zorunda olduğu, adını seslendiğinde herkesi uyandıracak bile olsa. Şimdi bir şeyler yapması gerektiğini hissediyor, en olmayacak şeylere bile hazır, bir rüyadaymış gibi, her şey gözüne kolay ve ulaşılabilir görünüyor. O sırada gözlerini bir kez daha pencereye çevirdiğinde birdenbire, sırtını duvara vermiş duran ağacın bir yol gösterici gibi uzanan dalını görüyor ve gövdesine daha bir güçlü sarılıyor. Bir anda her şey açıklığa kavuşuyor: Yukarı tırmanacak –ağacın kalın gövdesi dimdik yükseliyor, ama kendi bedeni de çevik ve esnek–, sonra penceresinin hemen dibinden kıza seslenecek, onunla orada yakından konuşacak ve kendisini bağışlatmadan da aşağı inmeyecek. Bir saniye bile düşünmüyor, gözü, hafif pırıltılarıyla kendisini davet eden pencereden başka bir şey görmüyor ve ağacın kendisini taşımaya hazır geniş ve sağlam gövdesini yanında hissediyor. Birkaç çevik hamleyle ve bir sıçrayışta bir dala asılarak kendini hızla yukarı çekiveriyor. Yukarıya kadar tırmandı bile, şimdi ağırlığının altında bel vererek sallanan dalın neredeyse en ucunda. Dalın hışırtısı ürperen bir dalga gibi en uç yapraklara kadar yayılıyor ve ileri doğru uzanan dal, sanki kızı uyarmak ister gibi pencereye biraz daha yaklaşıyor. Delikanlı artık odanın beyaz tavanını ve ortasında lambanın altın gibi kıvılcımlanan ışığını görüyor. Ve heyecandan titreyerek bir an sonra onu göreceğini düşünüyor, ağlarken veya sessizce hıçkırırken, ya da bedeninin açık şehveti içinde onu görecek. Bir anda kolları gevşiyor, ama hemen toparlanıyor. Yavaş yavaş pencereye uzanan dalın ucuna doğru kayıyor, dizleri hafiften kanıyor, elleri sıyrılıyor, fakat o devam ediyor, pencereden gelen ışık neredeyse üstüne düşecek. Görüşünü sadece geniş bir yaprak kümesi engelliyor ve öylesine özlediği anı erteliyor; yaprakları itmek için elini kaldırdığı ve ışığın üzerine vurduğu anda öne doğru eğilince bir anda dengesini kaybediyor ve savrularak aşağı düşüyor.

Çimenlerin üstünde ağırlaşmış bir meyvenin yere çarpışı gibi boğuk bir ses işitiliyor. Yukarıda bir siluet pencereden dışarı eğilerek tedirginlikle çevreye bakıyor, fakat karanlık, boğulan birini yutan bir göl gibi sessiz ve kıpırtısız. Az sonra yukarıda ışık sönüyor ve bahçe tekrar, sessiz gölgelerin üzerinde dolaşan karanlığın tekinsiz pırıltılarına gömülüyor.

Birkaç dakika sonra delikanlı düşmenin sersemliğinden kurtuluyor. Bir an için gözlerini, yolunu şaşırmış birkaç yıldızın soğuk bakışlarıyla karşılaştığı solgun gökyüzüne çeviriyor. Fakat sonra sağ ayağında kıvrandıracak kadar dehşetli bir acı hissediyor, yavaşça denediği ilk harekette neredeyse çığlık atacak gibi oluyor. Başına geleni bir anda kavrıyor. Ayrıca Margot'un penceresinin altında yatıp kalmaması, kimseden yardım istememesi, bağırmaması ve hareket ederken ses çıkartmaması gerektiğinin de farkında. Alnından kan damlıyor, çimenlerin içindeki bir çakıl taşına veya bir dal parçasına çarpmış olmalı, gözlerine akmasın diye kanı eliyle öylesine siliveriyor. Sonra sol tarafına yaslanarak tırnaklarını toprağa geçire geçire sürünerek ilerlemeye çalışıyor. Kırılan bacağı her bir yere sürttüğünde veya sarsıldığında öylesine bir acı hissediyor ki tekrar kendinden geçeceğinden korkuyor. Fakat yavaş yavaş sürünmeye devam ediyor, merdivene varması neredeyse yarım saat sürüyor ve artık kollarının uyuşmaya başladığını hissediyor. Soğuk bir ter alnında akmaya devam eden kanla karışıyor. Şimdi işin en zor kısmıyla karşı karşıya, merdivenden korkunç acılar çekerek, milim milim sürünerek çıkıyor. Yukarıya varıp da titreyerek korkuluğu kavradığında nefesi tıkanıyor. İçeriden sesler duyduğu ve ışık gördüğü oyun salonunun kapısına kadar birkaç adım daha sürüklenerek ilerliyor. Kapının koluna tutunarak kendini yukarı çekiyor ve kapı ağırlığıyla aniden açılınca savrulur gibi aydınlık salonun içine devriliveriyor. Yüzü kan içinde, toza toprağa bulanmış bir halde içeriye dalıp bir külçe gibi yere yığıldığında görüntüsü korkunç olmalı; çünkü erkekler telaşla ayağa fırlıyor, sandalyeler devriliyor, herkes yardım etmek için yanına koşuyor. Onu özenle kanepeye taşıyorlar. Zorlukla kekeleyerek birkaç sözcük söyleyebiliyor ancak, parka inmek isterken merdivenden düştüğünü söylüyor, sonra birdenbire gözlerinin önünden kara halkalar geçmeye başlıyor, dalgalanarak her yanını sarıyorlar, kendinden geçiyor ve gerisini hatırlamıyor.

Bir at eyerleniyor, birisi en yakındaki doktoru getirmeye gidiyor. Uykusundan sıçrayan şato bir hayalet gibi canlanıyor: Koridorlarda ışıklar ateşböcekleri gibi titreşiyor, birileri fısıldıyor, açılan kapılardan sorular yağıyor, uyku sersemi hizmetkârlar sarsak sarsak geliyor ve sonunda baygın delikanlı odasına taşınıyor.

Doktor kemikte kırık tespit ediyor ve tehlikeli bir durum olmadığını söyleyerek herkesi yatıştırıyor. Yalnızca kaza geçiren oğlanın uzun süre sargılar içinde yatması gerekiyor. Çocuğa bunu söylediklerinde bitkinlikle gülümsüyor. Bu ona pek de zor gelmiyor. Eğer insan âşık olduğu birinin hayalini kurmak istiyorsa, böyle, insanlardan, gürültüden uzakta, ağaçların dallarını içeriye uzattıkları, yüksek tavanlı, aydınlık bir odada uzun zaman yalnız yatmak güzel. Her türlü görev ve sorumluluktan uzak, her şeyi huzur içinde düşünmek, tatlı rüyalara dalmak, bir an gözlerinizi kapattığınızda yatağınızın yanı başına geliveren o güzel hayallerle baş başa kalmak ne hoş olur. Belki de aşkın en güzel, en dingin anları bu insanı kendinden geçiren solgun düşlerdedir. İlk günlerde ağrılar henüz pek şiddetli, fakat tuhaf bir hazla harmanlanmakta. Bu acıları Margot için, sevgilisi için çektiğini bilmek delikanlının içini son derece romantik, neredeyse coşkulu bir özgüvenle dolduruyor. Sevdiği kadın için aldığı yarayı bir şövalye gibi her zaman gururla taşıyabilmek için yüzünde kan kırmızısı bir iz olsun isterdi; veya düştüğünde onun penceresinin önünde parçalanıp kalmak ve hiç uyanmamak daha da iyi olurdu. Sonra Margot'un, sabah penceresinin altındaki bağrışmalarla uyandığını, merakla aşağı eğildiğini ve onu –onu!– penceresinin altında kendisi için can vermiş yatarken gördüğünü hayal ediyor. Kızın bir çığlık atarak yere yığıldığını görüyor, bu keskin çığlık kulaklarında çınlıyor. Margot'un ümitsizliği, tasası gözlerinin önünde canlanıyor, onu hayatı mahvolmuş, ömür boyu düşünceli ve karamsar, karalar içinde dolaşırken görüyor, insanlar acısının nedenini sorduklarında dudaklarının kıyısında hafif bir çekilme oluyor.

Böyle günler boyunca hayaller kuruyor, önceleri sadece karanlıkta, sonra sevgilinin görüntüsünün hoş anılarına kısa sürede alışarak gözleri açık düş görmeye başlıyor. Günün hiçbir saati, onun ışıktan bir gölge gibi duvarlardan süzülerek yanına varmasına engel olacak kadar aydınlık değil, dışarıda yapraklardan düşen damlalardan veya kızgın güneşin altında çıtırdayan kumlardan çözülüp gelen sesini duymasını engelleyecek bir gürültü hiçbir zaman yok. Margot'la böyle saatlerce konuşuyor veya onunla yolculuklara çıktıklarını, güzel yürüyüşler yaptıklarını hayal ediyor. Fakat bazen hayretle bu düşlerden uyanıyor. Ölecek olsa, Margot onun için gerçekten yas tutar mı? Onu hatırlar mı?

Elbette, kız hastayı zaman zaman ziyaret ediyor. Delikanlı düşüncelerinde onunla konuşurken veya karşısında ışıklı hayalini görürken sık sık kapının açıldığı ve onun içeriye girdiği oluyor, uzun boylu ve güzel, ama yine de düşlerindekinden çok farklı. Sevecen değil, hayallerinin Margot'u gibi alnından öpmek için heyecanla ona doğru eğilmiyor, şezlongunun yanına oturup nasıl olduğunu, canının yanıp yanmadığını soruyor sadece, sonra eğlenceli bir şeyler anlatıyor. Kız yanındayken hep tatlı bir ürküntüyle karışık bir heyecan içinde olduğundan yüzüne bakmaya cesaret edemiyor; çoğunlukla sesini daha iyi duyabilmek, sözcüklerinin melodisini, daha sonra onu sarmalayarak saatlerce çevresinde salınacak bu kendine özgü müziği daha iyi içine çekebilmek için gözlerini yumuyor. Kıza yanıt verirken tutuklaşıyor, çünkü sadece onun soluğunu duyduğu, mekânda ve evrende onunla yalnız olduğunu derinden hissettiği bu anları öylesine seviyor ki. Kız kalkıp kapıya yöneldiği zaman, onun hareket halindeki bedeninin tüm hatlarını zihnine bir kez daha nakşetmek ve tekrar düşlerinin o belirsiz gerçekliği içinde kaybolmadan önce, karşısındayken bir kez daha bakışlarıyla sarmak için, canı yanmasına rağmen zahmetle yerinden doğruluyor.

Margot hemen her gün ziyarete geliyor. Fakat Kitty ve Elisabeth de gelmiyorlar mı, yüzüne hep korkuyla bakan ve öylesine yumuşak, kaygılı bir sesle daha iyi olup olmadığını soran küçük Elisabeth? Kız kardeşi ve diğer kadınlar her gün onu yoklamıyorlar mı, aslında hepsi de aynı içtenlikle davranmıyorlar mı? Onlar da yanında oturup eğlenceli hikâyeler anlatmıyorlar mı? Hatta yanında fazla uzun kalıyorlar; çünkü onların varlığı düşlerini dağıtıyor, hayallerinin dinginliğini bozup sıradan sohbetlere ve boş laflara çekiyorlar. Hiçbirinin gelmemesini dilerdi, sadece Margot gelmeliydi, yalnızca bir saatliğine, hatta birkaç dakikalığına, sonra rahatsız edilmeden onun hayalini kurabilmek için yalnız kalmayı isterdi, bulutların üstündeymişçesine dingin bir sevinçle içine dönmek, tümüyle aşkının avutucu imgelerine gömülmek isterdi.

Bazen bu yüzden, kapının tokmağının çevrildiğini his-
settiğinde gözlerini yumup uyur gibi yapıyor. O zaman zi-
yaretçileri ayaklarının ucuna basarak tekrar yavaşça dışarı
süzülüyorlar; kapının özenle kapatıldığını duyduğunda,
artık yeniden düşlerinin tatlı akışına dalarak kendini uzak
diyarların çekiciliğine doğru sürüklemelerine izin verebilece-
ğini anlıyor.

Fakat bir gün şöyle bir şey oluyor: Margot gelip çok kısa
bir süre yanında kalıyor, ama saçlarında bahçenin bütün ra-
yihasını, açan yaseminlerin baygın kokularını, gözlerindey-
se ağustos güneşinin ışıltılarını da odaya taşıyor. Delikanlı
o gün artık bir daha gelmeyeceğini biliyor. Şimdi onu, tatlı
hayallerle ışıldayacak uzun, aydınlık bir öğle sonrası bekli-
yor, hep birlikte bir at gezintisine çıktıkları için artık rahat-
sız edecek kimse yok. Ne var ki kapının kolu bir kez daha
çekingence çevrilince oğlan gözlerini kapatarak uyur gibi
yapıyor. Fakat bu kez içeriye giren geri dönmüyor, aksine
onu uyandırmamak için dikkatle kapıyı kapatıyor, odanın
mutlak sessizliği içinde bunları açık seçik duyuyor. İçeriye
giren, ayaklarını neredeyse yere değdirmeden hafif adımlar-
la yaklaşıyor. Delikanlı bir elbisenin hafifçe hışırdadığını ve
birisinin yanına oturduğunu duyuyor. Ve yüzünde dolaşan
ateş gibi yakıcı bakışları kapalı gözkapaklarının ardından
hissediyor.

Yüreği tedirginlikle çarpmaya başlıyor. Gelen Margot
mu? Kesinlikle. Bunu hissediyor, fakat şu an gözlerini aç-
madan sadece onun yanında olduğunu hissetmek, çok daha
tatlı, yoğun, heyecan verici bir duygu, esrarlı, şehvetli bir
çekiciliği var. Ne yapacak acaba? Saniyeler geçmek bilmi-
yor. Kız gözlerini ondan ayırmıyor, nefesini dinliyor; kızın ne
yaptığını görmeden, savunmasızca onun bakışlarına teslim
olduğunu bilmek, bu tedirgin edici, ama yine de baş dön-
dürücü duygu, delikanlının gözeneklerinde elektriklenmiş
gibi bir karıncalanma yaratıyor, şimdi birden gözlerini açsa

bakışları Margot'un korkmuş yüzünü şefkatle sarmalayacak. Fakat delikanlı kıpırdamıyor, sadece daralan göğsünde huzursuzlaşan ve sıklaşan soluklarını sakinleştiriyor ve bekliyor... bekliyor.

Hiçbir şey olmuyor. Sadece kızın biraz daha üzerine doğru eğildiğini, dudaklarından tanıdığı o hafif kokunun, o nemli, hafif leylak kokusunun, şimdi yüzüne biraz daha yaklaştığını sanıyor. Şimdi de elini uzattı, örtünün üstünden kolunu okşuyor, kanı oradan ateşlenerek bir alev dalgası gibi tüm bedenine yayılıyor, kızın son derece sakin ve sakınımlı okşayışları oğlanı bir manyetik alan gibi çekiyor ve kanı onları izleyerek deli gibi akıyor. Bu yumuşacık sevecenliğin verdiği duygu muhteşem, baş döndürücü ve aynı zamanda kışkırtıcı.

Kızın eli hâlâ ritmik hareketlerle ağır ağır kolunun üzerinde gidip geliyor. Delikanlı gözkapaklarını aralayıp gizliden bakıyor. Önce yalnızca erguvani al bir gölge, kıpırtılı bir ışık bulutu görüyor, sonra bedeninin üzerine yayılı duran koyu desenli örtüyü algılıyor ve şimdi de uzaklardan gelir gibi kolunu okşayan eli görüyor; çok, çok bulanık bir görüntü bu, aydınlık bir bulut çöker gibi görünen ve hemen tekrar kaybolan beyaz, ince bir ışıltı. Gözkapaklarını yavaş yavaş biraz daha aralıyor. Ve artık porselen gibi ışıyan ak parmakları net olarak görüyor, hafifçe kıvrılarak okşayışlarını izliyor, duraksayarak, ama içsel bir canlılıkla bir ileri bir geri kayıyorlar. Kızın elleri duyargalar gibi yaklaşıp tekrar geri çekiliyorlar ve delikanlı o an bu elleri bağımsız varlıklarmış gibi algılıyor, bir giysiye sürtünen bir kedi gibi, tırnaklarını çıkartmadan sevgiyle mırıldayarak yaklaşan küçük, beyaz bir kedi gibi hissediyor ve kızın gözlerinde aniden fosforlu pırıltılar çaksa şaşırmayacak. Ve gerçekten de kendisine yaklaşan o ışıltılı beyazlıkta bir bakışın pırıltısı yok mu? Hayır, bu sadece bir metal pırıltısı, altının ışıldaması. Fakat şimdi el tekrar yaklaştığında bilezikten sallanan madalyonu açık seçik görüyor, sahibini ele veren o gizemli madalyon bu, sekizgen ve bir peni büyüklüğünde. Kolunu okşayan el, Margot'un eli; içinde bu yüzüksüz, narin ve beyaz eli kavrayıp dudaklarına götürmek, öpmek isteği kabarıyor. O sırada kızın soluğunu hissediyor, Margot'un yüzünün kendi yüzüne çok yaklaştığını anlıyor ve artık gözlerini daha fazla kapalı tutamıyor, mutlulukla ışıldayarak gözlerini açtığında çok yakınındaki çehre korkuyla irkilerek geri çekiliyor.

Eğilmiş olan yüzdeki gölgeler dağılıp heyecan içindeki hatları aydınlığa çıktığında, karşısında Elisabeth'in yüzünü seçince tüm bedeni bir darbe yemişçesine titriyor. Elisabeth, Margot'un kardeşi, genç, ayrıksı Elisabeth. Bu bir rüya mı yoksa? Hayır, şu anda gözlerini kızın aniden ateş basan yüzüne dikmiş bakıyor, kız ürkerek gözlerini kaçırıyor: Bu, Elisabeth. Delikanlı yapmış olduğu korkunç hatayı birden kavrıyor, hemen kızın bileğine bakıyor, madalyon orada.

Gözlerinin önünde görüntüler kaymaya başlıyor. Kendini bayılıp salonda yere yığıldığı andaki gibi hissediyor, fakat dişlerini sıkıyor, kendini kaybetmek istemiyor. Tek bir saniyeye sıkıştırılmış olarak her şey şimşek gibi gözlerinin önünden geçiyor: Margot'un şaşkınlığı ve kibri, Elisabeth'in gülümsemesi, gizli bir el gibi tenine dokunan o tuhaf bakışlar – hayır, hayır, burada hiçbir yanılgı olasılığı yok.

Yine de içinde zayıf bir ümit titreşiyor. Gözlerini madalyona dikiyor, onu belki de kıza Margot hediye etti, bugün, dün veya daha önce.

Fakat o sırada Elisabeth bir şeyler söylüyor. Zihnini zorlayan düşüncelerle yüzü allak bullak görünüyor olmalı, çünkü kız korkuyla, "Canın mı yanıyor, Bob?" diye soruyor.

Sesleri birbirine ne kadar da benziyor, diye aklından geçiriyor delikanlı. Sonra düşünmeden yanıt veriyor: "Evet, evet... yani, hayır... gayet iyiyim."

Tekrar sessizleşiyorlar. Delikanlının zihninde aynı düşünce sıcak bir dalga gibi yükselip duruyor: Belki de madalyonu ona Margot verdi. Bunun doğru olamayacağını biliyor, ama yine de sormadan edemiyor.

"O madalyon nasıl bir şey?"

"Ah, hangi Amerika ülkesinden olduğunu bilmediğim bir para. Bunu bize Robert Amca getirmişti."

"Bize mi?"

Oğlan nefesini tutuyor. Şimdi söyleyecek.

"Margot'la bana. Neden bilmem, Kitty istemedi."

Delikanlı gözlerinin nemlendiğini hissediyor. Gözkapaklarının kıyısına kadar gelip de tutmayı başaramadığı ve şimdi yanaklarından süzülen damlayı Elisabeth görmesin diye başını usulca yana çeviriyor. Bir şeyler söylemek istiyor, ama boğazında yükselen hıçkırığın baskısıyla sesinin titreyeceğinden korkuyor. İkisi de tedirginlikle birbirlerine kulak vererek susuyorlar. Sonra Elisabeth kalkıyor. "Gidiyorum, Bob. Geçmiş olsun." Oğlan gözlerini yumuyor ve ardından kapı hafifçe gıcırdayarak kapanıyor.

Düşünceleri şimdi ürkerek havalanmış bir güvercin sürüsü gibi zihninde uçuşuyor. Yanlış anlamasının korkunçluğunu ancak kavrıyor, aptallığı karşısında utanç ve öfkeye boğuluyor, ama aynı zamanda da keskin bir acı duyuyor. Şimdi Margot'u sonsuza kadar yitirdiğini biliyor, fakat aşkında değişen bir şey olmadığını hissediyor, ulaşılmaz olan karşısındaki o çaresizce özlemi henüz duymuyor belki. Elisabeth'in hayaliniyse öfkeyle gözünün önünden uzaklaştırıyor, çünkü bütün o kendini verişleri de, tutkusunun bugünkü dizginlenmiş hali de, delikanlı için Margot'un bir gülümseyişi veya elinin hafifçe dokunuşu kadar önemli değil. Eğer Elisabeth daha o zaman kendini tanıtmış olsaydı onu sevebilirdi, o zamanlar tutkusu henüz çocuksuydu, fakat artık Margot'un adı, kurduğu onca hayalle içine öyle derin kazınmıştı ki, onu artık hayatından silip çıkartması mümkün değildi.

Gözlerinin önündeki görüntülerin kararmaya başladığını, durmak bilmeyen düşüncelerinin gözyaşlarıyla yavaş

yavaş çözüldüğünü hissediyor. Hastalığı süresince her gün, yalnız geçirdiği uzun saatler boyunca yaptığı gibi yine Margot'un hayalini gözlerinin önüne getirmeye çalışıyor, ama boşuna, her seferinde Elisabeth özlem dolu derin gözleriyle bir gölge gibi bu hayale karışıyor. O zaman her şey altüst oluyor, delikanlı yine eziyetler içinde, olayların nasıl olup da bu noktaya vardığını düşünmeye başlıyor. Margot'un penc
eresinin önünde durup ona seslendiği aklına gelince utanca boğuluyor, sonra hararetle şükranlarını belirtmesi gereken o günlerde tek bir söz etmediği veya yüzüne şöyle bir bakmadığı sessiz, sarışın Elisabeth'i düşününce içini yine bir acıma kaplıyor.

Ertesi sabah Margot yine kısa bir ziyarette bulunuyor. Kızın varlığıyla ürperen delikanlı onun gözlerine bakmaya cesaret edemiyor. Margot bir şeyler söylüyor. Neredeyse hiçbir şey duymuyor, şakaklarındaki şiddetli zonklama kızın sesini bastırıyor. Ancak kız uzaklaşırken bakışlarıyla onun bütün bedenini özlemle kucaklıyor yeniden. Onu hiçbir zaman bu kadar sevmemiş olduğunu hissediyor.

Öğleden sonra Elisabeth geliyor. Ara sıra delikanlının ellerine değen ellerinde hafif bir teklifsizlik var, biraz boğuk ve alçak bir sesle konuşuyor. Kendinden veya delikanlıdan söz ederse bir şeyleri ele verecekmiş gibi biraz ürkekçe sıradan şeylerden söz ediyor. Oğlan ona karşı ne hissettiğinden pek emin değil. Bazen bir acıma, bazen sevgisinden dolayı minnettarlık hissettiğini sanıyor, fakat kıza bir şey söyleyemiyor. Yalan söyleme korkusundan ona bakmaya bile cesareti yok.

Elisabeth artık her gün geliyor ve daha uzun kalıyor. Aralarındaki gizin çözülmesiyle birlikte belirsizlikler de dağılıp gitmiş gibi. Fakat bahçenin karanlığında yaşanan o anlardan bahsetmeye henüz ikisinin de cesareti yok.

Elisabeth'in yine delikanlının yanında oturduğu günlerden biri. Dışarıda güneş parlıyor, esintili ağaç tepelerinden gelen yeşil yansımalar duvarlarda titreşiyor. Kızın saçları böyle anlarda, tutuşmuş bulutlar gibi alev saçıyor sanki, teni solgun ve saydam, tüm varlığı ışıldıyor ve sanki hafiflemiş gibi. Delikanlı, gölgede kalan yastığına yaslandığı yerden kızın hemen yanında gülümseyen yüzünü izliyor, fakat kendisine ulaşmayan ışığın düştüğü yüz ona bir o kadar da uzak görünüyor. Bu görüntü bütün olup bitenleri unutturuyor. Kız delikanlıya doğru eğildiğinde gözleri daha derinlere kayıyormuş ve içlerinde kara spiraller dönüyormuş gibi oluyor, o an kolu kızın beline dolanıyor, yüzünü yüzüne doğru yaklaştırıyor ve küçük ve nemli ağzından öpüveriyor. Kız tir tir titremekle birlikte karşı çıkmıyor, sadece hüzünle usul usul oğlanın saçlarını okşuyor. Sonra sesinde ince bir kederle aniden bir solukta şu sözleri ediyor: "Sen yalnızca Margot'u seviyorsun oysa." Kızın sesindeki boyun eğmişlik, o isyansız ümitsizlik oğlanın yüreğine işliyor, kendisini öylesine sarsan o ismi ruhunun derinliklerinde hissediyor. Fakat o an yalan söylemeye cesareti yok. Sesini çıkartmıyor.

Kız onu bir kez daha hafifçe, neredeyse kardeşçe, dudaklarından öperek hiçbir şey söylemeden çıkıp gidiyor.

Olup bitenlere değindikleri tek an bu. Birkaç gün daha geçiyor, sonra iyileşmekte olan delikanlıyı bahçeye çıkartıyorlar, artık yollarda ilk sararmış yapraklar uçuşuyor ve erken inen akşamlar sonbaharın hüznünü çağrıştırmaya başlamış bile. Birkaç gün daha geçtikten sonra delikanlı artık zahmetle de olsa kendi başına ve o yaz son kez olmak üzere ağaçların rengârenk kubbesi altında yürüyor; şimdi rüzgârın kollarında, o üç sıcak yaz gecesinde olduğundan daha yüksek sesle ve daha hırçın konuşuyorlar. Oğlan hüzün içinde aynı yere gidiyor. Sanki oraya görünmeyen, karanlık bir duvar dikilmiş gibi geliyor; ardında alacakaranlıkta artık silikleşmeye yüz tutmuş çocukluğu var, önündeyse yabancı, tehlikeli başka bir ülke.

Akşam herkesle vedalaşıyor, Margot'un yüzüne, yaşamı boyunca içine sindirmek ister gibi bir kez daha dikkatle bakıyor, elini tedirgince Elisabeth'in sıcak ve sıkıca kavrayan ellerine bırakıyor, Kitty'yi, erkek arkadaşlarını ve kız kardeşini neredeyse görmüyor; ruhu, kızlardan birinin onu, onunsa diğerini sevdiği duygusuyla öyle dolu ki. Delikanlı çok solgun ve yüzünde, artık bir çocuk gibi görünmesini engelleyen buruk bir şeyler var. İlk kez bir erkek gibi görünüyor.

Yine de daha sonra atlar arabaya koşulduğunda, Margot'un kayıtsızca arkasını dönüp merdivene yöneldiğini ve Elisabeth'in gözlerinde ansızın ıslak bir pırıltı belirdiğini, kızın korkuluğa tutunmak zorunda kaldığını görünce yeni tanıştığı bu duyguların ağırlığı üzerine öyle bir çöküyor ki gözyaşlarını tutamayıp bir çocuk gibi hıçkıra hıçkıra ağlıyor.

Şatonun ışıkları giderek uzaklaşıyor, gölgeler içindeki bahçe, arabanın kaldırdığı tozların içinde giderek küçülüyor, yerini yeni manzaralar alıyor ve sonunda bütün yaşadıkları belirsizleşip ezici bir anıya dönüşüyor. İki saatlik yolculuktan sonra istasyona varıyor. Ertesi sabah artık Londra'da.

Birkaç yıl sonra, artık bir çocuk değil. Fakat o ilk deneyim içinde hâlâ o kadar canlı ki, hiç silikleşmeyecek gibi. Margot ve Elisabeth evlendiler, onları bir daha görmek istemiyor, çünkü o anların anısı bazen öyle bir şiddetle bastırıyor ki, sonraki hayatını bu anının gerçekliği karşısında bir hayalden ve düşten ibaretmiş gibi yaşıyor. Bir kadını sevmekten uzak yaşayan o erkeklerden biri haline geliyor, çünkü hayatının tek bir anında, her iki duyguyu da, sevmeyi de sevilmeyi de öylesine eksiksiz birleştirmiş olan genç adamı, daha toy bir oğlanken titreyen, ürkek ellerine kendiliğinden gelmiş olanı tekrar aramaya zorlayan bir özlem yok artık. Suskun oldukları ve bakışları, kadınların yüzlerinden ve gülüşlerinden serinkanlılıkla kayıp geçtiği için herkesin soğuk bulduğu o kusursuz ve sessiz İngilizlerden biri olarak pek çok ülke gezdi. Bakışlarını hiç ayırmadığı görüntülerin içine işlemiş, kanına karışmış olduğu, Meryem'in önündeki sönmeyen ışık gibi onlar için yanıp tutuştuğu kimin aklına gelir ki? Ve bu hikâyenin beni nereden bulduğunu şimdi hatırladım. Bugün akşamüstü okuduğum kitabın arasında bir arkadaşımın Kanada'dan göndermiş olduğu bir kart vardı. Bu genç İngilizle bir yolculukta tanışmış ve akşamlar boyunca uzun sohbetlere dalmıştık, anlattıklarında sık sık, uzaklardaki iki heykelin üstüne aniden bir ışığın düşmesi gibi, gizemli bir şekilde iki kadının anısı beliriveriyordu ve hep gençliğinin bir anına bağlanıyordu. Onunla bu sohbetlerimizin üzerinden uzun, çok uzun zamanlar geçti, o zaman neler konuşmuş olduğumuzu da unuttum muhtemelen. Fakat bugün kart elime geçtiğinde, o anı, bir düşteymiş gibi kendi yaşantılarımla da harmanlanarak tekrar canlandı ve bana sanki onun hikâyesini elimden düşen kitapta okumuşum veya düşümde görmüşüm gibi geldi.

Fakat oda ne kadar karardı ve sen bu alacakaranlığın derinliğinde bana ne kadar uzaksın! Yüzünün olduğunu tahmin ettiğim yerde hafif ve yumuşak bir ışıktan başka bir şey görmüyorum ve gülümsüyor musun, yoksa kederli misin, bilmiyorum. Üstünkörü tanıdığım insanlara tuhaf hikâyeler yakıştırdığım, bütün kaderlerini kurduğum ve sonra rahatlıkla onları tekrar kendi dünyalarına, kendi hayatlarına terk ettiğim için mi gülümsüyorsun acaba? Yoksa aşka teğet geçen ve bir anda bu tatlı rüya bahçesini sonsuza kadar yitiren bu delikanlı için kederleniyor musun? Bak, ben bu hikâye hüzün ve kasvet dolu olsun istememiştim, ben sadece aşka hazırlıksız yakalanan bir delikanlıdan söz etmek, onun bir kıza, bir başka kızın da ona âşık oluşunun hikâyesini anlatmak istemiştim. Fakat akşam karanlığında anlatılan hikâyelerin hepsi yollarını şaşırıp hüznün sessiz patikasına girerler. Alacakaranlık bütün tülleriyle üstlerine iner, akşamın içinde barınan tüm keder, yıldızsız bir gök gibi üstlerine kapanır, karanlık damla damla kanlarına karışır; işte o zaman içlerindeki bütün o aydınlık ve rengârenk sözcükler, sanki insanın kendi hayatından çıkıyormuşçasına yoğun ve ağır bir tını kazanır.

Zıt İkizler

Mizahi bir masal

Güneyde bir yerlerde, adını vermemeyi yeğlediğim bir kentte dolaşıyordum, dar bir sokaktan saptığımda önüme çıkan eski tarz yapının muhteşem görüntüsü karşısında şaşkınlığa düştüm; yapıyı olağan yüksekliğin üzerine çıkartan iki görkemli kule, birbirlerinin o kadar tıpatıp aynısıydılar ki, alçalan gün ışığında biri diğerinin gölgesiymiş gibi görünüyordu. Kilise değildi, bilinmeyen zamanlardan kalma bir saray olması ihtimali de düşüktü; manastırı andırmakla birlikte yine de geniş, görkemli cepheleriyle dünyevi bir yapıydı, bununla birlikte tam olarak ne olduğu belli değildi. Ben de, o sırada küçük bir kafenin terasında oturmuş altın sarısı şarabını yudumlamakta olan kırmızı yanaklı adamı rahatsız etmeyi göze alıp şapkamı nezaketle kaldırarak selam verdim ve çevresindeki alçak damların üstünde öylesine görkemle yükselen yapının ne olduğunu sordum. Bu keyif ehli kişi hayretle başını kaldırdı, bana yanıt vermeden önce lezzet düşkünlüğünü belli eden bir ifadeyle hafifçe gülümsedi. "Size tam güvenilir bir bilgi veremeyeceğim. Şehir planında farklı adlandırılmış olabilir, ama biz hep eski zamanlardaki gibi 'Kız Kardeşlerin Evi' deriz, belki iki kule birbirine bu kadar benzediği için, ama belki de..." Duraksadı ve önce benim merakımın sahiciliğinden emin olmak ister gibi gülümsemesini temkinlice geri aldı. Ama yarım kalmış bir yanıt insanı sabırsızlandırır, biz de az sonra sohbete daldık ve o, altın gibi ışıyan sek şarabı bir denememi önerince bunu memnuniyetle kabul ettim. Karşımızda, ayın yavaş yavaş yoğunlaşan ışığı altında, kuleler hayal gibi bir pırıltıya bürünmüş yükseliyordu, şarap çok hoşuma gitmiş, tam yerini bulmuştu, ayrıca adamın, o ılık akşam havasında anlattığı, birbirlerine hem çok benzeyen hem hiç benzemeyen kız kardeşlerle ilgili küçük söylenceyi dinlemek de hoş olmuştu, ancak burada olabildiğince sadık kalarak aktaracağım hikâyenin tarihsel gerçekliği olduğuna dair güvence verilmemiştir.

Kral Theodosius'un ordusu o zamanki başkent Akitanya'da kışlık karargâh kurmak zorunda kalmıştı, kentteki molaları o kadar uzadı ki, bakımsızlaşmış beygirlerin derileri yeniden ipek gibi oldu, askerlerinse artık canları sıkılmaya başladı, o sırada süvarilerin Lombardiyalı komutanı Herilunt, güzel bir satıcı kadına âşık oldu, kadın kentin aşağı kısmının gölgeli kuytularında baharat ve ballı ekmek satıyordu. Adamın tutkusu o kadar şiddetliydi ki, kadına bir an önce kavuşabilmek için, daha aşağı tabakadan oluşuna aldırmadan hemen onunla evlendi ve pazar meydanında prenseslere layık bir eve yerleştiler. Orada kimselerle görüşmeden yaşarlarken haftalar geçti, ikisi de birbirine vurgundu ve diğer insanları, zamanı, kralı ve savaşı unuttular. Oysa onlar böyle aşk içinde yaşarken ve her gece uykuya birbirlerinin kollarında dalarken zaman uyumuyordu. Güneyden gelen sıcak rüzgârlarla buzlar çatladı, sular sel olup aktı, safranlar ve menekşeler rengârenk çiçeklerini çayırlarda rüzgârın uçucu izlerine yaydılar. Ağaçlar bir gecede yeşile büründüler, tomurcuklar donmuş dallarda zarlarını yırtıp serpildiler, ilkbahar, buharlanan topraktan yükseldi ve onunla birlikte savaş da yeniden başladı. Bir gün, âşıklar daha sabah uyku-

sundayken kapılarının bakır tokmağı şiddetle ve ısrarla vu-
ruldu: Kralın habercisi, komutana silahlanma ve seferberlik
emrini getirmişti. Trampet sesleri karargâhları inletiyor, rüz-
gâr bayrakların arasında uğulduyordu ve kısa sürede pazar
meydanı eyerlenmiş atların nal sesleriyle inlemeye başladı.
O zaman Herilunt, kışı koynunda geçirdiği kadının tatlılıkla
sarılan kollarından hemencecik sıyrıldı, aşkı ne kadar ateşli
olsa da içindeki hırs ve savaş alanına çıkmak için duyduğu
erkeksi istek daha harlıydı. Kadının gözyaşları karşısında
duyarsız kaldı, kendisine eşlik etme isteğini de sertçe reddetti
ve kadını o koskoca evde bırakarak kendisi devasa ordusuy-
la Moritanya'ya doğru yola çıktı. Yaptığı yedi muharebede
de düşmanlarını ezdi, Arapları kalelerinden sürüp çıkarttı,
şehirlerini yakıp yıktı ve her yanı talan ederek sahile kadar
ilerledi; orada yağmaladıklarını ülkesine göndermek için
kadırgalar ve denizciler bulması gerekti, ganimeti öylesine
ölçüsüzce yığılmıştı. Daha önce hiçbir zafer böyle bir hızla
kazanılmamış, hiçbir sefer böyle yıldırım gibi noktalanma-
mıştı. Kralın, cesur savaşçısını ödüllendirmek için, fethettiği
ülkenin kuzeyini ve güneyini düşük bir vergi karşılığı onun
yönetimine bırakmasına şaşmamak gerekirdi. O zamana ka-
dar üzerinde oturduğu eyerden başka memleketi olmayan
Herilunt artık rahat rahat buraya yerleşebilir ve yaşamı bo-
yunca bolluk ve refah içinde olmanın tadını çıkartabilirdi.
Ne var ki böyle hızlı bir kazanım, hırsını törpülemek yerine
daha da bilemişti ve direndi, kendi efendisine bile tebaa ol-
mak, vergi vermek istemiyordu. Karısının ak alnına ancak
bir kraliyet tacını layık görüyordu. Böylece kendi askerlerini
gizlice krala karşı kışkırtarak bir isyan hazırladı. Fakat ha-
zırlıklar tamamlanmadan ele verilince ihanetini gerçekleşti-
remedi. Daha savaşmadan yenilen, kilise tarafından aforoz
edilen, kendi süvarilerinin de terk ettiği Herilunt, dağlara
kaçmak zorunda kaldı ve orada köylüler, başına koyulan
yüksek ödül için onu uyurken baltayla öldürdüler.

Kralın adamlarının, isyancının kanlı cesedini öldürüldüğü samanlıkta bulup, üstündeki değerli takıları ve giysileri çekip aldıktan sonra, çıplak bedenini hayvan leşlerinin arasına attıkları sırada, karısı da olanlardan tümüyle habersiz saraydaki brokar döşeli yatağında ikiz kızlarını doğurdu. Kent halkının büyük ilgi gösterdiği bir törenle kızları bizzat kardinal vaftiz ederek onlara Helena ve Sophia isimlerini verdi. Daha kulelerde çanların sesleri yankılanır ve ziyafet yemeğinde kaldırılan gümüş kupaların çınlamaları duyulurken Herilunt'un isyan ve ölüm haberi geldi. Hemen bunu izleyen ikinci bir haberle, kralın geçerli yasalar uyarınca, isyancının evini ve servetini hazineye kattığı bildirildi. Böylece, güzel sokak satıcısı, daha lohusalığını atlatamadan, o kısacık saltanatın ardından tekrar eski, kaba yünden giysilerini üstüne geçirip kentin aşağı kısmının küf kokulu sokaklarına geri döndü, ancak bu kez kundaktaki iki bebeği ve o derin hayal kırıklığının acılığı da onunla birlikteydi. Yine sabahtan akşama kadar tezgâhının alçak tahta taburesinde oturmaya, komşulara baharat ve tatlı ekmek satmaya başladı, kıt kanaat eline geçen bozuklukların hatırına insanların kibirli alaylarını duymazdan geliyordu. Kahır, çok geçmeden gözlerinin parlak ışığını söndürdü, saçlarına erkenden aklar düştü. Fakat dünya tatlısı ikizlerinin verdiği neşe ve sevgi, kısa zamanda yaşadığı sıkıntıyı ve talihsizliği telafi etti; kızların ikisi de annelerinin ışıltılı güzelliğini almışlardı ve birbirlerine hem görünüş olarak hem de tavırlarının hoşluğuyla öylesine benziyorlardı ki, görenler, birinin canlı bir ayna gibi diğerinin o şirin görüntüsünü yansıttığını sanıyordu. Sadece yabancılar değil, anneleri bile aynı yaş ve aynı görünümdeki Sophia ve Helena'yı ayırt etmekte güçlük çekiyordu, benzerlikleri öylesine eksiksizdi. Kadın sonunda Sophia'dan, bu işaret sayesinde kız kardeşinden ayırt edilebilmesi için, ucuz, pamuklu bir kurdeleyi bilezik olarak takmasını istedi. Fakat sadece seslerini duyduğunda veya o tatlı ikiz çocuk yüzlerine baktığında hangisini hangi isimle çağıracağını yine de bilemiyordu.

Ne var ki ikiz kız kardeşler, annelerinin çarpıcı güzelliğinin yanı sıra, bir alınyazısı gibi, babalarının o dizginsiz hırsını ve hükmetme arzusunu da almışlardı, dolayısıyla kızlar hem birbirlerine hem bütün yaşıtlarına her konuda üstün gelme çabası içindeydiler. Çocukların daha hiçbir hinlik düşünmeden kendi hallerinde oynadıkları yaşlarda bile iki kız, yaptıkları her şeyi yarışmaya döküyor ve aralarında şiddetli bir kıskançlığı körüklüyorlardı. Onları tanımayan biri, kızların şirinliğinden hoşlanıp, diğerine de aynısını vermeden birinin parmağına süslü bir yüzük takacak olsa, veya kızlardan biri topacını kardeşininkinden daha uzun döndürse, annelerinin kendini mağdur hissedeni yere yatmış yumruklarını dişleyip tepinirken bulacağı kesindi. Kızların ikisi de, bir övgüyü, biraz şefkati, daha başarılı olmayı birbirlerine çok görüyorlardı ve benzerlikleri, komşuların onları şakayla karışık "küçük aynalar" diye çağırdığı kadar büyük olsa da ikisi de sürekli parlayan kıskançlıklarıyla günleri birbirlerine zehir etmekteydi. Anneleri, hiç de kardeşçe olmayan bu aşırı hırsı frenlemek, aralarındaki gergin rekabeti yumuşatmak için boşu boşuna çabalıyordu; çok geçmeden çocukların henüz olgunlaşmamış varlıklarında uğursuz bir kalıtımın gelişmekte olduğunu kabul etmek zorunda kaldı. Kaygılarını biraz dengeleyen tek teselli, bu bitmek tükenmek bilmeyen rekabetin, kızları kısa sürede yaşıtları arasında en beceriklileri, en yeteneklileri haline getirmiş olmasıydı. Ne zaman biri yeni bir şey öğrenmeye başlasa, diğeri de onu geçmek sabırsızlığıyla hemen kardeşini izliyordu. İkisi de sağlıklı bedenlere ve açık zihinlere sahip oldukları için kadınlara özgü bütün yararlı ve çekici becerileri en kısa sürede edindiler: keten dokumak, kumaş boyamak, değerli taş kakmak, flüt çalmak, güzel dans etmek, şiir yazmak ve sanatkârca okumak. Ayrıca saray kadınlarının bilinen tarzlarının da ötesinde, yaşlı bir rahipten Latince, geometri ve felsefe öğrendiler. Kısa zamanda Akitanya'da, bedensel zarafet bakımından da, görgü ve ruh inceliği bakımından da baharatçı kadının iki kızıyla kıyaslanabilecek kız kalmadı. Fakat ikizlerden hangisinin, Helena'nın mı, yoksa Sophia'nın mı mükemmellik payesine layık olduğunu söylemek mümkün değildi, ikisinin de ne dış görünüm bakımından ne de hitabet ve canlılık bakımından birbirinden farkı yoktu.

Güzel sanatlara duydukları aşkla ve hem ruhu hem de bedeni ateşleyerek duyguların sonsuzluğuna kanatlanma özlemi yaratan, bütün o zarif ve hoş konularda edindikleri bilgiyle, kızlarda çok geçmeden annelerinin toplumun alt tabakasından oluşu karşısında derin bir hoşnutsuzluk gelişti. Doktor unvanına sahip kişilerle fikir yarıştırdıkları akademideki tartışmalardan veya dans derslerinden çıkıp hâlâ müzikle sarmaş dolaş bir halde eve döndüklerinde annelerini is kokulu sokakta pis saçlarıyla baharat tezgâhının başında oturmuş, bir avuç karabiber tanesi ya da birkaç kuruş için pazarlık yaparken bulduklarında çetin yoksullukları karşısında öfkeyle karışık bir utanca kapılıyorlardı. Yataklarındaki eskimiş kaba saman şilteler, için için yanan bakire bedenlerini sertçe dağlıyordu. Geceleri uzun süre uyanık kalarak, zarafette ve ruhsal incelikte soylu kadınlardan da üstün olmak, mücevherlerini şıngırdatarak yumuşacık dalgalanan giysiler içinde dolaşmak için seçilmişken, buraya, bu basık, küflü ine gömülmüş oldukları için kaderlerine lanet ediyorlardı; en iyi olasılıkla bir fıçıcıyla veya bir demirciyle evlenerek ev kadını olmaya mahkûmdular, oysa büyük bir komutanın kızları olarak onlar da, soylu bir kana ve hükmetme arzusuna sahiptiler. Gösterişli odaların, hizmetkârların, zenginlik ve gücün hayalini kuruyorlardı, bazen etrafı muhafızları ve şahincileriyle sarılı tahtırevanının içinde, kürklerle süslü giysilere bürünmüş giden soylu bir kadına rastladıklarında duydukları öfkeden yanakları da dişleri gibi bembeyaz kesiliyordu. O zaman damarlarında, aynı kendileri gibi vasatla ve küçük kısmetlerle yetinmeyen isyancı babalarının hırsı ve şiddeti şahlanıyor, günler geceler boyunca, kendilerini layık görmedikleri bu varoluş biçiminden nasıl kurtulabileceklerini düşünüyorlardı.

Böylece bir sabah Sophia uyandığında yanındaki yatağı beklenmedik, ama açıklanabilir bir şekilde boş buldu: Bedeninin bir eşi, isteklerinde en büyük rakibi Helena, gizlice ortadan kaybolmuştu, korku içindeki annesi onun soylu kişiler tarafından zorla kaçırılmış olabileceğinden endişe ediyordu; çünkü delikanlıların arasında pek çoğu kızların çifte ışığına kapılmış ve gözleri neredeyse çılgınlık derecesinde körleşmişti. O ilk paniğin içinde, anne üstüne doğru dürüst bir şey bile geçirmeden hemen kenti kral adına yöneten valiye koşarak o caninin yakalanması için yalvardı. Vali söz verdi. Ne var ki daha ertesi gün, Helena'nın, onun uğruna babasının kasasını kıran, daha erkek bile denemeyecek yaştaki soylu bir gençle tamamen kendi isteğiyle kaçtığı söylentisi yayılmaya başlayınca kadıncağız utanca boğuldu. Bu haberi bir hafta sonra çok daha kötüsü izledi, kente yoldan gelenler, hırslı genç kızın sevgilisiyle birlikte nasıl bir bolluk içinde yaşadığını anlattılar, etrafları uşaklarla, şahincilerle, güney ülkelerinden gelen egzotik hayvanlarla çevriliydi, kürkler ve ışıltılı brokarlar içinde yaşıyorlardı, kaldıkları kentin bütün onurlu kadınları için bir utanç kaynağıydılar. Bu kötü haber dedikoducu ağızlarda abartılarak büyütülmüş de değildi, buna rağmen üstüne daha beteri geldi: Tüysüz hayranından bıkan Helena, onun ceplerini boşaltır boşaltmaz kendini çok yaşlı bir hazinedarın sarayına atmış, körpe bedenini yeni ihtişamlar karşılığında satarak, şimdi de gaddarca bu pinti ihtiyarı yağmalıyordu. Birkaç hafta sonra bütün altınlarını tüketip adamı yolunmuş bir tavuk gibi dımdızlak bıraktıktan sonra yeni bir âşık buldu, daha zengin biri için onu da başından defetti ve çok geçmeden yakın çevre içinde

Helena'nın genç bedenini, annesinin baharat ve ballı ekmek satması kadar gayretle sattığının gizlenecek bir tarafı kalmadı. Talihsiz dul, kaybettiği kızına haberci üstüne haberci gönderiyor, babasının anısını böylesine düşkünce alçaltmamasını rica ediyordu; ancak günün birinde, bu haksızlığı uç noktasına vardırarak anneyi iyice utanca boğan bir şey daha oldu: Görkemli bir kafile, kent kapısından girerek ilerlemeye başladı. En başta erguvan rengi kıyafetlerinin içinde yaya hizmetkârlar, ardından bir prens kafilesindeki gibi biniciler ve aralarında da, çevresinde Afgan tazılarının ve tuhaf maymunların koşuştuğu Helena vardı; çekiciliği, ismini aldığı o kadim Helena'ya denk olan, bu vaktinden önce olgunlaşmış kibar fahişe, tanrısız Saba Kraliçesi'nin Kudüs'e girerken giyindiği gibi giyinip süslenmişti. O zaman kentte herkes ağzını açtı, diller işlemeye başladı: Zanaatkârlar işliklerini bıraktı, kâtipler kalemlerini, meraklı bir kalabalık kafilenin etrafını sardı, sonunda uşaklardan ve binicilerden oluşan o renkli kafile pazar meydanına vardı ve karşılanma töreni için düzene girdi. Nihayet tahtırevanın perdesi kalktı ve çocuk yaştaki kibar fahişe kibirle aşağı inerek doğruca bir zamanlar babasına ait olan o saraya girdi, şimdiyse savurgan bir âşığı onunla birkaç ateşli gece geçirmek için sarayı kraldan satın almıştı. Helena, içinde annesinin kendisini gururla doğurmuş olduğu ihtişamlı yatağın da bulunduğu saraya, sanki doğuştan kendi malikânesiymiş gibi adım attı ve uzun zamandan beri terk edilmiş duran mekânları çok geçmeden pagan kökenli değerli heykeller doldurdu. Ahşap merdivenlere döşenen mermerler sanatkârca işlenmiş mozaikler ve fayanslar şeklinde açılarak ortalığı serinlettiler, figürleri ve olayları betimleyen dokuma halılar yayıldı, renkli bir sarmaşık duvarları sıcacık sardı, ziyafet sofralarında hep hazır olan müziğe altın yaldızlı takımların şıngırtıları karıştı; çünkü gençliğiyle kışkırtan, ruhuyla baştan çıkaran, bütün sanatlarda yetenekli Helena, en kısa zamanda bütün aşk oyunlarının ustası ve bütün kibar fahişelerin en zengini haline gelmişti. Yakın kentlerin, hatta yabancı ülkelerin zenginleri, ister Hıristiyan, ister pagan, ister dinsiz, bir kez olsun onun lütuflarının tadına varmak için sıraya giriyorlardı, Helena'nın güç tutkusu da babasının hırsından daha az olmadığından âşıklarını sıkıca kıskaca alıyor ve şehvetin kemendiyle adamların boynunu öyle bir sıkıyordu ki, neleri varsa son kuruşuna kadar alıyordu. Kralın oğlu bile, bir haftalık hazdan sonra hem hâlâ sarhoş hem de acımasızca ayrılmış olarak Helena'nın kollarından ve evinden ayrıldığında tefecilere ve rehincilere ağır bedeller ödemek zorunda kalmıştı.

Böylesi bir aşırılığın, kentin onurlu kadınlarını, özellikle de daha yaşlı olanlarını öfkelendirmesinde şaşılacak bir taraf yoktu. Kiliselerde papazlar bu erken yozlaşmayı şiddetle eleştiriyor, pazaryerlerinde kadınlar yumruklarını sıkıyordu; sarayın kapısı ve pencereleri geceleri defalarca taşlandı. Ahlak düşkünleri ne kadar köpürseler, terk edilmiş evli kadınlar, yalnız dullar ne kadar verip veriştirseler, meslekte deneyimli fahişeler birdenbire alanlarına giren bu fazla küstah çaylak karşısında ne kadar galeyana gelseler de, bu kadınların hiçbirinin ruhunda Sophia'nınki gibi bir yangın yoktu. Onun ruhunu yaralayan, kız kardeşinin yaşam tarzındaki bu rezil değişim değil, o zamanlar o soylu gencin, birlikte gitme teklifini kendisinin kaçırmış olması ve gizliden gizliye istediği her şeye kız kardeşine sahip olmasıydı; Helena insanlar üzerinde güç elde etmiş, bolluk içinde yaşarken kendisi hâlâ, içeriye dolan rüzgârın uğultusunun annesinin söylenmeleriyle yarıştığı soğuk bir odada uyuyordu. Gerçi kız kardeşi zenginliğin verdiği bir kibirle ona defalarca değerli giysiler göndermiş, fakat Sophia'nın gururu, sadaka kabul etmesine izin vermemişti. Hayır, zamanında daha gözü pek davranmış olan kız kardeşini şimdi sessizce izlemek ve eskiden ballı biberli ekmekler için kavga etmiş oldukları gibi şimdi de âşıkları için çekişmek, hırsını dindiremezdi. Zaferinin çok daha mükemmel olması gerektiğini hissediyordu. Sophia gece gündüz demeden, ün kazanma ve hayranlık toplama bakımından onu nasıl geçebileceğini düşünürken, erkeklerin giderek daha dizginsizce üstüne düşmelerinden, elinde kalan o mütevazı servetin, bekâretinin ve lekelenmemiş onurunun, ne kadar çekici bir yem ve aynı zamanda da akıllı bir kadının mükemmel bir şekilde gönenmesini sağlayacak birer güvence olduklarını fark etti. O da, kız kardeşinin zamansızca harcadığı bu değerleri bir hazineye dönüştürmeye ve o fahişe nasıl diri bedenini sergiliyorsa, kendisi de bu erdemlerini sergilemeye karar verdi. Eğer Helena ihtişamlı saray yaşantısıyla hayranlık uyandırıyorsa kendisi bunu yoksulluğun alçakgönüllülüğüyle başaracaktı. Kara çalan diller çalışmaya devam ederken meraklı kent halkı bir sabah, ziyafet gibi bir dedikodu malzemesiyle karşılaştı: Kibar fahişe Helena'nın ikiz kardeşi Sophia, utanç duyduğu ve aynı zamanda kız kardeşinin uygunsuz yaşam tarzının kefaretini ödemek istediği için dünyevi yaşama sırt çevirmiş ve rahibe adayı olarak, sonsuz bir özveriyle bakımevlerindeki düşkünlerin bakımına adanmış dini bir tarikata katılmıştı. Artık çok geç kaldıklarını anlayan âşıkları, bu el değmemiş mücevheri kaçırdıkları için öfke içinde saçlarını yoluyorlardı. Ellerine ender olarak, ahlaki bozulmanın karşısına Tanrı korkusunu çıkartma fırsatı geçmiş olan dindarlarsa, bu haberi dört bir yanda gayretle yaymaya başladılar; öyle ki Akitanya'da hiçbir genç kız hakkında Sophia üzerine konuşulduğu kadar konuşulmaz oldu, gece gündüz güçsüzlere ve düşkünlere bakan ve cüzamlılara bile hizmet etmekten kaçınmayan fedakâr kız artık o kadar ünlenmişti. Sophia, başında beyaz rahibe başlığı, bakışları yerde, yoldan geçerken kadınlar durup önünde diz kırıyordu, kardinal vaazlarında pek çok kez onu kadın erdeminin seçkin bir örneği olarak göstermişti, çocuklarsa nadir görülen bir yıldıza bakar gibi bakıyorlardı ona. Bir anda tüm ülkenin ilgisi ki bunun Helena'yı çok öfkelendirdiğini tahmin etmek zor değildi, onun üzerinden çekilmiş, günahtan kaçınmak için bir güvercin gibi tevazuun göklerine doğru kanat çırpan, beyazlar içindeki kefaret gönüllüsüne yönelmişti.

Sonraki aylarda, hayretler içindeki ülkenin üzerinde böylesi yakınlıkta bir çifte yıldız parladı, bundan hem günahkârlar hem de dindarlar aynı şekilde hoşnuttu. Çünkü Helena'nın israfa varan bedensel hazlarına kapılanlar, ruhlarını Sophia'nın erdemle parıldayan suretinde yüceltebiliyorlardı ve böyle bir ikilem sayesinde Akitanya kenti Tanrı'nın hükümranlığını yeryüzünde ilk kez, net ve somut biçimde, karşıtından ayrılmış olarak görebiliyordu. Saflıktan yana olanların koruyucu meleği yanlarındaydı; etin hazlarına kapılanları ise, dünyevi zevkler düşkün kız kardeşin kollarına çekiyordu. Ne var ki her insanın yüreğinde, iyiyle kötü arasında, tenle ruh arasında gidip gelen son derece kaçak yollar vardır ve bu ikiliğin, beklenmedik bir biçimde ruhların huzurunu tehdit ettiğinin anlaşılması da uzun sürmedi. Çünkü yaşam tarzları son derece zıt olsa da, ikiz kardeşlerin dış görünümlerini birbirinden ayırt etmek mümkün değildi, aynı boy, aynı göz rengi, aynı gülümseme ve aynı çekicilik; doğal olarak kentin erkekleri arasında çok geçmeden derin bir karışıklık baş gösterdi. Örneğin Helena'nın kollarında ateşli bir gece geçirdikten sonra, ruhundaki günahlardan bir an önce kurtulmak için sabahleyin alelacele sokağa fırlayan bir delikanlı, karşısında şeytan görmüş gibi gözlerini hayretle ovuşturmak zorunda kalabiliyordu. Çünkü o sırada, üzerinde gri ve dümdüz hemşire giysisiyle tekerlekli sandalyedeki hırıltılı bir ihtiyarı hastanenin açık kapısından dışarı çıkartmakta olan ve dişsiz ağzındaki salyaları hiç iğrenmeden yumuşak ve sevecen bir tavırla silen güzel rahibe adayında, az önce aşk yatağında bıraktığı çıplak ve ateşli kadının aynısını görüyordu. Evet, gördükleri aynı dudaklardı, aynı yumuşak ve zarif hareketlerdi, yalnız şu anda dünyevi aşka değil, daha yüce bir şeye, insan sevgisine hizmet ediyorlardı. Delikanlı bakışlarını çekemiyor, o gri ve dümdüz giysileri delip geçmek ve karşısında âşığının bildik bedeninin ışıldamasını görmek isteyen gözleri yanmaya başlıyordu. Aynı duygu karmaşasını, biraz önce Sophia'nın hastane ziyaretine şahit olup da köşeyi döner dönmez, az önce o kadar iffetli olan rahibeyi, değişim geçirmiş, göğüsleri açıkta, ihtişamlı kıyafetler içinde etrafında âşıkları ve hizmetkârlarıyla bir ziyafete giderken görenler de yaşıyordu. Bu Sophia değil, Helena – bunu onlar da kendi kendilerine söylüyorlardı muhtemelen, ama yine de, o andan itibaren dinibütün Sophia'yı bu açık saçıklık olmadan düşünemiyorlar ve onu böyle hayal ettiklerinde inançları sarsılıyordu. Böylece akılları, farkında olmadan birinden diğerine kayıyor ve öylesine karışıyordu ki istediklerinin tersi yola giriyordu ve delikanlılar, satın alabildikleri bedenin yanındayken, dokunulmaz olanı hayal edip iffet timsali rahibeyi gördüklerinde de, ona tutkunun kirleten bakışlarıyla bakıyorlardı. Zira yaratıcı, erkeklerin duyularını bir şekilde ters programlamıştır, öyle ki kadınlardan her zaman onların verebileceklerinin tersini beklerler, biri kolayca bedenini sunuyorsa bunu teşekkürle karşılamak yerine, sadece masumiyeti bağlılıkla sevebilecekmiş gibi davranırlar. Fakat bir kadın masumiyetini savunduğu zaman da koruduğu şeyi elinden almak için çıldırırlar. Böylece erkeğin hiçbir talebi, içindeki ikililiği doyuramaz, dolduramaz; bu sonsuz karşıtlık oyunu, tenle ruh arasında gidip gelir: Ancak bu hikâyede şakacı bir şeytan, üstelik çifte düğüm atmıştır, çünkü günâhkâr ve iffetli, Helena ve Sophia, dıştan öylesine tek ve aynı beden gibi görünmektedirler ki, birini diğerinden ayırt etmek mümkün değildir ve aslında hangisini istediğini kimse tam olarak bilememektedir. Dolayısıyla kentin sefih delikanlıları, bir anda bar tezgâhlarının başından çok bakımevinin önünde görülür oldular, hovardalar Helena'yı aşk oyunu sırasında gri rahibe kıyafeti giymeye kandırmak için altınlar döktüler ve böylece sanki dokunulmamış olanın, sanki Sophia'nın tadını çıkartıyormuş gibi yaparak yanılsamayı tamamladılar. Bütün kent, hatta bütün ülke, zamanla bu anlamsızca çekici değiş tokuş oyununa kapıldı ve ne kardinalin söylevleri ne kent valisinin uyarıları her gün tekrarlanan rezaletleri engelleyemedi.

Ne var ki, her ikisi de hayranlık ve onurlandırmayla çevrelenmişken, birbirlerine kardeşçe davranıp biri kentin en zengini, diğeri de en lekesizi olmanın tadını çıkartacağına, birbirlerini nasıl yıkıma uğratabileceklerini düşünüyorlar ve hırslı yürekleri garezle atıyordu. Sophia, Helena'nın günahkârca kılık değiştirerek kendi özverili kimliğine nasıl zarar verdiğini duydukça öfkeden dudaklarını ısırıyordu. Yabancı hacıların kız kardeşinin önünde saygıyla eğildikleri ve kadınların onun bastığı yerdeki tozları öptükleri anlatıldıkça da Helena öfkesini uşakları kırbaçlayarak çıkartıyordu. Bu iki hırslı ruh, birbirinin kötülüğünü istedikçe, birbirinden garezle nefret ettikçe kızlar daha da riyakârlaşarak aslında birbirlerini düşünüyormuş gibi davranıyorlardı. Helena ziyafet sofralarında, sesi titreyerek, kız kardeşinin buruşuk ihtiyarların bakımıyla hayatın zevklerini ve gençliğini anlamsızca ziyan ettiğinden yakınıyordu, ki yaşamın bu insanları artık ölüme mahkûm ettiği belliydi. Sophia ise akşam duasını her gün, dindar ve yardımsever bir yola girmek gibi daha yüce amaçları, geçici ve yüzeysel zevkler uğruna kaçıracak kadar budalalık içinde olan zavallı günahkârlar için özel bir dilekle bitiriyordu. Fakat her ikisi de, ne aracılarla ne de laf taşıyıcılarla diğerini girdiği yoldan çevirmenin imkânı olmadığını fark ettiklerinde, ilgisiz görünerek rakibini yere çalacak hamleyi hazırlayan iki güreşçi gibi tekrar birbirlerine yaklaşmaya başladılar. Giderek daha sık birbirlerini ziyaret eder oldular, aslında ikisi de kardeşine zarar verebilmek için ruhunu satmaya hazırken büyük bir ikiyüzlülükle, diğeri için şefkat ve kaygı duyuyormuş gibi davranıyordu.

Bir gün, alçakgönüllülüğü kibri yüzünden seçmiş olan Sophia, akşam çanı çaldıktan sonra, kız kardeşini rezil yaşam tarzından vazgeçirmeyi bir kez daha denemek üzere yine onu ziyarete gitti. Artık sabrı tükenen kadına, Tanrı vergisi bedenini bir günah bataklığı içinde alçaltmakla ne kadar haksızlık ettiğini daha önce de pek çok kez dolambaçlı yollardan anlatmıştı. Tam o sırada Tanrı vergisi bedenini, sunacağı haz hizmetlerine hazır olsun diye kızlara kremlerle ovdurmakta olan Helena, kız kardeşini yarı öfkeyle, yarı gülerek dinliyor ve bir yandan da bu can sıkıcı vaizi Tanrı'yı hedef alan şakalarla mı çıldırtsam, yoksa nereye bakacağını şaşırttırmak için içeriye birkaç da delikanlı mı çağırsam, diye düşünüyordu. O sırada aklına, hafifçe vızıldayan bir sineğin şakaklarına sürtünüvermesi gibi, çok değişik, tam anlamıyla şeytansı, muzip ve tehlikeli bir fikir gelince içinden kopan kahkahaları engelleyemedi. Az önceki küstah tavrını bir anda değiştirerek hizmetçi kızları ve banyosuna yardım eden oğlanları odadan kovaladı ve kız kardeşiyle yalnız kalır kalmaz, içten içe ışıldayan yüzüne bir yılgınlık maskesi geçiriverdi. Her türlü kandırma sanatının ustası olan Helena, ah sevgili kardeşim, bu günahkârca ve budalaca değişimden benim de sık sık utanç duymadığımı düşünme sakın, diye söze girdi. Artık erkeklerin köpekçe şehveti karşısında çoğu zaman tiksintiye kapılıyordu, kendini onlara sonsuza kadar kapamak ve sade, dürüst bir yaşama başlamak için kaç kez karar almıştı. Fakat burada her türlü direncin boşuna olduğunu da hissediyordu, ne var ki ruhun gücüne sahip olan ve kendisi gibi tenin zayıflığına teslim olmayan Sophia'nın erkeklerin baştan çıkarıcı gücünden haberi yoktu, bir kere tanışmış olan hiçbir kadın buna karşı koyamazdı. Ah, şanslı Sophia'nın erkeğin isteğinin ne kadar güçlü olduğundan haberi yoktu; ama işte bu güç, insanın kendi iradesi dışında isteyerek teslim olduğu olağanüstü bir tatlılığı da barındırıyordu.

Para ve haz düşkünü kardeşinin ağzından duymayı hiç beklemediği bu ani itiraflar karşısında son derece şaşıran Sophia, derhal tüm yeteneklerini sözcüklerine yoğunlaştırdı. Tanrısal ışığın nihayet Helena'ya da dokunmuş olduğunu söyleyerek can sıkıcı bir söylev çekmeye başladı, çünkü günahkârlık karşısında tiksinti duymak aydınlanmak için doğru bir başlangıçtı. Fakat tenin saldırılarına sağlam bir iradeyle karşı koymanın mümkün olmadığını iddia ediyorsa, düştüğü hatalar ve kendinden duyduğu korku aklını karıştırıyor olmalıydı. İyi olma isteği insanın yüreğinde köklenmişse, her türlü kışkırtmayla baş edebilirdi ve dinsizlerde de, inançlılarda da bunun sayısız örneğini görmek mümkündü. Helena bu sözler karşısında kederle başını eğdi. Ah, evet biliyorum, dedi. Tensellik şeytanına karşı verilen kahramanca savaşların hikâyelerini o da hayranlıkla okumuştu. Fakat Tanrı erkeklere sadece daha fazla beden gücü değil, daha da sert bir ruh vermiş ve din mücadelelerinde muzaffer savaşçılar olarak onları seçmişti. Güçsüz bir kadın –bunu söylerken derinden iç geçirdi–, erkeklerin hileleri ve baştan çıkarışları karşısında asla direnemezdi ve yaşamı boyunca bir kadının, kendisi istemese bile karşıdan ısrar geldiğinde erkeğin aşkına karşı direnebildiği tek bir örnek bile görmemişti.

Sophia, dizginsiz kibri kışkırtılınca, "Böyle bir şeyi nasıl söylersin," diye dişlerinin arasından tısladı. "Kararlı bir iradenin erkeklerin rezilce ısrarı karşısında direnebildiğine ben örnek değil miyim? Sabahtan akşama kadar sürüler halinde etrafımı kuşatıyorlar, bakımevine kadar izleyip içeri sızıyorlar ve geceleri odamda, baştan çıkarmak için her türlü tiksinçliği yazdıkları mektuplar buluyorum. Ve şimdiye kadar hiçbirine bir bakış bile bağışladığımı gören olmadı, çünkü iradem beni her türlü baştan çıkarmaya karşı koruyor. Yani söylediklerin doğru değil: Bir kadın gerçekten iradeliyse kendini koruyabilir, ben buna bir örneğim."

"Ah, şu ana kadar her türlü baştan çıkarma girişimine karşı koyduğunu biliyorum," dedi sahte bir alçakgönüllülükle kız kardeşine bakan Helena riyakârca, "fakat sen şanslısın, bunu giysilerin ve üstlendiğin zorlu görev seni koruduğu için başarabiliyorsun. Etrafın dindar rahibelerle çevrili ve cemaatin koruyucu duvarlarının arkasındasın – sen benim gibi yalnız ve savunmasız değilsin! Bununla, saflığını kendi gücüne borçlu olduğunu söylemek istemiyorum, hatta bir delikanlıyla baş başa kalacak olsan senin de ona karşı çıkamayacağından ve çıkmak istemeyeceğinden eminim Sophia."

"Asla! Asla benim için söz konusu olamaz!" diye hırsla karşı çıktı Sophia. "Ben giysilerimin koruyuculuğu olmadan da, her türlü sınavın irademle üstesinden gelecek sorumluluğa sahibim."

Helena'nın, Sophia'dan duymak istediği de tam buydu. Bu kibirli kızı kurduğu tuzağa adım adım biraz daha yaklaştırarak, sonunda Sophia iyice coşup sınanmayı kendisi ısrarla isteyene kadar, böyle bir direncin mümkün olabileceğine karşı çıkmayı sürdürdü. Sophia, böyle bir sınamayı kendisi istiyordu, hatta zayıflık gösterenlerin, onun saflığını dıştan gelen bir korunmaya değil, kendi iç gücüne borçlu olduğunu nihayet görebilmeleri için böyle bir sınanmayı talep ediyordu. O zaman Helena uzun uzun düşünür gibi yaptı –aslında yüreği kötücül bir sabırsızlıkla çatlayacak gibi atıyordu–, sonunda şunları söyledi: "Bak Sophia, belki doğru bir sınama olarak şöyle bir şey yapabiliriz. Yarın akşam, bir Silvandiyalıyı bekliyorum, henüz hiçbir kadının hayır diyemediği, ülkenin en yakışıklı delikanlısı ve fazla hayran olduğu kadın benim. Benim için yirmi sekiz millik yoldan atla geliyor ve sadece o gece benimle olabilmek için yanında üç buçuk kilo saf altın ve başka değerli armağanlar getiriyor. Ama eli boş gelseydi de onu geri çevirmezdim, hatta aynı miktarda altın karşılığında onu yatağıma alırdım, çünkü ondan daha

yakışıklı ve bana daha hoş yaklaşan başka bir erkek tanı-
mıyorum. Tanrı bizi yüzümüzle, konuşma tarzımızla, enda-
mımızla bu kadar benzer yaratmışken benim kıyafetlerimi
giysen hiç kimse bunu fark etmez. Böyle yaparsak yarın
Silvandiyalıyı benim yerime, benim evimde sen beklersin ve
onunla sofraya sen oturursun. Fakat seni ben sandığı için
bedenine ilgi göstermeye başladığında her türlü bahaneyi
kullanarak kendini korursun. Ben de yan odada bulunmak
ve duygularını gece yarısına kadar ona karşı kapalı tutup
tutamayacağını görmek istiyorum. Fakat kardeşim, seni bir
kez daha uyarıyorum, onun varlığının baştan çıkarıcılığı
müthiştir ve daha da tehlikesi bizim yüreklerimizin zayıflı-
ğıdır. Korkarım ki kardeşim, bu kadar kapalı yaşadığın için
aklın karışacak ve beklenmedik bir biçimde baştan çıkacak-
sın, bu yüzden böyle pervasızca bir oyundan vazgeçmen en
iyisidir diyorum."

Sinsice davranan Helena kız kardeşini hem kışkırtıp hem
de vazgeçirmek ister gibi yaparak onun alevlenmiş kibrini
daha da tutuşturdu. Sophia gururla övünerek bu kadar basit
bir sınamadan rahatça geçeceğini söyledi, hatta kendi üstün-
deki hâkimiyetini, erkeğin ısrarlarına gece yarısına kadar
değil, gün ağarana kadar direnerek ölçecekti – yalnızca deli-
kanlının küstahlık yapıp zor kullanmaya kalkması ihtimali-
ne karşı yanında bir hançer bulundurmak istiyordu.

Helena, bu gurur dolu konuşma karşısında kız kardeşi-
nin önünde diz çöktü, görünürde bunu hayranlığından yapı-
yordu, ama asıl amacı, gözlerinde pırıldayan kötücül sevinci
gizlemekti ve iki kardeş, ertesi akşam Silvandiyalıyı inancı-
nın sağlamlığına güvenen Sophia'nın karşılaması konusun-
da anlaştılar, Helena da, kız kardeşinin direnmeyi başarması
halinde düşkün yaşam tarzından tamamen vazgeçeceğine
söz verdi. Sophia da, dünyevi yaşama büyük bir iradeyle sırt
çevirip, yalnızca başka insanların sefaleti ve hastalıklarıyla
yaşayarak yılların sınavından geçmiş bu kadınlarla kendi

gücünü pekiştirmek için hemen rahibelerin yanına döndü. Onların kırılgan ve hasarlı bedenlerinde bütün dünyevi şeylerin geçiciliğini hissedebilmek için bakımı en zor ve en ağır hastalarla iki kat özen göstererek ilgilendi; bu düşmüş ve çürümüş insanlar da bir zamanlar âşık olmamış, tutkuya kapılmamış mıydılar – ya geriye kalan neydi: Ancak zorlukla nefes alabilen canlı kadavralar.

Ancak bu arada Helena da boş durmadı. Şımarık Tanrı Eros'u çağırma ve çağırdıktan sonra da uzak tutma sanatındaki ustalığıyla önce Calabria'lı aşçısına şehveti körükleyecek bütün iksirlerle tehlikeli biçimde baharatlanmış özel yemekler ısmarladı. Ezmenin içine kunduz hayası, kurtpençesi ve afrodizyak biber türleri karıştırttı, daha çabuk uyuştursun diye şarabı bençle ve ağır otlarla koyulttu. Sonra özlemle açılan ruhlara ılık bir rüzgâr gibi işleyen bu iksir de eksik kalmasın diye müzisyenler çağırttı. Onları, her şeyden habersiz coşan duyguları, göze görünmeden ve bir o kadar tehlikeli biçimde, ruhu okşayan flüt sesiyle ve kanı ateşleyen çembalo tınılarıyla etkilesinler diye bitişik odaya gizledi. Helena, şeytanın ocağını böylesi bir özenle kızdırdıktan sonra bahsin sabırsızlığı içinde beklemeye başladı ve kibrinden alçakgönüllü Sophia, akşam kendi çağırdığı tehlikeye yaklaşmanın heyecanı içinde ortaya çıktığında, sarayın kapısında bir grup genç hizmetkâr kız tarafından karşılandı ve daha şaşkınlığını üstünden atamadan hemen güzel kokulu otlarla hazırlanmış banyoya götürüldü. Orada, yüzüne al basan Sophia'nın genç bedenini gri rahibe cüppesinden çıkarttılar, kollarını, uyluklarını ve sırtını çiçek yapraklarıyla ve yoğun kokulu kremlerle öyle incelikle ve derinlemesine ovdular ki kız gözeneklerinin açıldığını, kanının hızlandığını hissetti. Ürperen teninin üzerine kâh serin sular serpiliyor, kâh ısıtan bir dalga gibi sıcak sular dökülüyordu; sonra ısınan bedeninin üstünde uçar gibi dolaşan eller uzuvlarına nergis yağıyla masaj yaptılar ve kedi postuyla ovarak öyle bir ısıttılar ki tüylerin uçlarından mavi mavi kıvılcımlar çıktı; kısacası herhangi bir direnç göstermeye cesaret edemeyen rahibeyi de aynı Helena'yı her akşam aşk oyunlarına hazırladıkları gibi hazırladılar. Araya flütlerin ürkek ve ısrarlı solukları karışıyor, duvarlardaki meşalelerden damlayan balmumuyla birlikte sandal ağacının kokusu yükseliyordu. Yabancısı olduğu bütün bu ritüel nihayet bitip de dinlenmek üzere uzandığında, karşısına tutulan aynadaki yansısı Sophia'ya bile yabancı geldi, ama gözüne hiç olmadığı kadar da güzel göründü. Bedenini hafiflemiş ve hazzın canlanmış hali gibi hissediyor ve bu kadar hoş bir şeyden hoşnutluk duyduğu için de utanıyordu. Fakat kız kardeşi bu ikili duyguların sürmesine pek zaman tanımadı. Bir kedi esnekliğiyle içeriye süzülerek, aklı karışan Sophia sonunda sertçe karşı çıkana kadar kardeşinin güzelliğini pırıltılı sözcüklerle övdü. Kızlar bir kez daha ikiyüzlülükle kucaklaştılar, biri tedirginlik ve korkuyla, diğeri sabırsızlık ve kötücül bir hırsla titriyordu. Sonra Helena ışıkları yaktırdı ve soğukkanlılıkla hazırladığı oyuna kulak vermek üzere yan odaya geçerek bir gölge gibi gözden kayboldu.

Aslında Helena, Silvandiyalıya çoktan bir ulak göndererek, nasıl özel bir maceranın kendisini beklediğini haber vermiş ve önce uzak durup son derece saygılı davranarak bu kibirli kızı dikkatsizliğe ve kaygısızlığa yöneltmesini özellikle rica etmişti. Böyle ilginç bir çekişmede kazanan taraf olma isteği içindeki delikanlı sonunda merakla içeriye girdiğinde, Sophia, şiddetle karşılaşması halinde kullanmak üzere hazır ettiği hançeri elinde olmadan yokladı, fakat bu sözüm ona küstah âşığın kendisine ne kadar saygılı bir nezaketle yaklaştığını görünce de hayretlere düştü. Çünkü delikanlı, duyduğu korkuyla nefesi sıkışan kıza ne sarılmaya kalkışmış ne de selamlarken senlibenli davranmıştı, aksine önce alçakgönüllü bir zarafetle önünde diz kırmıştı. Sonra, ağır bir altın zincirle taşra ipeğinden erguvani bir pelerini hemen geri çekilen uşağının elinden alarak Sophia'dan, pelerini omuzlarına sarmasına ve zinciri takmasına izin vermesini rica etti. Sophia'nın bu kadar incelik karşısında delikanlının isteğini kabul etmemesi mümkün değildi; zincirin takılmasına ve değerli pelerinin omuzlarına bırakılmasına sessizce izin verdi, bu arada Silvandiyalının ateşli parmaklarının soğuk zincirin yanı sıra okşarcasına bir hafiflikle ensesinden kaydığını da hissetmemiş değildi. Fakat bundan sonra küstahlık sayılabilecek hiçbir girişimde bulunmayınca Sophia'nın da öfkelenmesine fırsat kalmadı. Sahtekârca davranan delikanlı, sırnaşmak yerine karşısında defalarca eğilerek, son derece utandığını ele veren bir sesle, üzerinde sokağın tozuyla sofrasını paylaşmayı yakışıksız bulduğunu belirtti ve önce üstünü başını temizlemesine izin verilmesini rica etti. Sophia sıkıntı içinde hizmetkârları çağırıp Silvandiyalıyı banyoya götürmelerini istedi. Fakat Helena'nın gizli bir emrine uyan kızlar, Sophia'yı yanlış anlamış gibi yapıp delikanlının giysilerini alelacele üstünden sıyırınca o da, kardinal yıktırmadan önce Pazar meydanında duran Apollon heykeli gibi çekici ve çıplak bedeniyle Sophia'nın karşısında kalıverdi. Ancak bundan sonra kızlar delikanlının bedenini yağladılar, ayaklarını sıcak sularla yıkadılar; gülerek kendilerini izleyen genç erkeğin üzerine yeni bir giysi geçirmeden önce, hiç aceleye getirmeden saçlarına güller taktılar. Delikanlı şimdi yeniden hazırlanmış, Sophia'nın karşısında dururken öncesinden daha da yakışıklıydı. Fakat Sophia onun olağandışı çekiciliğinden etkilendiğini fark etmeksizin kendi kendini kışkırtarak, giysisinin altına sakladığı hançeri çekmeye hazır mı diye bir yokladı. Oysa onu kullanmasını gerektirecek hiçbir neden çıkmadı, çünkü güzel delikanlı, bakımevindeki bilge eğitmenlerden farksız bir şekilde, nezaketle mesafeyi koruyarak onunla kaygısız ve dostça sohbet ediyordu ve yan odada her şeyi dinleyen kız kardeşine kadın olarak dayanıklılığıyla övünebileceği bir fırsat hâlâ eline geçmemişti, bu da

Sophia'yı sevindirmekten çok canını sıktı. Çünkü erdemlerini korumak için önce saldırıya uğraması gerektiği açıktı. Fakat Silvandiyalıda böyle bir tutku fırtınasının başlayacağı yoktu, sohbetinde sadece zayıf, silik bir nezaket esintisinin hafif soluğu hissediliyordu ve yan odadan yükselen okşayıcı flüt sesleri, bu delikanlının aslında çekici ve kırmızı dudaklarından daha etkileyiciydi. Hiç ara vermeden, sanki sofrada erkek arkadaşlarıyla oturuyormuş gibi hep yarışlardan ve seferberliklerden söz ediyordu; sergilediği sahte kayıtsızlık öylesine ustalıklıydı ki Sophia'yı iyice rahatlattı. İç rahatlığıyla, kışkırtıcı biçimde baharatlanmış yiyeceklerin ve belli etmeden uyuşturan şarabın tadını çıkartıyordu. Sonunda bu soğuk adamın, erdeminin sağlamlığını kız kardeşine karşı kanıtlayabileceği en ufak bir fırsat bile vermemesi üzerine sabırsızlanmaya, hatta yavaş yavaş öfkelenmeye ve nihayet tehlikeyi kendisi davet etmeye başladı. Kendisine bile yabancı gelen kahkahalar atıyordu, kendisini bırakmak, neşeli bir rahatlıkla arkasına yaslanmak için havai bir istek duyuyor, ama kendisini engellemiyor ve utanmıyordu, nasılsa gece yarısına çok kalmamıştı, hançeri elinin altındaydı ve bu sözüm ona ateşli delikanlı da bıçağın demir sapından bile soğuktu. Sophia, sonunda erdemine parlak bir savunma fırsatı yaratmak için delikanlıya yaklaştı da yaklaştı ve bu kibirli kız, sağlamlığını kanıtlamak için duyduğu hırstan sıyrılarak, fettan kardeşinin dünyevi karşılıklar almak için kullandığı aynı baştan çıkarma sanatlarını uygulamaya başladı.

Ne var ki bilgece bir atasözünün dediği gibi, şeytanın sakalından tek bir kıla bile dokunmamak gerekir, yoksa ansızın insanın gırtlağına sarılıverir. Kavgaya susamış kibirli Sophia'nın durumu da aynıydı. Çünkü alışkın olmadığı şarabın farkına varmadığı şehvetli kışkırtıcılığıyla ve tütsülerin yavaş yavaş ağırlaşan kokularıyla dikkati dağıldı, flütlerin insanı içine çeken tınılarıyla tatlı bir yorgunluğa düştü ve duyuları yavaş yavaş karıştı. Gülerken dili dolanmaya başladı, kibri yerini cilveye bıraktı ve mahkeme karşısında bilirkişilik yapan bir uzman bile, olanların, kız kendindeyken mi kendinden geçmişken mi, ayıkken mi sarhoşken mi, isteğiyle mi isteği dışı mı geçtiğini kesin olarak söyleyemezdi – kısacası Tanrı'nın veya karşıtının, kadınla erkek arasında sonunda olmasını istediği şey, saat gece yarısını vurmadan çok önce gerçekleşti. Sophia'nın giysisi kayınca içinde sakladığı hançer birden tıngırdayarak mermer döşemenin üstüne düştü, fakat ne tuhaftır, gevşemiş haldeki rahibe onu kapıp yeni bir Lucretia gibi tehlikeli delikanlıya doğru sallamadı, bitişik odadakiler ne bir ağlama ne bir direnme sesi duydular. Saat gece yarısını çalınca, düşkün kız kardeş etrafı hizmetkârlarıyla çevrili, artık bir gerdek odasına benzeyen odaya girdiğinde ve bir meşale merakla bahsi kaybedenin üstüne tutulduğunda artık ne saklanma ne utanma söz konusuydu. Böylece cüretkâr hizmetkâr kızlar pagan usulüne uyarak, kadın olarak yaşadığı talihsizliğin çok geç farkına varan, esrime içindeki Sophia'nın kızaran yüzünden daha da kırmızı güllerle yatağın üzerini donattılar. Helena, aklı başından gitmiş kız kardeşini hararetle kucakladı, flütler inledi, çembalolar kanatlandı, sanki Pan, bir anda bu Hıristiyanlaşmış ülkeye geri dönmüştü; hizmetkâr kızlar fütursuzca soyunmuş dans ediyor ve dinin reddettiği tanrı Eros'u övgülerle geri çağırıyorlardı. Fakat sonra, Bacchus şenliklerini çağrıştırarak dalgalanan bu kızların, kokulu ağaçlardan yaktıkları ateş, iyice aşağılanıp gülünçleşmiş olan o kutsal cüppeyi alevlerin iştahlı dilleriyle yalayıp eritti. Ne var ki hizmetkâr kızlar, yenilgisini itiraf etmekten utanan ve şaşkınlıkla gülümseyerek yakışıklı delikanlıya kendi isteğiyle teslim olmuş gibi yapmaya çalışan yeni aşüfteyle kız kardeşini aynı güllerle bezediler, şimdi ikisi yan yana dururlarken biri utancın, diğeri zaferin ateşiyle ışıyordu; artık onları, kibirli olanla, sözde alçakgönüllü olanı, birbirlerinden ayırt etmek mümkün değildi ve delikanlının hayranlık dolu bakışları, tazelenen ve ikiye katlanan sabırsız bir şehvetle iki kızın arasında gidip geliyordu.

Bu arada pervasız hizmetçi kızlar sürüsü, gürültü patırtı içinde sarayın bütün pencerelerini ve kapılarını da açmışlardı. Gecekuşları ve hemen uyanan gevşek halk güle oynaya seyre koşturmuştu ve daha güneş damların üstünde yükselmeden, Helena'nın bilge Sophia karşısında, iffetsizliğin iffet karşısında galip geldiği haberi, oluklardan akıp giden su gibi kentin bütün sokaklarını dolaşmıştı. Kentin erkekleri, uzun zamandır korunan bu erdemin çöktüğünü duyar duymaz sabırsızlıkla koşup geldiler ve iyi karşılandılar (düşüşü gizlemeye çalışan olmamıştı), Sophia geçirdiği ani değişim kadar hızla, giyim kuşamını da değiştirip Helena'nın yanında kaldı, ayrıca gayretkeşlik ve ateşlilikte de onu aratmadı. Artık bütün çekişme ve kıskançlıklar sona ermişti, ikisi de aynı düşkün mesleğe eğildikten sonra iki kötü kız kardeş neşeli bir uyum içinde aynı evde birlikte yaşamaya başladılar. Saçlarını aynı biçimde yapıyor, aynı takıları takıyor, tıpatıp aynı kıyafetleri giyiyorlardı, ikizlerin gülüşlerini de aşk sözcüklerini de birbirinden ayırt etmek mümkün olmadığından hayranları her zaman yeni ve bereketli bir oyunla karşılaşıyor; kollarının arasındaki kadının cilveli Helena mı, yoksa eski dindar Sophia mı olduğunu anlamak için bakışlarla, öpücüklerle, okşayışlarla dolu bir bilmece çözmeleri gerekiyordu. Fakat parasını hangisi için savurduğunu anlayabilmeyi başaran çok azdı, kızlar birbirlerine öylesine benziyorlardı, ayrıca bu kurnaz ikili, meraklılarını çıldırtmayı da özel bir zevk haline getirmişti.

Böylece yalancı dünyamızda ilk kez olmamak üzere Helena Sophia'ya karşı, güzellik bilgeliğe karşı, günahkârlık erdeme karşı, her zaman iştahlı olan ten de denetim altındaki güçsüz ruha karşı galip gelmişti ve zamanında Eyüp'ün o düşündürücü konuşmasında yakındığı gibi, yeryüzünde kötülerin rahatı yerindeyken iyiler zarar görmeye, hak yemeyenler gülünç duruma düşmeye devam ediyordu. Çünkü tüm ülkede hiçbir gümrük ya da vergi memuru, hiçbir şarap ustası veya rehinci, hiçbir kuyumcu veya fırıncı, hiçbir yankesici veya ibadethane hırsızı, ne kadar çok çabalasalar da iki kız kardeşin azıcık gayretle elde ettiği kadar para kazanamıyordu. Birbirlerine bağlılıkla yoldaşlık ederek en yüklü keseleri boşaltıyor, en dolu kasaların dibini görüyorlardı, altınlar ve mücevherler evlerine sağanak gibi yağıyordu. İkisi de, annelerinden güzelliğinin yanı sıra titiz ticari zihniyetini de aldıklarından kız kardeşler bu servetlerini, aynı yolda olanların çoğunun yaptığı gibi asla değersiz gösterişler için savurmuyor, aksine paralarını faize ve tefeciye yatırıyor, parayı çoğaltmak için Hıristiyan, dinsiz, Yahudi demeden borç veriyorlardı ve tefecilikten elde ettikleri gelir öyle bir büyüdü ki, başka hiçbir yerde, bu sefih evde yığıldığı kadar altın ve senet, garantili devir kâğıdı ve geçerli ipotek belgesi yığılmamıştır. Önlerinde böyle bir örnek varken, ülkenin genç kızlarının artık temizlikçi kadınlar gibi yaşayarak parmaklarını çamaşır teknesinde morartmak istememelerinde şaşılacak bir yan yoktu ve sonunda bir araya gelen ikizlerin bozucu varlığı sayesinde kent, kısa sürede diğer kentler arasında yeni bir Sodom olarak ün saldı.

Ne var ki çok doğru söyleyen şöyle bir atasözü daha vardır: Şeytan atını ne kadar hızlı sürerse sürsün hedefe varmadan bacağını kırar. Benzer biçimde, hikâyemizdeki kötücül gidişat da sevindirici bir sona ulaşacak. Çünkü yıllar birbirini kovalayarak geçip gittikçe kentteki erkekler de hep aynı bilmece oyununu oynamaktan bıktılar. Eve gelen konuklar giderek azaldı, meşaleler daha erken sönmeye başladı, aynaların alevlerin ışığına sessizce söylediğini ise herkes çoktandır biliyordu, bilmeyen sadece ikiz kardeşlerdi: Kibirli gözlerinin altında artık küçük kırışıklıklar yuvalanmış, gevşekleşen tenlerinin minesi dökülmeye başlamıştı. Acımasız doğanın her an ellerinden almakta olduğu şeyi birtakım hilelerle geri getirmeye çalışmaları boşunaydı, şakaklarındaki akları örtmeleri, kırışıklıkları fildişi bıçaklarla bastırmaları, yorgun düşmüş dudaklarını kırmızıya boyamaları boşunaydı; yıllar boyunca yaşadıkları fırtınalı hayatın izlerini artık daha fazla gizlemeleri mümkün değildi ve gençlik kız kardeşleri terk eder etmez erkekler de onlardan bıktılar. Çünkü onlar solgunlaşırken sokaklarda sürekli yeni kızlar çiçek açıyor, her yıl yeni bir kuşak boy veriyordu; küçük göğüsleri, cilveli bukleleriyle bu tatlı yaratıklar, eldeğmemişliğin büyüsü sayesinde erkeklerin ilgisini iki kat fazla çekiyorlardı. Dolayısıyla Pazar meydanındaki ev gittikçe daha çok sessizleşti, kapı tokmağının melekleri paslanmaya başladı; meşaleler boşuna yanıyor, tütsüler kokularını boşuna salıyordu, şöminenin ateşi de, kız kardeşlerin süslenmiş bedenleri de ısıtacak birilerini boşuna bekliyordu. Artık kimsenin dinlemediği flütçüler, gönül okşayıcı sanatlarını icra etmek yerine, can sıkıntısıyla durmadan zar atıyor, hep bir sonraki konuğu bekleyen uşaklar hiç rahatsız edilmedikleri için aşırı uyumaktan semiriyorlardı. Ne var ki, iki kız kardeş yukarıda, bir zamanlar kahkahalarla çınlayan uzun şölen masasının başında yapayalnız oturmakta ve artık âşıklarıyla oyalanamadıkları için sahip oldukları ölçüsüz boş zamanda geçmişi hatırlamaktaydılar. Özellikle de Sophia, bütün dünyevi hazlara sırt çevirerek kendisini sadece ciddi ve Tanrı yolunda bir yaşama adamış olduğu zamanları kederle düşünüyordu, bu yüzden sık sık toz bağlamış dini kitapları tekrar eline alıyordu; zaten güzellik kadınlardan uçar uçmaz bilgelik güle oynaya gelir yerleşir. Böylelikle kız kardeşlerin fikrinde olağanüstü bir değişim başladı ve gençlik dönemlerinde, hoppa Helena'nın sofu Sophia'ya galip gelmesi gibi şimdi de Sophia onu, –bolca günahtan sonra ve geç olmakla birlikte– tövbe etmek için uyardığında fazlasıyla dünyevi kardeşi Helena, artık ona kulak veriyordu. Sabahın erken saatlerinde gizlice evden gidip gelmeler başladı: Bağışlanma dilemek için, öylesine rencide edici bir biçimde terk etmiş olduğu bakımevine gizlice giden önce Sophia oldu, sonra Helena da ona eşlik etti. Sonunda ikisi de günahkârlıkla elde ettikleri paranın tümünü kuruşu kuruşuna ve sonsuza değin bakımevine bağışlayacaklarını açıkladıklarında, en kuşkucu kişiler bile bu nedamet getirişin ciddiyeti karşısında daha fazla çekimser kalamadılar.

Böylece bir sabah, kapıcı daha uykudayken iki kadın Pazar meydanındaki görkemli evden üzerlerinde sade kıyafetlerle ve yüzleri örtülü olarak gölge gibi süzülüp çıktılar; ürkek ve alçakgönüllü yürüyüşleriyle, elli yıl önce hızla zengin olduktan sonra tekrar yoksulluğunun sokağına geri dönmek zorunda kalan o kadına, annelerine, benzemiyor değillerdi. Sıkıntıyla açtıkları kapının aralığından çekingence süzüldüler ve hayatları boyunca kibirlerinden gelen aşırı rekabetle bütün bir ülkenin ilgisini üzerlerinde toplamış olan bu kadınlar şimdi, kimse gittikleri yeri bilmesin ve kaderleri gizli bir alçakgönüllülükle sarmalanıp unutulsun diye korkuyla yüzlerini gizliyorlardı. Hiç kimse ne olduğunu tam olarak bilmese de, ikiz kardeşler, kökenlerinin bilinmediği yabancı bir ülkedeki bir manastırda yıllar süren sessiz bir inzivanın ardından ölmüş olmalılar. Fakat o dini bütünlerin sığınağına bağışladıkları servet ne kadar büyük olmalı ki, bozdurulan mücevherlerden, değerli taşlardan, sikkelerden ve borç senetlerinden elde edilen küplerce altın karşısında, kenti süslemek ve onurlandırmak için, Akitanya ülkesinde daha önce hiç eşi görülmemiş yeni ve görkemli bir bakımevi yaptırılmasına karar verildi. Planı kuzeyli bir usta çizdi, yapımında yirmi yıl boyunca sürülerle insan gece gündüz çalıştı ve görkemli yapı sonunda ortaya çıktığında halk hayretler içinde kaldı. Çünkü binanın üzerinde, o zamana kadar âdet olduğu gibi dört köşeli gövdesini başı buyruklukla yükseklere dikmiş duran tek bir kule yoktu –hayır, burada taş dantellere bürünmüş, kadınsı bir zarafetle biri sağda, biri solda yükselen iki kule vardı ve boylarıyla, ölçüleriyle, taş işlemelerinin zarif çekiciliğiyle birbirlerinin öylesine tıpatıp aynısıydılar ki, daha ilk günden itibaren insanlar bu iki kuleyi "kız kardeşler" diye adlandırdılar– belki sadece görünüşlerinin aynılığından, ama belki de birbirlerine hem benzeyen hem benzemeyen kız kardeşlerin, bana o ehlikeyif vatandaşın, belki biraz da şarabın verdiği coşkuyla, gece yarısı ay ışığında anlattığı aykırı hikâyesinin, bütün olağandışı olayları yıllar ve yüzyıllar boyunca aktarmayı seven halk arasında unutulmasını istemedikleri için.

Bir Yüreğin Çöküşü

Bir yüreği derinden sarsmak için, kader her zaman sıkı bir hazırlığa ve şiddetli bir darbe indirmeye gereksinim duymaz; onun dizginsiz biçim verme arzusunu asıl kışkırtan, sudan bir sebeple yıkım yaratmaktır. Biz insanlar, bu ilk hafif dokunuşa kendi kısıtlı lisanımızla sebep deriz ve önemsiz bir sebebi çoğu kez şaşkınlık içinde, yol açtığı muazzam sonuçlarla karşılaştırırız; fakat bir hastalığın teşhisin konmasından çok önce başlaması gibi, bir insanın kaderi de aynı şekilde, olaylar belirginleşip görülür hale gelmeden önce işlemeye başlar. Kader her zaman, bir insanın bedenine dıştan dokunmadan çok önce zihninde de, bedeninde de, içten içe yönetimi ele almış olur. Kendinde olup biteni fark etmek demek, artık kendini savunmaya geçmek demektir ve çoğunlukla boşa giden bir çabadır bu.

Yaşlı adam, –adı Salomonsohn'du, ama çevresinde Yüksek Danışman olarak anılıyordu– ailesiyle birlikte Paskalya için gittikleri Gardone Oteli'nde gece şiddetli bir ağrıyla uyandı: Sanki bedeni keskin çemberlerle cendereye alınmış gibiydi, göğsü kasılmıştı, güçlükle soluk alıyordu. Korktu, çünkü sık sık safra kesesi sancıları çekmekteydi ve doktorların önerdiği gibi Karlsbad*'daki bir kaplıcaya gitmek yerine

---

* Bugün Çek Cumhuriyeti'nde bulunan Karlovy Vary. (ç.n.)

ailesinin isteği üzerine güneye gelmeyi yeğlemişti. Tehlikeli nöbetlerden birine yakalandığından endişe ederek geniş bedenini korkuyla yokladı, fakat sadece midesindeki şişkinliğin sıkıştırdığını anladığında, hâlâ devam etmekte olan ağrıya rağmen hemen rahatladı; belli ki rahatsızlığı, alışkın olmadığı İtalyan yemeklerinden veya pek çok gezginin başına gelen zararsız bir zehirlenmeden kaynaklanıyordu. Rahat bir nefes alarak titreyen ellerini iki yanına bıraktı, fakat hissettiği basınç hâlâ nefesini zorluyordu, o da biraz hareket etmiş olmak için nefesi sıkışarak zahmetle yataktan çıktı. Gerçekten de ayağa kalktığında rahatladı, yürüdüğünde sıkışma daha da azaldı. Fakat karanlık odada yürüyecek fazla yer yoktu, ayrıca yan yatakta uyumakta olan karısını uyandırmaktan ve gereksiz yere kaygılandırmaktan korktu. Biraz yürüyüp sıkışmayı azaltmak için ropdöşambrını sırtına alıp keçe terliklerini çıplak ayaklarına geçirerek karanlıkta el yordamıyla koridora çıktı.

Karanlık koridora açılan kapıyı araladığı anda, dört kez çalan kilise çanının, önce şiddetle yankılanan, sonra gölün üzerinde dağılıp yiten sesi, sonuna kadar açık pencerelerden içeriye doldu: Saat sabahın dördüydü.

Uzun koridor karanlığa gömülmüştü. Fakat gündüzden gayet net hatırladığı koridorun dümdüz ve geniş olduğunu biliyordu, dolayısıyla ışığa gereksinim duymadan derin derin soluyarak bir uçtan bir uca defalarca yürürken göğsündeki sıkışmanın giderek çözüldüğünü hissedip rahatladı. Yürüyüş iyi gelmiş, çektiği acıdan neredeyse tamamen kurtulmuştu, tam tekrar odasına geri dönmeye hazırlanıyordu ki bir ses duyunca ürkerek durdu. Karanlığın içinde yakınlarda bir yerlerden bir fısıltı geliyordu, hafifti, ama kuşkuya yer bırakmayacak kadar netti. Döşeme gıcırdadı, birisi fısıldadı, bir hareket oldu ve hemen ardından azıcık aralanan bir kapıdan sızan ince bir ışık şeridi şekilsiz karanlığın içine düştü. Neydi bu? Yaşlı adam ister istemez bir köşeye sindi, kesinlikle merakından değil, gecenin bir vakti böyle tuhaf bir yürüyüşte yakalanmaktan duyacağı utanç yüzünden saklanmıştı. Fakat ışığın koridoru aydınlattığı o bir saniye içinde istemeden de olsa odadan beyazlar içinde bir kadın siluetinin dışarı süzüldüğünü ve koridorun sonuna doğru uzaklaşarak gözden kaybolduğunu görür gibi oldu. Gerçekten de koridorun sonundaki kapılardan birinin tokmağı hafifçe gıcırdadı. Sonra her şey yeniden karanlığa ve derin bir sessizliğe gömüldü.

Yaşlı adam birdenbire yüreğine bir şey saplanmış gibi sendelemeye başladı. Koridorun diğer ucunda, kapı tokmağının bir şeyleri ele verircesine gıcırdadığı o yerde... orada sadece kendi odaları, ailesi için kiralamış olduğu üç odalı daire vardı. Birkaç dakika önce karısının yanından ayrıldığında derin bir uykudaydı, o halde –hayır, yanılması olası değildi– yabancı bir odadaki maceradan dönerken gördüğü o kadın silueti Erna'dan, daha on dokuzunda bile olmayan kendi kızından başkasına ait olamazdı.

Tüm gövdesi ürperdi, dehşetten buz kesmişti. Erna, çocuğu, o ışık saçan, neşeli çocuğu – hayır, bu olası değildi, yanılmış olmalıydı. Yabancı birinin odasında ne işi vardı, eğer ki... Kötü niyetli bir hayvanı kovar gibi kendi düşüncelerini uzaklaştırmaya çalıştı, fakat gizlice süzülen o siluetin şakaklarında zonklayan hayaletimsi görüntüsü artık sökülüp atılacak, defedilecek gibi değildi: Emin olmak zorundaydı. Zorlukla nefes alarak duvara tutuna tutuna koridor boyunca kızının, kendilerininkinin yanındaki odasına kadar ilerledi. Ne korkunç: Tam da burada, bütün koridorda bir tek bu odanın kapısının altından ince bir ışık şeridi sızıyor ve anahtar deliğinden görünen beyaz nokta her şeyi ele veriyordu: Sabahın dördünde kızının odasında hâlâ ışık yanıyordu! Yeni bir kanıt daha: Tam o sırada odadan elektrik düğmesinin sesi geldi ve beyaz ışık şeridi hiç iz bırakmadan karanlığa karıştı –hayır, hayır, kendini kandırmanın bir yararı yoktu– gece vakti gizlice yabancı bir yataktan kendi yatağına dönen Erna'ydı, onun kızıydı.

Dehşetten ve soğuktan titriyordu, aynı zamanda da bedeninden ter boşanmış ve tüm gözeneklerinden fışkırmıştı. İçinden ilk geçen, kapıyı kırmak, o utanmazı tekme tokat dövmekti. Fakat bacakları iri gövdesinin altında titriyordu. Kendini odasına ve yatağına atacak gücü zor buldu ve tüm duyguları uyuşmuş bir halde, devrilen bir hayvan gibi başını yastığa bıraktı.

Yaşlı adam, yatağında kıpırtısız yatıyordu; gözlerini karanlığa dikmişti. Yanında karısı, her şeyden habersiz huzurla soluk alıp veriyordu. İlkin onu sarsıp uyandırmayı, korkunç keşfini anlatmayı, acısını haykırıp öfkesini çıkartmayı düşünmüştü. Fakat o korkunç gerçeği nasıl ifade edecekti, hangi sözcüklere dökecekti? Hayır, o sözcüğü asla, asla ağzına alamazdı. İyi de ne yapacaktı? Ne *yapmalıydı?*

Düşünmeye çalıştı. Fakat düşünceleri, kör yarasalar gibi birbirine dolanıyordu. Öylesine katlanılmazdı ki: Erna, o yumuşak bakışlı, iyi yetiştirilmiş narin çocuk... onu, çetrefil cümleleri zahmetle izleyen küçük pembe parmağı okul defterinin üstünde, başı düşmüş uyurken bulduğu zaman, ne zamandı... üzerinde açık mavi şirin elbisesiyle okuldan alıp şekerciye ne zaman götürmüş, şeker bulaşmış ağzıyla verdiği çocuk öpücüğünü yanağında ne zaman hissetmişti... Daha dün olmamış mıydı hepsi?.. Hayır, üzerinden yıllar geçmişti... fakat daha dün, evet daha dün vitrinde pek de göze çarpmayan sarı simli mavi bir kazağı alması için çocukça yalvarmamış mıydı? Ellerini kavuşturup asla dayanamadığı o kendinden emin neşeli gülüşüyle, "Baba, lütfen! Lütfen!" demişti... Oysa şimdi, şimdi kapısının iki adım ötesinde, gece vakti yabancı bir erkeğin yatağında çırılçıplak ve şehvetle kıvranıyordu...

"Tanrım!.. Tanrım!.." diye inledi elinde olmadan yaşlı adam. "Nasıl bir utanç! Nasıl bir utanç bu!.. Çocuğum, benim narin, özenle korunmuş çocuğum, herifin biriyle...

Kim?.. Kim olabilir bu?.. Gardone'ye geleli daha üç gün oldu ve buradaki o süslü züppelerin hiçbirini önceden tanımıyordu, ne o yassı kafalı Kont Ubaldi'yi ne İtalyan subayı ne de Mecklenburg'lu o biniciyi... ancak ikinci gün, dansta tanıştılar ve Erna hemen... Hayır, bu ilk olamaz, hayır... daha önceden başlamış olmalı... evde... ve ben hiçbir şey bilmiyorum, hiçbir şeyin farkında değilim, ah benim sersem kafam, kopasıca sersem kafam... İyi de karımla kızım hakkında bir şey biliyor muyum ben?.. Bütün gün onlar için deli gibi çalışıyorum, eskiden elimde örnek mal çantası trenlerde dolaştığım gibi şimdi de on dört saat büroda işin başındayım... sadece para, onlar için para kazanmak için, güzel giysiler alsınlar ve zenginlik içinde yaşasınlar diye... ve akşamları bitmiş tükenmiş, yorgun eve döndüğümde onlar yok: tiyatroda, balolarda, eğlencelerde... onlar hakkında ne biliyorum ki, bütün gün ne yaparlar?.. Ama şimdi çocuğumun genç ve saf bedeniyle, geceleri bir sokak kadını gibi erkeklere gittiğini biliyorum... Ah, bu nasıl bir utanç!"

Yaşlı adam inleyip duruyordu. Aklına gelen her yeni şey yarasını derinleştiriyordu: Sanki beyni kanlar içinde açıkta duruyor ve içinde kırmızı kurtçuklar kaynıyormuş gibi hissediyordu.

"Ben bütün bunlara niçin katlandım?.. Niçin o, o edepsiz bedeniyle huzur içinde uyurken ben hâlâ burada yatıp kendi kendime eziyet ediyorum?.. Niçin derhal odasına dalmadım ki ayıbını bildiğimi anlasın?.. Niçin orada onun kemiklerini kırmadım?.. Zayıf olduğum için... Korkak olduğum için... O ikisine karşı her zaman zayıf oldum... her şeylerini bağışladım... kendi hayatımı mahvetsem de onlarınkini kolaylaştırdığım için gurur duyuyordum ya... parayı tırnaklarımla kazıyarak kuruş kuruş kazandım... sırf onları hoşnut göreyim diye etimden et koparsalar razıydım... fakat onları refaha kavuşturur kavuşturmaz benden utanmaya başladılar... artık beni yeterince şık bulmuyorlardı... onların gözünde cahildim... kendimi nasıl eğitebilirdim ki? Daha on iki yaşındayken beni okuldan aldılar, para kazanmak zorundaydım, para, para, para... Önce örnek malları taşıyarak köy köy dolaşma, sonra kendi işimi kuruncaya kadar o kent senin bu kent benim, pazarlamacılık yapmam gerekti... Sonra yükselip de kendi evimize sahip olur olmaz artık benim eski, onurlu soyadımı beğenmez oldular, kendime Komisyon Danışmanı, Yüksek Danışman unvanı satın almak zorunda kaldım, sırf hanımefendiler Bayan Salomonsohn olarak çağrılmasınlar, kibarlık taslayabilsinler diye... Kibarlık! Kibarlık! Onların bu kibarlık taslamalarına, 'seçkin' çevrelerine karşı çıktığımda, annemin, ruhu şad olsun, evi sadece babam için ve bizim için nasıl sessiz, alçakgönüllü, çekip çevirdiğini anlattığımda benimle alay ettiler... eski kafalı olduğumu söylediler... 'Sen eski kafalısın babacığım' diye hep alay etti Erna benimle... eski kafalı, evet... ve şimdi yabancı erkeklerle, yabancı yataklarda dolaşıyor, benim çocuğum, benim tek çocuğum... Ah, nasıl bir utanç bu, nasıl bir utanç..."

Yüreğini daraltan azapla öyle derinden inledi ki yanında yatan karısı uyandı. "Ne oldu?" diye sordu uyku sersemliğiyle. Adam hiç kıpırdamamaya çalışarak nefesini tuttu. Ve düşünceler beynini kurtçuklar gibi kemirirken, azabının karanlık tabutunda sabaha kadar bu şekilde yattı.

Sabah kahvaltı masasına ilk gelen o oldu. İç geçirerek yerine oturdu, aldığı her lokma midesini kaldırıyordu.

"Yine yapayalnızım," diye düşündü, "her zaman yalnızım!.. Sabahları ben büroya giderken onlar tiyatrolardan, danslardan yorgun düşmüş, keyiflerini bozmadan hâlâ tembelce uyumakta olurlar... akşamları eve döndüğümde çoktan eğlenmeye çıkmışlardır, orada bana gereksinimleri yoktur... ahh... ah para, şu lanet olası para bozdu onları... para onları bana yabancılaştırdı... Benim akılsız kafam, onca parayı kazanacağım diye canım çıkarken ben kendi kendimden çalmışım, kendimi yoksullaştırmışım ve onların kötü olmasına neden de benim... elli anlamsız yıl boyunca canımı dişime takarak çalıştım, tek bir boş günü bile kendimden esirgedim ve şimdi yapayalnızım işte..."

Gittikçe sabırsızlanmaya başladı. "Niçin hâlâ gelmedi... onunla konuşmalıyım, ona... buradan gitmek zorunda olduğumuzu söylemeliyim, derhal... niçin gelmiyor... herhalde daha yorgunluğunu atamamıştır, iç rahatlığıyla mis gibi uyuyordur, benimse yüreğim yırtılıyor, ah sersem kafam... Annesi de saatlerce bakımıyla uğraşır, banyoya girer, ütüsünü, manikürünü, saçlarını yaptırır, on birden önce aşağı inmez... bunda şaşılacak bir yan var mı?.. bu koşullarda bir çocuk ne yapar? Ah para, lanet olası para."

Arkasında hafif bir ayak sesi duydu. "Günaydın babacığım, iyi uyudun mu?" Kızı yan tarafından usulca eğilerek zonklayan alnına hafif bir öpücük kondurdu. Elinde olmadan başını çekiverdi: Coty parfümünün tatlımsı ağır kokusu içini kaldırmıştı. Sonra da...

"Neyin var babacığım... yine keyifsiz misin... garson, bir kahveyle jambonlu yumurta lütfen... İyi uyumadın mı, yoksa kötü bir haber mi var?"

Yaşlı adam kendine hâkim olmaya çalıştı. Kızına bakma cesaretini gösteremedi, başını eğdi ve sustu. Sadece kızının masanın üzerinde duran ellerine, o sevgili ellere baktı: Bu manikürlü eller beyaz masa örtüsünün üzerinde şımarık tazılar gibi kaygısızca oynuyorlardı. Yaşlı adam titredi. Bakışları ürkekçe, narin genç kız kollarının üzerinde yukarıya doğru kaydı, çocuğunun kolları, eskiden ona... ne kadar geçmişti üzerinden?.. Uyumadan önce onca sarılmış olan çocuk kolları... Soluk aldıkça yeni süveterinin altında hafifçe titreyen göğsünün yumuşak eğimine baktı. "Yabancı bir erkekle sarmaş dolaş... çıplak... çıplak..." diye aklından geçirdi garezle. "Adam bütün bunları tutmuş, dokunmuş, okşamış, tadına bakmış, keyfine varmış... benim etim, benim kanım... benim çocuğum... ah o pis hergele... ah... ah..."

Farkına varmadan tekrar inlemişti. Kızı onu şımartarak, "Babacığım neyin var?" diye ısrar etti.

"Neyim mi var?" diye içinden homurdandı. "Orospu bir kızım var ve bunu yüzüne vurmaya cesaretim yok."

Fakat anlaşılmaz bir şekilde mırıldanmakla yetindi: "Bir şeyim yok! Bir şeyim yok!" Sonra da, kızının sorgulayan bakışları karşısında bir engel oluşturmak için telaşla gazeteye uzandı, kendini onun gözlerine bakamayacak kadar güçsüz hissediyordu. Gazeteyi tutan elleri titriyordu. "Ona şimdi söylemeliydim, şimdi, yalnızken," diye düşünerek kendine eziyet etti. Fakat sesi çıkmıyordu, başını kaldırmaya bile gücü yoktu.

Sonra aniden sandalyesini geriye iterek kalktı ve ağır ağır yürüyerek bahçeye sığındı, çünkü iri bir damla yaşın istemi dışında yanaklarından yuvarlandığını hissetmişti. Ve onun bunu görmesini istemiyordu.

Yaşlı adam kısacık bacaklarıyla bahçede dolaşıp duruyor ve gözlerini göle dikip uzun süre öyle kalıyordu. İçine akıttığı yaşlarla gözleri tümüyle körleşmiş olmasına rağmen çevrenin güzelliğini yine de görmeden edemedi: Servilerin ince çizgileriyle gölge atılmış gibi görünen pastel renkli tepeler, gümüşi ışığın ardında yeşil dalgalar halinde yükseliyor ve artlarında sert, ama kibirsiz duruşlarıyla gölün güzelliğini, ciddi erkeklerin sevimli çocukların şen oyunlarını uzaktan izleyişi gibi, yüksekten seyreden sarp dağlar görünüyordu. Burada doğa öylesine içtenlikle, hoşlukla, konuksever bir tavırla kucak açıyor, Tanrı'nın güneye gönderdiği bu sonsuza kadar huzurlu gülümseme insanı öylesine mutluluğa ve iyimser olmaya davet ediyordu ki! "Mutluluk!" dedi yaşlı adam ve iyice ağırlaşmış olan başını karışık duygular içinde salladı.

"İnsan burada mutlu olabilir. Ben de bir kere mutlu olmak istedim... elli yıl boyunca yazıp çizip, hesap yapıp pazarlık ettikten sonra ben de birkaç güzel günün tadını çıkarmak istedim... mezara girmeden önce bir kere, bir kere, bir kere... atmış beş yaşındayım, Tanrım, bu yaşta insanın bir ayağı çukurdadır ve artık paranın da doktorun da yararı olmaz... Ölmeden önce biraz rahat nefes almak, bir kere de kendim için bir şeyler yapmak... fakat rahmetli babam hep şöyle derdi: 'Eğlence bize göre değildir, biz sırtımızdaki yükü mezara kadar taşırız...' Daha dün, bir kere de kendim için güzel bir şeyler yapabilirim diye düşündüm... daha dün neredeyse mutlu bir insandım, aydınlık ve güzel çocuğumdan, onun neşesinden sevinç duydum... ve Tanrı hemen beni cezalandırdı, hepsini hemen elimden aldı... O sevinç bir daha asla geri gelmeyecek... Artık kendi çocuğumla konuşamayacağım... gözlerinin içine bakamayacağım, öylesine utanıyorum... Evde, işyerinde, geceleri yatağımda sürekli, o şimdi nerede, neredeydi, ne yaptı, diye düşünmeden edemeyeceğim... bir daha asla huzurla eve dönemeyeceğim, orada oturuyor olacak ve boynuma sarılacak, onu öyle genç ve güzel görünce yüreğim hoplayacak... Beni öptüğünde, o dudaklarla geçen gün kimi öpmüş olduğu aklımdan geçecek... yanımda değilken hep korku içinde olacağım ve gözlerine baktığımda hep utanç duyacağım. – Hayır, böyle yaşanmaz... böyle yaşayamaz insan..."

Yaşlı adam kendi kendine mırıldanarak sarhoş gibi bir o yana bir yana yalpalayıp duruyordu. Durup durup gözlerini göle dikiyor, gözlerinden akan yaşlar sakalına karışıyordu. Sapsız gözlüğünü çıkartmak zorunda kalmıştı, yaşlar içindeki miyop gözleriyle yolun ortasında öyle zavallı bir hali vardı ki, o sırada oradan geçmekte olan bir bahçıvan yardımcısı o halini görünce hayretle bakıp kaldı, sonra yüksek sesle gülerek anlamadığı İtalyanca sözcüklerle onu alaya aldı. Bunun üzerine yaşlı adam çektiği acının verdiği uyuşukluktan sıyrılarak gözlüğünü burnuna yerleştirdi ve insanlardan saklanabileceği bir bank arayarak bahçenin yan taraflarına doğru süzüldü.

Fakat tam bahçenin tenha bir köşesine varmıştı ki sol yanından gelen bir kahkahayla yeniden irkildi... tanıdığı ve o anda yüreğini parçalayan bir kahkahaydı bu. On dokuz yıl boyunca müziği olmuştu bu kahkaha, kızının o taşkın, şen kahkahası... bu kahkaha için geceler boyunca trenlerin üçüncü mevkilerinde Poznan'a ve Macaristan'a, yolculuk yapmıştı, sadece onlara bir şeyler getirebilmek için, bu tasasız neşeyi yeşertecek bereketi kızına sunabilmek için... sadece bu kahkaha için yaşamış ve sonunda safrakesesini hasta etmişti... sadece bu kahkaha o sevgili dudaklarda her zaman çınlayabilsin diye. Şimdiyse aynı kahkaha, bu uğursuz gülüş, bir testere gibi iç organlarını deşiyordu.

Ne var ki yaşlı adam direnmesine rağmen yine de kahkahanın çekimine kapıldı. Kızı tenis kortundaydı, eldivensiz elinde tuttuğu raketini oyunun içinde serbest hareketlerle sallayarak topu gönderiyor ve tekrar karşılıyordu. Raketi her sallayışıyla birlikte taşkın kahkahası da masmavi gökyüzüne yükseliyordu. Üç erkek onu hayranlıkla seyrediyordu, üzerine rahat bir tenis gömleği geçirmiş olan Kont Ubaldi, bedenini iyice sarmış sımsıkı oturan üniformasıyla subay ve kusursuz pantolonu içindeki binici; bu üç kendine özgü erkek, kelebekler gibi uçuşarak oynayan kızın etrafına heykel gibi dizilmiş duruyorlardı. Yaşlı adam kendini kaptırmış seyrediyordu. Tanrım, güneş sarı saçlarının arasında ışıldarken o açık renk, hafif elbisenin içinde ne kadar da güzel görünüyordu! Koştuğunda veya sıçradığında diri bedeninin hafifliğini hissettikçe etrafına nasıl da mutluluk yayıyordu, devinimlerin uyumu ve esnekliğiyle kendinden geçen bedeni, izleyeni de kendinden geçiriyordu. O sırada beyaz tenis topunu coşkuyla havaya fırlattı, bir daha, bir daha saydırdı, sonuncuyu tutmak için hızlanarak zarif bir fidan gibi eğilip doğrulan genç kız bedeninin devinimleri muhteşemdi. Kızını daha önce hiç böyle görmemişti, harlı bir alevle ateşlenmiş gibiydi, kahkahalarının alev saçan bedenini saran gümüş buğusuyla kendisi de uçan, esen beyaz bir ateşe benziyordu – güneyin bahçelerinin sarmaşıklarından, masmavi gölün yumuşak yansımalarından panikle kaçan bakire bir tanrıçaya benziyordu: Kendi memleketinde oynarken hiçbir zaman böyle dans edercesine bir serbestlikle hareket ettiğini görmemişti. Hayır, hayır, duvarlarla çevrili boğucu kentlerinde onu hiç böyle görmemişti, sesinin gırtlağından şarkı söylercesine bir neşeyle kopup böyle kuşlar gibi cıvıldadığını o sokaklarda ve odalarda hiç duymamıştı, hayır, hayır onu hiç bu kadar güzel görmemişti. Gözlerini alamıyordu. Her şeyi unutmuştu, sadece bakıyor, bakıyor ve o uçuşan beyaz alevi görüyordu. Kızı sonunda çevik bir hamleyle dönüp soluk soluğa, kanatlanmışçasına bir sıçrayışla, son atışları da karşılayarak gülücükler saçan gururlu bir bakışla raketi göğsüne bastırmasaydı onun görüntüsünü tutkulu bakışlarla sonsuza kadar içine çekerek öylece duracaktı. Erna'nın topları maharetle karşılayışını heyecan içinde izlemiş olan üç bey sanki operada söylenen bir aryayı takdir eder gibi, "Bravo, bravo!" diye bağırdılar. Bu taşkın bağırışları yaşlı adamı yakalanmış olduğu büyüden çekip çıkarttı. Onlara öfkeyle baktı.

Yüreği gümbürdeyerek, "İşte oradalar, o hergeleler," diye içinden geçirdi. "Evet, oradalar... Ama acaba içlerinden hangisi?.. Kızımı çalan içlerinden hangisi?.. Nasıl da özenle süslenip püslenmiş, tıraş olup kokular sürünmüşler bu aylaklar... bense onların yaşındayken yamalı pantolonumla büroda oturur müşterilerin etrafında fır dönüp topuk aşındırırdım... belki bunların babaları da hâlâ benim gibi canlarını dişlerine takmış çalışıyordur bu serseriler için... bunlarsa dünyayı gezip günlerini gün ediyorlar, güneş yanığı yüzlerinde kaygının izi yok, küstah gözlerinin içi gülüyor... bu şekilde zinde ve neşeli olmak kolay... gösteriş düşkünü bir çocuğa da birkaç tatlı söz ettiniz mi yatağınıza alıverirsiniz... Fakat içlerinden hangisi... acaba hangisi?.. Bunlardan biri, biliyorum, şu anda çocuğumun giysisinin altındaki çıplak bedenini görüyor, ben buna sahip oldum diye düşünürken ağzı sulanıyor... onun çıplak ve şehvetli halini biliyor, bu akşam tekrar yaparım, diye düşünerek kızıma göz kırpıyor – ah o it!.. Kırbaçlayarak öldürebilirim o iti!"

O sırada onu fark ettiler. Kızı gülerek raketini salladı, erkekler selamladılar. Onlara karşılık vermedi, sadece kan oturmuş öfkeli gözlerini kızının dudaklarına dikti: "Seni utanmaz, hâlâ gülebiliyorsun demek... ama belki şu sırada içinden gülen biri daha var, şu yaşlı, budala Yahudi'ye bakın, diyor içinden... o geceleri yatağında horul horul uyurken... neler olduğunu bir bilse, ahmak ihtiyar!.. Evet, biliyorum, bana gülüyorsunuz, pis bir kusmuğun üzerinden atlar gibi bana aldırmadan işinize bakıyorsunuz... fakat asıl kızım baştan çıkarıcı ve istekli, koşa koşa yatağınıza giriyor... ya annesi, belki artık biraz kilolu ve rüküş, fazla sürüp sürüştürüyor, ama yine de biraz dil dökülse belki o da bir oynaşa daha hayır demezdi... Haklısınız itler, bu kancıklar, bu şerefsizler peşinizden koştuğu sürece elbette haklısınız... Sizin keyfiniz yerinde olduğu sürece, bu şerefsiz karılar da memnun olduğu sürece... bir başkasının kalbi kırılmış niçin aldırasınız... Hepinizi kurşunlamalı, hepinizi kırbaçtan geçirmeli... ama insan bunu yapmıyorsa siz haklısınız elbette... bir köpeğin bokunu yemesi gibi öfkeden kendi kendini yiyip bitirip de size dokunmuyorsa... eğer gidip şu utanmazı kolundan yakalayıp elinizden çekip alamayacak kadar korkaksa, rezilce korkaksa, siz haklısınız tabii... dilini tutup, öfkesini yutup orada öylece duruyorsa... ödlekçe... ödlekçe... ödlekçe..."

Parmaklıklara tutundu, öfkeden öylesine sarsılmıştı. Aniden kendi ayağının dibine tükürdü ve sallana sallana bahçeden çıkıp gitti.

Yaşlı adam sürüklenen adımlarla küçük kentin içine doğru yürüdü, turistlere hitap eden çeşitli şeylerin satıldığı bir vitrinin önünde birdenbire durdu; gömlekler, ağlar, bluzlar, olta takımları, kravatlar, kitaplar, kurabiyeler raflarda veya yığınlar halinde rastgele yan yana istiflenmişti. Onun bakışları, şık yığıntının içinde dikkat çekmeden duran tek bir şeye takıldı: Demirden yürüyüş çivisi takılarak ucu sertleştirilmiş, taşırken ele ağır gelen, ama vurduğunu yere serecek güçte, kalın ve boğumlu bir baston. "Bununla kafasını kırmalı o itin... bununla yere sermeli!" Bu düşüncenin yarattığı karmaşık, neredeyse şehvetli sarhoşluk haliyle dükkâna girdi ve o boğumlu bastonu ucuz bir fiyata satın aldı. Bu şiddet ve tehlike yüklü ağır nesneyi eline alır almaz kendini daha güçlü hissetti: Silah, bedensel olarak güçsüz birinin kendine daha çok güvenmesini sağlar ya. Bastonun sapından kaslarına daha güçlü bir gerilim yayıldığını hissetti: "Kafasını kıracağım... o iti dümdüz edeceğim!" diye kendi kendine mırıldandı ve iyice sarsak adımlarla yürürken farkına varmadan yere daha sağlam, daha dik, daha çevik basar oldu, sahil yolunda bir aşağı bir yukarı yürümeye, hatta koşar adım gitmeye başladı, gerçi vücudundan ter fışkırıyordu, ama nedeni, yürüyüş hızından çok, öfkesinin boşalmış olmasıydı. Zaten bastonun sert sapına da giderek daha büyük bir hırsla yapışıyordu.

Elinde silah gibi sarıldığı bastonuyla lobinin gölgeli, mavi serinliğine girer girmez asabi bakışlarıyla görünmez rakiplerini aradı. Sonra gerçekten de köşedeki rahat hasır koltuklarda hep birlikte oturduklarını gördü; kızı, karısı ve o vazgeçilmez üçlü ince kamışlarla viski-soda içerek neşe içinde tembelce sohbet ediyorlardı. Yaşlı adam bastonun ağır sapını sımsıkı kavramış, "Hangisi o, hangisi acaba?" diye bunalarak aklından geçiriyordu. "Hangisinin... Hangisinin kafasını kırmalıyım?" Fakat Erna, onun o huzursuz aranışını yanlış anlayarak ayağa fırlamıştı bile ve babasına doğru yürüdü. "Babacığım, buradasın demek! Her yerde seni aradık. Düşünebiliyor musun, Bay von Medwitz hepimizi Fiat'ıyla gezdirecek, Desenzano'ya kadar bütün gölün çevresini gezeceğiz." Bunları söylerken de babasını, bir de teşekkür etmesini bekliyormuş gibi, usulcacık masaya doğru yaklaştırıyordu.

Erkekler nezaketle kalkıp ellerini uzattılar. Yaşlı adam titriyordu. Fakat kolunda, kızının sıcak varlığının yumuşaklığını ve yatıştırıcılığını hissediyordu. İradesi çözüldü, kendisine uzatılan elleri birbiri ardına sıkarak sesini çıkartmadan oturdu, bir puro yaktı ve dişlerini sıkıp kalmanın öfkesini yumuşak tütünden çıkarttı. Diğerleri, onun varlığını unutmuşçasına hep bir ağızdan neşeli kahkahalar atarak sohbetlerine kaldıkları yerden Fransızca olarak devam ettiler.

Yaşlı adam sessizce boyun eğdi ve kahverengi suları dişlerinin arasından akana kadar purosunun ucunu çiğneyip durdu. "Haklısınız... haklısınız..." diye düşünüyordu. "Yüzüme tükürseler yeridir... şimdi adamın elini sıktım bir de! Hem de üçünün birden, ama o hergelenin içlerinden biri olduğunu biliyorum... ve ağzımı açmadan onunla aynı masada oturuyorum... onun kafasını kırmıyorum... hayır, kafasını kırmak yerine nezaketle elini sıkıyorum... Haklılar, benimle alay ediyorlarsa çok haklılar... Sanki burada yokmuşum gibi kendi aralarında nasıl da rahat konuşuyorlar!.. sanki çoktan toprağa girmişim gibi... ayrıca Erna da, annesi de tek kelime Fransızca anlamadığımı gayet iyi biliyorlar... ikisi de, ikisi de biliyor bunu, ama şurada otururken o kadar da gülünç düşmeyeyim diye, görünüşü kurtarmak için bile bir şey sormuyorlar, bir şey söylemiyorlar bana... korkunç gülünç durumdayım... Onlar için havayım ben... hava... tatsız bir askıntı, bir yük... rahatsız oldukları, utandıkları bir şeyim... beni sadece para kazandığım için başlarından atmıyorlar... para... para... onları parayla ben yozlaştırdım şu pis, zavallı parayla... lanet olasıca para... Karım, kendi çocuğum benimle tek kelime konuşmuyorlar, gözleri sadece bu avareleri, bu süslü, tüysüz züppeleri görüyor... nasıl da gülüşüyorlar... sanki heriflerin elleri üzerlerinde dolaşıyor da gıdıklanıyorlarmış gibi... Ve ben bütün bunlara katlanıyorum... Burada oturmuş kahkahalarını dinliyorum... tek kelime anlamıyorum ve kalkıp yumruğu basmak yerine oturmaya devam ediyorum... gözlerimin önünde çiftleşmeye başlamadan önce bastonumu indirip hepsini dağıtmak yerine... bütün bunlara izin veriyorum... sesimi bile çıkartamadan şurada budala gibi, ödlek gibi oturuyorum... ödleğim ben... ödlek..."

O sırada İtalyan subay, kırık dökük Almancasıyla, "İzin verir misiniz?" diyerek çakmağa uzandı.

Aniden daldığı düşüncelerden kopan yaşlı adam ayağa fırlayarak hiçbir şeyin farkında olmayan subaya öfkeyle baktı. İçindeki kızgın hiddet henüz soğumamıştı. Bir an için bastonu sımsıkı kavradı. Fakat sonra dudakları yine sarktı ve anlamsız bir sırıtmayla büküldü: "Tabii, buyurun," derken sesi çatallanıp tizleşmişti. "Elbette izin veririm... hah ha... istediğiniz her şeye izin veririm... hah ha... her şeye, her şeye izin veririm... benim olan ne varsa emrinizdedir... benden her şeye izin var..."

Subay ona şaşkınlıkla baktı. Dili iyi bilmediğinden tam olarak anlamamıştı. Fakat bu çarpık sırıtıştan tedirgin olmuştu. Alman beyefendi elinde olmadan ayağa fırladı –kadınlar bembeyaz oldular– ortama bir anda şimşekle gök gürültüsü arasındaki o donuk sessizlik hâkim oldu.

Fakat az sonra yaşlı adamın çarpılmış yüz hatları gevşedi, sımsıkı kavramış olduğu baston elinden düşüverdi. Dayak yemiş bir köpek gibi sinerek kendi cüretinden utanmışçasına öksürdü. Erna bu sıkıntılı gerilimi atlatmak için yarım kalan sohbeti telaşla canlandırdı, Alman baron zorlama olduğunu belli eden bir neşeyle karşılık verdi ve birkaç dakika sonra tekrar hararetli bir sohbete dalmışlardı.

Yaşlı adam çene çalanların arasında onlardan tümüyle kopuk bir halde oturuyordu, gören uyuduğunu sanırdı.

Elinden kaymış olan ağır baston bacaklarının arasında anlamsızca sallanıyordu. Eline yaslamış olduğu başı sürekli kayıp duruyordu. Fakat artık kimsenin ona dikkat ettiği yoktu, onun suskunluğunun içinde diğerlerinin neşesi çınlıyor, bazen cüretkâr bir şakanın ardından gelen kahkahaların serpintileri yayılıyordu; fakat o utancının ve acısının içinde boğulmuş, sonsuz bir karanlığa gömülmüştü.

Üç erkek ayağa kalktı, Erna aceleyle, annesi daha ağırdan alarak, onları izlediler; neşeli bir önerinin peşinden hep birlikte yan taraftaki müzik salonuna geçtiler ve kendi kendine uyuklayan yaşlı adama haber vermeye bile gerek duymadılar. Ancak etrafının aniden boşaldığını hissettiğinde, uyurken üzerindeki yorgan kayınca çıplak bedenine vuran soğukla uyanan biri gibi kendine geldi. Bakışları elinde olmadan boş koltuklarda dolaştı; fakat o sırada yandaki müzik salonundan çıngıraklı ve davetkâr bir caz müziğinin sesi yükselmeye başlamıştı bile, kahkahaları ve neşeli seslerini işitti. Yanda dans ediyorlardı. Evet, dans, her zaman dans etmekten başka bir şey bildikleri yoktu. Durmadan kanlarını kızıştırmayı, baştan çıkana kadar durmadan birbirlerine sürtünmeyi iyi bilirler. Bu aylaklar gece gündüz demeden dans ederler, bu avareler kadınları böyle tava getirirler.

Öfke içinde kaba bastonunu tekrar eline aldı ve ayaklarını sürüyerek peşlerinden gitti. Kapının eşiğinde durdu. Alman binici piyanonun başındaydı, aynı zamanda dans edenleri de görebilmek için yarı onlara dönmüş, tuşlarda yarım yamalak gezinerek bir Amerikan sokak şarkısını ezberden çalıyordu. Erna subayla dans ediyordu, iri ve hantal karısını ise o sıkıcı Kont Ubaldi, biraz da zorlanarak, ritmik hareketlerle bir ileri, bir geri sürükleyip duruyordu. Fakat o gözlerini yalnızca Erna'ya ve partnerine dikti. Sanki kız tamamen kendisine aitmiş gibi, ellerini narin omuzlarına nasıl da okşarcasına bırakmıştı çapkın herif! Erna'nın bedeni,

gözlerinin önünde salınarak ve kendini sunarcasına bıraka-
rak, erkeğin bedenine zor zapt edilen bir tutkuyla yaslanı-
yor, onunla nasıl da bütünleşiyordu! Evet, o adam buydu
işte, buydu, çünkü böylesine sınırlarını aşmış bu iki bedende
birbirlerini önceden tanımanın ateşi, artık kanlarına işlemiş
bir bütünleşmişlik olduğu belliydi. Evet, bu oydu, yalnızca o
olabilirdi, şu kaçamak süzülüşün heyecanıyla yaşadığı tut-
kulu hazzı hatırlayarak parıldayan yarı kapalı gözlerinde
okuyordu bunu – o adam buydu, şimdi şu uçuşan incecik el-
bisesinin örttüğü bedeni şehvetle kavrayıp sahip olan, çocu-
ğunu, kendi çocuğunu çalan hırsız buydu! Elinde olmadan
kızını adamın kollarından çekip almak için onlara yaklaştı.
Fakat kızı onu fark etmedi. Kendini her hareketiyle ritme
ve dansı idare eden baştan çıkarıcı erkeğe bırakmıştı. Başını
arkaya atmış, aralık dudakları nemli, tamamen kendinden
geçmiş, kendini unutmuş bir halde müziğin yumuşak dalga-
ları içinde salınıyordu, mekânı hissetmiyor, zamanı, insanla-
rı hissetmiyordu, kanlı gözlerini kendisine dikmiş, öfkeden
çarpılmış bir yüzle soluk soluğa orada duran babasını gör-
müyordu. Yalnızca kendisinin, hareketli ve gürültülü dans
müziğine dirençsiz bıraktığı kendi genç bedeninin farkın-
daydı, nefesini teninde hissettiği bir erkeğin güçlü kollarıyla
bedenini sardığının, kendisini arzuladığının ve bu yumuşak
dalgalanış içinde dudaklarını şehvetle ona uzatmamak, ne-
fes nefese ona teslim olmamak için kendini güç tuttuğunun
farkındaydı. Yaşlı adam bütün bunları kendi altüst oluşun-
dan, kendi büyülenmişliğinden biliyordu; kızı dansın akışıy-
la her uzaklaştığında onu tümden yitirmiş gibi hissediyordu.

Birdenbire bir telin kopması gibi, müzik parçanın or-
tasında tınlayarak kesiliverdi. Alman baron ayağa fırladı.
"Assez joué pour vous,"* diyerek güldü. "Maintenant je
veux danser moi meme,"** Herkes coşkuyla onu destekledi

---

*   (Fr.) Sizin için yeterince çaldım. (ç.n.)
** (Fr.) Şimdi dans etme sırası bende. (ç.n.)

ve çiftler birbirlerinden ayrılarak uçarı bir neşeyle bir araya geldiler.

Yaşlı adam tekrar toparlandı: Şimdi bir şeyler yapmalı, bir şeyler söylemeliydi! Böylesi sarsak, acınası, lüzumsuz bir şekilde orada durmamalıydı! O sırada yanından, çabalamaktan nefes nefese kalmış, ama üzerinde mutluluğun hararetiyle karısı geçti. Hiddetle ani bir karar verdi. Kadının yolunu kesti, "Gel," dedi sabırsızlıkla soluğu tıkanarak, "seninle konuşacaklarım var."

Karısı hayretle baktı ona: Kocasının solgun alnında ter damlacıkları birikmişti, gözleri deli gibi bakıyordu. Ne istiyordu bu adam? Neden tam da şimdi onu rahatsız ediyordu? Tam onu atlatmak için bir şeyler söylemeye hazırlanırken, yüzünde öyle çarpık, öyle tehlikeli bir ifade gördü ki, birden az önceki öfke patlamasını hatırlayarak istemeye istemeye peşinden gitti.

"Excusez, messieurs, un instant!"* diye özür dileyerek beylere döndü önce. "Onlardan özür diliyor," diye içinden geçirdi yaşlı adam öfkeden gözü dönmüş bir halde, "masadan kalkarken benden özür dilemediler. Onlar için köpekten başka, üzerine basıp geçtikleri paspastan başka bir şey değilim ben. Ama haklılar, onlar haklı ben buna katlanıyorsam."

Karısı sert bir ifadeyle kaşlarını kaldırmış bekliyor, o ise öğretmenin karşısındaki bir öğrenci gibi dudakları titreyerek önünde duruyordu.

"Eee, ne istiyorsun?" diye sonunda sordu kadın.

"İstemiyorum... istemiyorum..." diye çaresizlikle kekelemeye başladı kocası, "istemiyorum... Bu insanlarla düşüp kalkmanızı istemiyorum."

"Hangi insanlarla?" diye sorarak kasten anlamazlıktan geldi kadın, sonra sanki kendisi hakarete uğramış gibi gücenik bakışlarla ona baktı.

"İşte onlarla," dedi adam eğik başıyla müzik salonunu işaret ederek, "bana ters geliyor... istemiyorum..."

---

* (Fr.) Affedersiniz beyler, bir dakika! (ç.n.)

"Nedenmiş peki?"

"Hep bu yargılayıcı ses tonu," diye geçirdi aklından kızgınlıkla, "sanki onun uşağıymışım gibi"; daha da heyecanlanarak kekeledi: "Kendime göre sebeplerim var... bana uymuyor... Erna'nın bu insanlarla görüşmesini istemiyorum... Sana her şeyi söylemek zorunda değilim."

"O halde kusura bakma," diye karşı çıktı kadın terslenerek. "Bu üç beyefendi de son derece kibar insanlar bence, bizim çevremizden çok daha yüksek tabakadan."

"Yüksek tabakaymış!.. Aylak bunlar... bunlar... bunlar..." Öfkeden giderek boğulacakmış gibi oluyordu. Birden hırsla ayağını yere vurdu. "İstemiyorum dedim... yasaklıyorum... anladın mı?"

"Hayır," dedi karısı kılını kıpırdatmadan. "Hiçbir şey anlamadım. Çocuğun keyfini niçin kaçırayım, anlamadım..."

"Çocuğun keyfi!.. Çocuğun keyfi!.." Bir darbe yemiş gibi sallandı, yüzü kıpkırmızı oldu, alnından ter boşandı – elini uzatıp boşlukta ağır bastonunu arandı, ya dayanmak için ya da karısına vurmak için. Fakat bastonu almayı unutmuştu. Bunu fark edince tekrar kendine geldi. Kendini zorladı – sıcak bir dalga aniden yüreğini sıyırıp geçmişti. Elini yakalamak ister gibi karısına yaklaştı. Sesinin tonu iyice alçaldı, neredeyse yalvarır gibi konuştu. "Sen... sen beni anlamıyorsun... kendim için bir şey istediğim yok... sizden sadece rica ediyorum... bu yıllardır ilk isteğim: Buradan gidelim... Floransa'ya, Roma'ya, nereye isterseniz... benim için fark etmez... siz istediğiniz gibi karar verin... yeter ki buradan gidelim... senden rica ediyorum, buradan uzaklaşalım... hemen, bugün... bugün... ben daha fazla katlanamayacağım... dayanamıyorum artık."

"Bugün mü?" karısı hayretle ve terslenerek alnını kırıştırdı. "Bugün yola çıkmak mı? Ne gülünç bir fikir bu... sadece sen beyefendilerden hoşlanmadığın için... Onlarla görüşmek zorunda değilsin."

Yaşlı adam ellerini yalvarırcasına kaldırmış öylece duruyordu. "Artık katlanamıyorum, söyledim sana... yapamıyorum... yapamıyorum. Bana başka bir şey sorma, senden rica ediyorum... fakat inan bana, artık katlanamıyorum... yapamıyorum. Bir kerecik benim için bir şey yap, tek bir kere benim için bir şey..."

Yan tarafta piyanonun sesi yükselmişti yine. Kadın kocasına baktı, elinde olmadan bu yakarıştan etkilenmişti; fakat şu küçük, şişko adam ne kadar da gülünç görünüyordu, suratı pancar gibi kıpkırmızıydı, şiş gözleri deli gibi bakıyordu, gömleğinin kısa gelen kollarından uzanan elleri titriyordu, onun bu zavallı halini görmek utanç vericiydi. Yüreği yumuşamasına rağmen konuştuğunda sözcükleri sertti:

"Mümkün değil," dedi kararlı bir şekilde, "bugün birlikte gezmek için söz verdik onlara... hem üç haftalık oda kiralamışken yarın yola çıkmak... gülünç oluruz herkese... ayrılmak için en küçük bir neden göremiyorum... ben burada kalıyorum, Erna da benimle..."

"Ama ben gidebilirim, öyle mi? Burada rahatsızlık veriyorum sadece... keyfinizi... kaçırıyorum."

Bu boğuk haykırışla karısının sözünü kesti. Eğik, iri bedenini dikleştirdi, yumruklarını sıktı, öfkeden alın damarları tehlikeli biçimde kabarmıştı. Hâlâ dışa vurmak istediği bir şeyler vardı, ya bir laf edecek ya da vuracaktı. Fakat aniden döndü, ağır bacaklarıyla sendeleye sendeleye ve giderek hızlanarak merdivene yöneldi, basamakları peşinden kovalayan biri varmış gibi çıktı.

Basamaklardan soluk soluğa çıktı. Şimdi istediği sadece odasında yalnız olmak, kendini toplamak, sinirlerini yatıştırmak, saçma bir şey yapmaktan uzak durmaktı. Tam üst kata varmıştı ki, –sanki kordan bir pençe bağırsaklarını parçalıyordu– aniden kireç gibi olarak devrilecek gibi duvara yaslandı. Ah, nasıl şiddetli, yakıcı, keskin bir acıydı; haykırmamak için dişlerini sıktı. İçini yırtan acıyla inleyerek iki büklüm oldu.

Başına ne geldiğini hemen anladı: Safrakesesi spazmıydı bu, son zamanlarda sık sık kendisine işkence eden o korkunç nöbetlerden biri, fakat daha önce hiç bu kadar felaketini yaşamamıştı. "Heyecanlanmamalısınız," demişti doktor – o sancının içinde bu aklına geldi. Acıdan kıvranırken bir de kendisine öfkelendi. "Heyecanlanmayın demesi kolay... nasıl heyecanlanmayacağımı da bir gösterin bari profesör bey... eğer insan... off... of..."

Acıyla inledi, o görünmez pençe azap içindeki bedenini insafsızca deşip duruyordu. Kendini güçlükle dairesine kadar sürükledi, kapıyı açtı ve kanepenin üzerine yığılarak dişlerini yastığa geçirdi. Uzanınca acı anında azaldı, ateşten tırnaklar ağır yaralı bağırsaklarına artık o kadar şiddetle saplanmıyordu. "Kompres yapmalıyım," diye aklına geldi, "damlalarımı almayım, hemen daha iyi olurum."

Fakat yardım edecek hiç kimse yoktu, hiç kimse. Ve kendisinin de yan odaya geçecek, hatta zile kadar gidecek gücü bile yoktu.

"Hiç kimsem yok," diye düşündü acıyla, "günün birinde köpek gibi geberip gideceğim... canımı neyin yaktığını biliyorum, safrakesesi değil bu... içimde büyüyen ölüm... ben darbe yedim bir kere, artık hiçbir profesörün, hiçbir kürün yararı yok bana... insan altmış beşinden sonra artık sağlıklı olamaz... içimi neyin oyup deştiğini biliyorum, ölüm bu... ve önümdeki üç beş yıllık ömür yaşamak olmayacak artık, ölmek olacak, sadece ölmek... Zaten ben ne zaman yaşadım ki, ne zaman?.. kendim... kendim için ne zaman yaşadım?.. Hayatım nasıl bir hayattı. Sırf para kazanmaya çalışmakla geçti, para, para, para... hep başkaları için, peki şimdi ne faydası var bunun bana?.. Bir karım oldu, gencecik bir kızken evlendim onunla ve ilk ben sahip oldum, bana bir çocuk doğurdu; yıllarca aynı yatakta aynı havayı soluduk... peki şimdi, şimdi nerede o kadın... yüzünü tanıyamıyorum artık... Benimle bir yabancı gibi konuşuyor ve benim hayatımı hiç düşünmüyor, ne hissettiğimi, ne düşündüğümü, acılarımı asla aklından geçirmiyor... yıllar geçtikçe bana o kadar yabancılaştı ki... Nereye gitti, nerede o... ve bir çocuğum oldu... büyüyüp yetişkin oldu... ben de artık yeni bir hayata başlayabileceğimi düşündüm, kendimi layık gördüğümden daha parlak, daha mutlu bir hayata başlayacağım, ölümden uzaklaşacağım... ama kızım benden uzaklaştı... geceleri gidip erkeklerle düşüp kalkıyor... Tek başıma öleceğim ben, tek başıma... Çünkü onlar için çoktan ölmüşüm... Tanrım, Tanrım... hiç bu kadar yalnız olmamıştım...”

Sancı bazen acımasızca saplanıyor, sonra yine hafifliyordu. Fakat diğer acı gittikçe şiddetlenerek şakaklarına vuruyor, düşünceler sert, sivri, kızgın çakıl taşları gibi alnını deliyordu. Şimdi düşünmemeliydi... kesinlikle düşünmemeliydi! Ceketinin ve yeleğinin düğmelerini açtı, şişkinlikten gerilmiş hantal ve biçimsiz gövdesi, buruşuk gömleğinin altında titriyordu. Sancıyan yerin üzerine elini dikkatle bastırdı. “Sancı olup burayı oyan benim,” diye geçirdi içinden, “şu zonklayan et parçasından başka bir şey değilim ben... ve içerideki o burgaçtan başka bana ait hiçbir şey kalmadı, o da *benim hastalığım, benim* ölümüm... sadece buyum ben... artık ne yüksek danışmanlığım kaldı, ne karım, ne kızım, ne param, ne evim ne de bir işim... şimdi gerçek olan tek şey elimin altında hissettiğim şu gövdem ve içindeki yakıcı sancı, içindeki can acısı... Diğer her şey ahmaklık... hiçbir anlamı yok artık... çünkü bu acı, benden başka kimsenin canını acıtmıyor... kaygılarımı paylaşan kimse yok... onlar beni anlamıyor, ben onları anlamıyorum... kendimle yapayalnızım, daha önce bunu hiç bu kadar hissetmemiştim. Şimdi burada yatmış ölümün içimde ilerleyişini hissederken farkına varıyorum, ama artık çok geç, altmış beş yaşındayım, benim sonum yaklaşırken onlar dans ediyor, gezintiye çıkıyor, orada burada dolaşıyorlar, o namussuz kadınlar... şimdi biliyorum, bana bir teşekkür bile etmeyen bu kadınlar için yaşamışım ben ve asla, bir saatçik olsun kendim için yaşamamışım... Fakat bundan sonra onlardan bana ne... onlarla ne ilgim olabilir... beni asla düşünmeyen o insanları ben niye düşüneyim?.. Onlardan merhamet beklemektense öleyim daha iyi... onlardan bana ne bundan böyle..."

Sancısı ağır ağır azalarak hafifledi, o öfkeli pençe acılar içindeki yaşlı adamın içini artık o kadar insafsızca deşmiyordu. Fakat geriye bir izi kalmıştı yine de, sancı diyemese de, yabancısı olduğu bir basınç duygusu içine işleyerek devam ediyordu. Yaşlı adam gözleri kapalı yatıyor, gergin bir şekilde o hafif çekilme ve tırmalanma hissini anlamaya çalışıyordu: Sanki bu yabancı, görünmez kuvvet, içini önce sivri bir aletle oyarken şimdi daha kör olanıyla çalışıyor, bedeninde bir şeyleri yavaş yavaş gevşetip parça parça kopartıyordu. Artık o kadar şiddetle çekiştirmiyordu. Eskisi gibi canı yanmıyordu. Ama yine de içindeki bir şeyler ağır ağır iltihaplanıp çürüyordu, bir şeyler ölmeye başlamıştı. Yaşamış olduğu ne varsa, sevdiği ne varsa bu ağır ağır tükenen alevde sönüp gidiyor, kömürleşip dağılarak bir umursamazlık çamuruna düşmeden önce için için yanarak kararıyordu. O boyle uzanmış hararetle hayatını düşünürken bir şeyler oluyordu, hafiften hissediyordu bunu, bir şeyler oluyordu. Bir şeyler bitiyordu. Neydi bu? Kendini dikkatle dinledi, içine kulak verdi.

Ve yavaş yavaş yüreğinin ölümü başladı.

Akşam karanlığının çökmekte olduğu odada gözleri kapalı uzanıyordu. Yarı uyanıktı, yarı düş görmeye başlamıştı. O uykuyla uyanıklık arasındaki durumda algıları karışan adama, bir yerlerden, acı vermeyen ve farkında olmadığı bir yaradan, nemli, sıcak bir şeyler içine doğru sızıyormuş gibi geliyordu, sanki kendi içinde kan kaybediyordu. Bu görünmez akıntı acı vermiyordu, güçlü değildi. Gözyaşı gibi ağır ağır akıyordu, inceden çiseler gibi düşen her ılık damla yüreğinin içine işliyordu. Fakat karanlıklara gömülmüş yüreği, hiç ses vermiyor, o yabancı akıntıyı sessizce içine çekiyordu. Bir sünger gibi çekiyor, ağırlaşıyor da ağırlaşıyordu, şişmeye, dar göğüs kafesini zorlamaya başlamıştı bile. Gitgide dolarak kendi ağırlığından taşan yüreği, yavaş yavaş aşağı doğru kaymaya, bağları germeye, gergin kasları çekiştirmeye başladı, sanki o acılar içinde kabarıp şişen yürek, kendi ağırlığına dayanamayıp iyice sarkmaya başlamıştı. Ve şimdi o ağırlık (nasıl da acıtıyordu!) bağlarını kopartıp etinden ayrılıyordu – çok ağır bir biçimde kopuyordu, bir taş gibi, dalından kopup düşen bir meyve gibi değil; hayır sıvıyı sonuna kadar emmiş bir sünger gibi, ılık bir boşluğun derinliklerine düşüyordu, giderek daha derinlere, kendi dışında var olmayan bir yere, sonsuz, geniş bir geceye düşüyordu. Bir anda, az önce şişen kabaran o sıcak yüreğin olduğu yere korkunç bir sessizlik çöktü: Yüreğinin olduğu yerde tekinsiz ve buz gibi bir boşluk açılmıştı. Artık atmıyor, artık damlamıyordu, içi tamamen susmuş, tümüyle ölmüştü. Ürperen göğsü, bu sessiz ve anlaşılmaz hiçliğin üzerine bir tabut kadar boş ve karanlık kapanıyordu.

Düşteki yaşadığı bu duygu o kadar güçlü, düştüğü şaşkınlık o kadar derindi ki kendine geldiğinde, kalbinin yerinde olup olmadığını anlamak ister gibi, eli ister istemez sol göğsüne gitti. Şükürler olsun! Orada hâlâ atan bir şeyler vardı, parmaklarının altındaki ritmik ve hafif atışı hissetti, fakat yine de sanki yüreği yerinde değilmiş ve boşluktaki bir atışı duyuyormuş gibi geldi. Çünkü tuhaf bir biçimde bedeni ayrılıp gitmiş gibiydi. Artık içini oyan bir ağrı yoktu, hiçbir anı sinirlerini germiyordu, içindeki her şey susmuş, donmuş ve taşlaşmıştı. "Bu nasıl bir şey?" diye düşündü. "Az önce onca eziyet çekiyordum, içim kasılıp kavruluyordu, her telim titriyordu. Şimdi ne oldu bana?" Bir boşluğu dinler gibi, eskiden kalan bir kıpırtı var mı diye içini dinledi. Fakat o serpinti ve hışırtı, o damlama ve atış sesi çok uzaklardaydı – dinledi de dinledi– hiç, ama hiçbir yankı gelmiyordu. Eziyet eden hiçbir şey kalmamıştı, kabaran bir şey yoktu, acı veren bir şey yoktu: Yanmış bir ağacın boş ve kara oyuğu gibi boşalmış olmalıydı içi de. Ve bir anda, çoktan ölmüş olabileceğini veya içinde bir şeylerin ölmüş olduğunu düşündü, öylesi dehşetli bir sessizlikle akıyordu kanı. Kendi bedeni, üstünde bir ceset gibi soğuk yatıyordu ve sıcak eliyle ona dokunmaya korkuyordu.

Kendi içini dinledi: Gölden gelen çan seslerinin, her seferinde biraz daha karanlığa bürünerek saat başı çalışlarını duymuyordu. Gece etrafında yoğunlaşıyordu, uzaklaşan mekânın içindeki nesnelerin üzerine karanlık çöküyordu, pencereden görünen gökyüzünün aydınlığı bile gecenin içinde tümüyle silinmişti. Yaşlı adam bunların hiçbirini fark etmedi, o gözlerini sadece kendi içindeki karanlığa dikmiş, kendi ölümünü dinler gibi, sadece içindeki boşluğa kulak veriyordu.

Sonunda yan odadan kahkahalar ve neşeli sesler duyuldu, ışıklar yandı – aralık kapıdan bir ışık demeti süzüldü. Yaşlı adam irkildi: Karısı ve kızı gelmişlerdi! Az sonra onu burada uzanırken bulup sorular soracaklardı. Ceketinin ve yeleğinin düğmelerini aceleyle iliklеdi: Geçirdiği nöbeti öğrenmelerine ne gerek vardı, bu onları ilgilendirmezdi ki.

Fakat kadınların onu aradığı yoktu zaten. Belli ki aceleleri vardı, akşam yemeğini haber veren gong üçüncü kez çaldı. Anlaşılan yemek için hazırlanıyorlardı, kulak kesildi, aralık kapıdan tüm seslerini duyabiliyordu. Şimdi çekmeceleri açıyorlar, şimdi yüzüklerini hafif bir şıngırtıyla komodinin üzerine bırakıyorlar, şimdi topuklu ayakkabılarının sesi geliyor ve arada bir konuşuyorlar: Her sözcükleri, her heceleri acımasız bir berraklıkla kulağına ulaşıyordu. Önce erkekler hakkında konuşup onları alaya aldılar, gezinti sırasındaki küçük bir rastlantıdan söz ettiler, hazırlıklarını tamamlarken diş fırçalama, eğilip kalkma, temizlenme arasında sohbetlerine daldan dala atlayarak devam ettiler. Sonra konu bir anda kendisine geldi.

"Babam nerede acaba?" diye sordu Erna, bu kadar geç aklına gelmesine şaşmış gibi.

"Ben nereden bileyim?" – bu karısının sesiydi, adının anılması bile anında sinirlenmesine yetmişti. "Herhalde aşağıda lobide bekliyor ve yüzüncü kez *Frankfurter Zeitung*'daki kurları okuyordur, başka bir şeyle ilgilendiği yok ki. Gidip bir kere olsun gölü seyretmiş midir sence? Buradan hoşlanmıyor, bugün öğlen söyledi bana. İstediği bugün buradan ayrılmamızdı."

"Bugün ayrılmak mı?.. İyi de niçin?" Bu yine Erna'nın sesiydi.

"Bilmiyorum. Onu kim anlıyor ki? Bizim grubumuz ona uygun değil, o beylerin yanına hiç yakışmıyor, herhalde kendisi de bunun farkında. Kılığı kıyafeti utanç verici, yakasını iliklemeden buruşuk giysilerle dolaşıyor. Hiç olmazsa akşamları üstüne başına biraz çekidüzen versin diye onu bir uyarsan, seni dinliyor en azından. Ya bugün öğleden önceki hali, çakmak yüzünden teğmene çıkıştığında yerin dibine girecektim..."

"Evet anne... neydi o öyle?.. Ben de soracaktım sana... babamın nesi var?.. Onu hiç öyle görmemiştim... gerçekten korktum."

"Aman ne olacak, canı sıkkındır... herhalde kurlar filan düşmüştür... ya da Fransızca konuştuk diye bozulmuştur... Başkalarının eğlenmesine tahammülü yoktur onun... Sen fark etmedin, biz dans ederken baban kapının yanında ağacın arkasına sinmiş bir katil gibi duruyordu... Gidelim! Hemen buradan ayrılalım, diye tutturdu, sırf canı birden öyle istediği için... Buradan hoşlanmıyorsa hiç olmazsa bizim keyfimizi kaçırmamalı... ama onun kaprisleri beni hiç ilgilendirmiyor, canı nasıl istiyorsa öyle yapsın."

Konuşma kesildi. Herhalde o sırada akşam hazırlıklarını bitirmişlerdi. Evet, kapı açıldı, odadan çıktılar, elektrik düğmesinin sesi geldi, ışık söndü.

Yaşlı adam kanepede sessizce oturuyordu. Her sözcüğü duymuştu. Fakat tuhaf olan şu ki, hiçbiri canını yakmamıştı, hiçbir şekilde canı yanmıyordu artık. Eskiden yüreğinde öylesine şiddetle vuran kıran o azgın saat artık tümüyle sessizdi, kırılmış olmalıydı. O hassas bölgede hiçbir kıpırtı yoktu. Ne öfke, ne nefret... hiç... hiçbir şey yoktu... Sakin sakin düğmelerini ilikledi, yavaş yavaş dikkatle merdivenden indi ve yabancı insanların yanına otururmuş gibi onların masasına oturdu.

O akşam onlarla hiç konuşmadı, ama anneyle kız, o yumruk gibi sıkılmış sessizliğin farkına bile varmadılar. Vedalaşmadan kalkıp odasına gitti, yatağına girip ışığı söndürdü. Karısı, eğlenceli bir akşamın ardından çok daha geç bir saatte geldi, onun uyuduğunu düşündüğünden karanlıkta soyundu. Az sonra derin ve huzurlu solukları duyuldu.

Kendisiyle baş başa kalan yaşlı adam, gözlerini gecenin sonsuz boşluğuna dikti. Yanında karanlıkta bir şey yatıyor ve derin soluklarla uyuyordu: Aynı odada aynı havayı soluyan bu bedenin, genç ve ateşliyken tanıdığı, kendisine bir çocuk veren, kanın en derin giziyle bağlanmış olduğu o bedenle aynı beden olduğunu hatırlamaya çalıştı; dokunabileceği kadar yakınındaki bu sıcak ve yumuşak şeyin bir zamanlar canından bir parça olduğunu hatırlamak için kendini zorladı. Fakat tuhaftır ki bunu hatırlamak artık hiçbir duygu uyandırmıyordu. Bu nefes alış verişler artık ona, kıyıdaki çakıllarda şırıldayan dalgaların pencereden giren mırıltısından daha fazla bir şey ifade etmiyordu. Hepsi artık çok uzaklarda kalmıştı ve anlamsızdı; bu kadın, tesadüfen yanında bulunan bir yabancıdan başka bir şey değildi: Bitmişti, sonsuza değin bitmişti.

Bir kez daha bedeninden bir titreme geçti: Yan tarafta kızının odasının kapısının sessizce, usulcacık açıldığını duymuştu. "Demek bu gece de..." – artık öldüğünü sandığı yüreğinde küçük, yakıcı bir batma daha hissetti. Bir saniye kadar bir sinir titreşir gibi oldu, sonra o da tümüyle sustu. Sonra bu da geçti. "Ne yaparsa yapsın! Bana ne!"

Kendini tekrar yastığına bıraktı. Karanlık, ağrıyan şakaklarına yumuşak bir basınçla dokunmaktaydı, mavi bir serinlik kanına karışarak onu rahatlattı. Az sonra yorgun duyuları hafif bir uykuyla sarmalandı.

Kadın ertesi sabah uyandığında kocasının paltosunu ve şapkasını giymiş olduğunu gördü. "Ne yapıyorsun orada?" diye uykulu uykulu sordu.

Yaşlı adam dönüp bakmadı bile, umursamazlıkla pijamalarını da çantasına yerleştirdi. "Ben dönüyorum, biliyorsun. Yanıma sadece en gerekli şeyleri aldım, gerisini siz sonra yollarsınız."

Kadın irkildi. Bu ne demekti? Kocasının sesini hiç böyle duymamıştı, sözcükler dişlerinin arasından buz parçası gibi kaskatı dökülüyordu. Bir anda yataktan fırladı. "Gitmiyorsun değil mi? ... bekle.... Biz de geliyoruz, Erna'ya söylemiştim zaten..."

Fakat adam sertçe elini salladı. "Hayır... hayır... siz rahatınızı bozmayın." Sonra bir daha arkasına bakmadan kapıya doğru gitti. Tokmağı çevirmek için çantasını bir an için yere bırakması gerekti. Ve o bir saniye içinde aklından, örneklerle dolu çantasını belki de binlerce kez yabancı kapıların önünde böyle bırakmış olduğu aklına geldi, geri geri yürüyerek kapıdan çıkarken bir sonraki siparişler için yaltaklanırdı. Ama artık burada bir işi kalmamıştı, o da selamsız sabahsız çıktı. Dönüp bakmadan ve tek söz etmeden çantasını alıp çıktı ve kapıyı geçmişte kalan yaşantısının üstüne gürültüyle kapattı.

Anneyle kız, ne olduğunu anlayamamışlardı. Fakat yaşlı adamın ayrılışındaki dikkat çekici sertlik ve kararlılık ikisini de tedirgin etti. Hemen ona mektuplar yazdılar, ayrıntılı açıklamalarla dolu, bir yanlış anlama olduğunu ileri sürdükleri, yolculuğunun nasıl geçtiğini, eve nasıl vardığını sordukları, alttan alarak isterse hemen geri dönebileceklerini belirttikleri, neredeyse nazikâne mektuplardı bunlar. Adam yanıt vermedi. Daha da ısrarlı mektuplar yazdılar, telgraflar çektiler: Hiçbir yanıt gelmedi. Sadece mektuplardan birinde istemiş oldukları para işyerinden gönderildi; tek bir selam, el yazısıyla tek bir sözcük bulunmayan, yalnızca firmanın damgasını taşıyan bir havale kâğıdı geldi.

Böylesine anlaşılmaz ve zorlayıcı bir durum karşısında eve dönüşlerini hızlandırdılar. Telgrafla geleceklerini bildirmelerine rağmen istasyonda onları bekleyen kimse yoktu, evde de hiçbir hazırlık yapılmamıştı: Hizmetkârlar, telgrafı dalgın bir halde masanın üstüne bırakıp hiçbir talimat vermeden çıkıp gittiğini söylediler. Akşam yemeğe oturduklarında nihayet dış kapının sesini duydular. Hemen fırlayıp karşılamaya koştular. Yaşlı adam onlara hayretle baktı – anlaşılan telgrafı unutmuştu– fakat pek bir duygu belirtisi göstermeden, kızının kucaklayışına kayıtsızca katlandı, kendisini yemek odasına götürmelerine, anlatacaklarını anlatmalarına ses çıkarmadı. Ama kendisi tek bir soru sormadı, sessizce purosunu içip durdu, bazen kuru yanıtlar verdi, bazen soruları, söylenenleri duymazlıktan geldi: Sanki gözleri açık uyuyordu, sonra zorlukla yerinden kalkarak odasına gitti.

Sonraki günler de böyle geçti. Huzuru kaçan karısı boşu boşuna onunla konuşmaya çalıştı. Kadın ne kadar ısrar ederse adam da o kadar kaçıyordu. İçinde bir şeyler kilitlenmiş, ulaşılmaz olmuştu, onlarla arasına bir duvar örmüştü.

Ancak hâlâ onlarla birlikte yemek yiyor, konuk geldiğinde bir süre sessizce kendi içine kapanıp yanlarında oturuyordu. Fakat artık hiçbir şeye katılmıyordu, konuklardan biri sohbet sırasında rastlantıyla gözlerine bakacak olsa tatsız bir duyguya kapılıyordu; çünkü adamın ölü bakışları, dalgın ve ruhsuz, uzaklara dikilmiş oluyordu.

Giderek tuhaflaşan davranışları aileye en yabancı olanların bile dikkatini çekmeye başlamıştı. Tanıdıkları yolda onunla karşılaştıklarında artık gizlice birbirlerini dürtüyorlardı: Kentin en zenginlerinden olmasına rağmen, başında eğri duran yassılmış şapkası, üstünde kül lekeleriyle dolu ceketiyle bir dilenci gibi duvar diplerinden yürüyor, her adımda tuhaf bir biçimde sallanarak kendi kendine bir şeyler mırıldanıyordu. Selam verdiklerinde yüzlerine korkuyla bakıyor, bir şeyler söylediklerinde yine boş boş bakıp elini uzatmayı unutuyordu. İlk başta bazıları onun sağırlaştığını düşünüp söylediklerini yüksek sesle tekrarladılar. Fakat sorun bu değildi, yaşlı adam kendi içindeki uykudan uyanmak için her seferinde belli bir zamana ihtiyaç duyuyor ve sohbetin ortasında tekrar kendi iç dünyasında kaybolup gidiyordu. O zaman bir anda gözlerinin ışığı sönüyor, karşısındakinin şaşkınlığını fark etmeden sendeleye sendeleye uzaklaşıyordu. Her defasında bulanık bir düşten, bulutlar arasındaki kendi âleminden çıkartıldığı için rahatsız edilmiş gibi görünüyordu: Artık diğer insanların onun için var olmadığı anlaşılıyordu. Hiç kimseyi arayıp sormuyor, kendi evinde karısının bunaltıcı çaresizliğini, ne yapacağını bilemeyen kızının sorularını fark etmiyordu. Artık gazete de okumuyor, hiçbir sohbete kulak vermiyordu, varlığını çevreleyen kunt kayıtsızlığı, hiçbir sözcük, hiçbir soru bir an için olsun delemiyordu. En kendine ait dünyaya, işine bile yabancılaşmıştı; ara sıra mektupları imzalamak için büroda oturduğu oluyordu. Fakat sekreteri bir saat sonra yanına uğradığında onu hâlâ okunmamış mektupların başında, hayallere dalmış bir halde buluyordu. Sonunda oradaki varlığının gereksizliğini kendisi de fark etti ve işyerine de hiç uğramamaya başladı.

Fakat en tuhafı ve bütün kenti en fazla hayrete düşüreni, daha önce asla cemaatin inançlı kişileri arasında yer almayan yaşlı adamın birdenbire dindar biri oluvermesiydi. Diğer her şeye karşı kayıtsız kalmasına, yemeğe ve randevularına asla zamanında gitmemesine rağmen, tam saatinde ibadethaneye gitmeyi asla ihmal etmiyordu. Orada, başında siyah ipekliden takkesi, sırtında ibadet cüppesiyle, bir zamanlar babasının da durmuş olduğu hep aynı yerde duruyor, yorgun başını sallayarak ilahiler okuyordu. Anlamını bilmediği karanlık sözcüklerin uğultusuyla sarmalandığı bu yarı terk edilmiş mekân, kendi kendisiyle en rahat yalnız kalabildiği yerdi, karmaşasının üzerine bir tür huzur iniyordu burada ve yüreğinin içindeki karanlığa sesleniyordu; fakat cenaze duaları okunurken, merhumun akrabalarının, çocuklarının, dostlarının, arkasından seremoniye uygun biçimde rahmet dilediklerini gördüğünde, bazen gözleri nemleniyordu: Biliyordu ki onun ardında kimsesi yoktu. Hiç kimse onun için dua okumayacaktı. Böylece o da diğerleriyle birlikte duayı mırıldanıyor ve kendisini ölmüş biri gibi düşünüyordu.

Bir keresinde, akşamın geç saatlerinde, rastgele yaptığı bir yürüyüşten dönerken yolda yağmura yakalandı. Her zamanki gibi şemsiyesini yanına almayı unutmuştu, ama hemen yakınında ufak bir ücret karşılığında binebileceği arabalar, sığınabileceği kapı girişleri ve sundurmalar vardı, fakat bu tuhaflaşmış adam, umursamazlıkla sallana sarsıla yağmurun altında yürümeye devam etti. Ezilmiş şapkasının kenarında yağmur suyu birikmişti, kollarından damlayan sular derecikler halinde kendi ayaklarının üzerine akıyordu: Bunların hiçbirine dikkat etmeden ıssız sokakta tek başına, ağır aksak yürümeye devam ediyordu. Sırılsıklam olmuş, her yanından sular damlayan bu haliyle seçkin bir villanın sahibinden çok bir berduşa benzeyen yaşlı adam evine vardığında, tam o sırada uzak farlarını yakmış bir araba sert bir frenle durunca çamurlu suları bu dikkatsiz yayanın üzerine sıçrattı. İç ışıkları da yanan arabanın kapısı açıldı, telaşla karısı indi, arkasından ona şemsiye tutan kibar bir konukla ikinci bir bey daha geliyordu; tam evin kapısında çarpıştılar. Karısı onu böyle, her yanından sular damlayan, çamurdan çıkarılmış buruşuk bir çıkına benzer halde görünce korktu ve elinde olmadan gözlerini kaçırdı. Yaşlı adam durumu hemen hemen anladı, karısı konuklarının yanında ondan utanmıştı. Ve hiçbir duygu, hiçbir üzüntü belirtisi göstermeden, karısını onu beylerle tanıştırmanın sıkıntısından kurtarmak için bir yabancı gibi yoluna devam edip birkaç adım ötedeki hizmetkâr merdivenine yöneldi. Boynunu eğerek içeriye oradan girdi.

O günden itibaren kendi evinde hizmetkârların girişini kullanmaya başladı, burada hiç kimseyle karşılaşmayacağından emindi. Burada kimseyi rahatsız etmiyordu, kimse de onu rahatsız etmiyordu. Artık yemeklere de katılmıyordu, yemeğini yaşlı bir hizmetçi odasına getiriyordu; bazen karısı veya kızı odasına girmeye kalkışırsa, sıkılarak, ama boyun eğmez bir dirençle onları geri gönderiyordu. Sonunda yaşlı adamı kendi haline bıraktılar, kimse onu sormaz oldu, o da hiçbir şey sormuyordu. Artık yabancısı olduğu diğer odalardan kahkahalar ve müzik sesleri geliyordu sık sık, dışarıdan geçen arabaların gürültüsü gece geç vakitlere kadar duyuluyordu. Fakat bütün bunlara karşı o kadar kayıtsızdı ki, pencereden dışarı bile bakmıyordu. Bunlarla niçin ilgilenecekti ki? Sadece köpek bazen yukarıya çıkıyor ve herkesin unuttuğu adamın yatağının önüne yatıyordu.

Çoktan ölmüş yüreğini acıtan bir şey yoktu artık, fakat kara bir köstebek bedenini kemirmeye devam ediyor, içini yırtıp kanatıyordu. Nöbetler haftadan haftaya artıyordu, işkence çeken adam sonunda doktorların ısrarıyla özel bir kontrolden geçmeyi kabul etti. Profesör düşünceliydi, hastayı özenle hazırlayarak ameliyatın kaçınılmaz olduğunu bildirdi. Bu yaşlı adamı korkutmadı, sadece yorgun bir halde gülümsedi. Artık yolun sonuna geldiği için şükretti. Sürekli ölmekten kurtulacaktı artık, bundan sonra gelecek olan iyiydi: ölüm. Doktordan ailesine hiçbir şey söylememesini istedi, gün kararlaştırıldı ve ameliyata hazırlandı. Son bir kez, onu artık kimsenin beklemediği, bir yabancıya bakar gibi baktıkları işyerine gitti, son kez eski siyah deri koltuğuna oturdu, bu koltukta otuz yıl boyunca, yaşamı boyunca, binlerce kere oturmuştu, sonra çek defterini istedi ve bir yaprağını doldurdu. Çeki cemaat başkanına verdiğinde adam miktarın büyüklüğü karşısında neredeyse korkuya kapıldı. Çek hayır işlerinde ve cenaze merasimi için kullanılacaktı, teşekkürlerden kaçmak için telaşla sendeleyerek dışarı çıkarken şapkasını düşürdü, ama almak için eğilmedi bile. Sonra sapsarı, buruşuk bir yüz ve kederli bakışlarla (insanlar arkasından hayretle bakıyordu) annesiyle babasının mezarına gitti. Oradaki birkaç işsiz güçsüz de onu hayretle izlediler: Yüksek sesle ve uzun süre, bir insanla konuşur gibi çürümeye yüz tutmuş mezar taşlarıyla konuştu. Yakında geleceğini mi haber veriyordu, yoksa hayır dualarını mı istiyordu? Ne söylediğini kimse duymuyordu – sadece dudakları sessizce kıpırdıyor ve dua ederken sallanan bedeni giderek daha fazla eğiliyordu. Mezarlıktan çıkarken yaşlı adamı tanıyan dilenciler etrafını sardı, tam cebinden telaşla bütün bozuklukları ve kâğıt paraları çıkartıp dağıtmıştı ki, yaşlı, bumburuşuk bir kadın topallaya topallaya gelip yalvardı. Adam ne yapacağını şaşırmış bir halde üstünü başını arandıysa da bir şey bulamadı. Sadece parmağında hâlâ baskı yapan ağır, yabancı bir şey vardı: altın nikâh yüzüğü. Aniden bir anısı canlandı ve yüzüğü hızla parmağından sıyırıp şaşkınlık içinde bakakalan kadına verdi.

Böylece tümüyle yoksul ve yüklerinden kurtulmuş olarak bıçağın altına yattı.

Narkozun etkisinden çıkıp tekrar kendine geldiğinde, durumunun tehlikesini gören doktorların haberdar ettikleri karısıyla kızı odaya girdi. Adam hafifçe morarmış gözkapaklarının arasından, daha önce hiç görmediği beyaz ve yabancı mekâna güçlükle bakarak, "Neredeyim ben?" diye düşündü.

O sırada kızı, sevgisini göstermek için o zavallı, çökmüş yüzüne doğru eğilmişti. Birdenbire tanıdık bir şey gözünün sönmüş ışığını titretti. Gözbebeğine zayıf bir pırıltı ulaştı: Evet, bu oydu, her şeyden çok sevdiği çocuğuydu, Erna'ydı bu, narin, güzel çocuğuydu! Acıyla kasılmış dudakları, ağır ağır gevşedi, sımsıkı kapalı ağzının çoktan unuttuğu bir gülümseme, dudaklarının kıyısında hafif ve ürkek, belirmeye başladı. Onca zahmete mal olan bu sevinçle sarsılan kızı, babasının kanı çekilmiş yanaklarından öpmek için biraz daha eğildi.

Fakat o sırada, kızının parfümünün tatlımsı kokusunun bir anıyı tetiklemesiyle mi, yoksa yarı uyuşuk beyninde unutulmuş bir yaşantı canlandığı için mi bilinmez, yaşlı adamın az önce mutluluk okunan yüzünde aniden korkunç bir değişim oldu. Birdenbire, istemediğini gösterircesine kansız dudaklarını öfkeyle kenetledi; iğrenç bir şeyi uzaklaştırmak ister gibi kaldırmak istediği eli örtünün altında şiddetle çırpınıyor, gerilimden bütün bedeni titriyordu. Solgun dudaklarının arasından peltek ama anlaşılır bir şekilde "Defol!.. defol!.." sözcükleri çıktı. Kaçıp gitme şansı olmayan adamın yüz ifadesi, duyduğu tiksintiyle öylesine korkunçlaşmıştı ki kaygılanan doktor kadınları uzaklaştırdı. "Sayıklıyor," dedi, "onu yalnız bıraksanız daha iyi olacak."

Onlar gider gitmez, çarpılmış yüz hatları tekrar bitkinlikle gevşeyip boş bir uyku haline geçti. Hâlâ boğuk boğuk nefes alıyor, yaşamın ağır soluğunu çekebilmek için uğraşırken göğsünden çıkan hırıltılar giderek derinleşiyordu. Ne var ki bir süre sonra, bu yaşamsal besin için çabalamaktan da yorgun düştü. Doktor kalbini yoklamak için dokunduğunda çoktan durmuştu, artık acı çekmiyordu.

Karmaşık Duygular

Yüksek Danışman R. V. D.'nin kişisel notları

Fakültedeki öğrencilerim ve meslektaşlarım bir incelik gösterdiler: Altmışıncı yaş günüm ve akademik kariyerimdeki otuzuncu yılım onuruna filologların bana ithaf ettikleri kitabın, törenle getirip verdikleri pahalı bir cilt içindeki ilk basımı karşımda işte. Bu gerçek bir biyografiydi, tek bir makalem, tek bir sunumum bile eksik değildi, bibliyografik azim, rastgele bir yıllıkta yer alan, en önemsiz değerlendirmeyi bile kâğıt yığınları mezarlığından çekip çıkarmıştı – bütün kariyerim, özenle süpürülüp temizlenmiş basamaklar gibi, şu ana varıncaya değin kusursuz bir berraklıkla adım adım yeniden yapılandırılmıştı. Bu etkileyici ve esaslı çalışmayı sevinçle karşılamamak gerçekten nankörlük olurdu. Benim bile ziyan olduğunu, yitip gittiğini düşündüğüm her şey, bu biyografide düzenlenmiş ve bütünlenmiş bir biçimde tekrar geri dönüyordu. Hayır, bu kitabın yapraklarını, artık yaşlı bir adam olarak, bir zamanlar bilime olan yatkınlığı öğretmeni tarafından ilk kez onaylanan genç öğrencinin duyduğu aynı gururla çevirdiğimi inkâr edemem.

Yine de ciddi bir emek ürünü olan bu iki yüz sayfaya göz gezdirdikten ve kendi entelektüel portremin kendi zihnimdeki yansımasına baktıktan sonra gülümsemeden edemedim.

Bu gerçekten benim yaşamım mıydı? Biyografi yazarının belgelere dayanarak kurmuş olduğu gibi, başlangıcından bugüne kadar, hep böyle rahat dönemeçlerle, hedefinden şaşmadan ilerlemiş miydi? Kendi sesimi ilk kez gramofonda dinlendiğimde de benzer şeyler hissetmiştim: Sesimi tanıyamamıştım önce, elbette benim sesimdi, ama başkalarının algıladığı haliyle; benim varlığımın özünden, kanımın içinden duyduğum ses değildi. Ve böylece bütün bir yaşamı, insanları yapıtları temelinde tanıtmak ve entelektüel dünyalarının yapısını görünür kılmakla geçirmiş olan ben, her insan için kendi özünün, bütün gelişimin içinden fışkırdığı o yaşamsal hücrenin ne kadar ulaşılmaz kaldığını bir kez daha kendi deneyimimle gördüm. Yaşadığımız anların haddi, hesabı yoktur, ama yine de bütün iç dünyamızı altüst eden, her zaman tek bir saniye, tek bir an olur ya, işte o an (Stendhal bunu betimlemiştir), daha önce bütün özsuları içine çekmiş olan çiçeğin şimşek çakar gibi kristalleştiği andır – bu an, yaratılış anına benzeyen ve aynı onun gibi, insanın kendi hayatının sıcak rahminde sakladığı, görünmez, dokunulmaz, sezilmez, sadece yaşanabilen bir sırdır. Bu sır, insan zihninin hiçbir bilgisiyle hesaplanamaz, sezginin hiçbir büyüsü onu çözemez, ancak çok ender olarak duyguyla yakalanabilir.

Kitapta, benim yaşamımdaki gelişimin bu en gizli anıyla ilgili tek bir sözcük yoktu, bu yüzden gülümsemiştim. Kitaptaki her şey doğruydu, yalnızca özü eksikti. Beni tanıtıyordu, ama varlığımın esasını ortaya koymuyordu. Özenle oluşturulmuş dizinde iki yüz isim vardı – sadece bir tanesi eksikti, bütün yaratıcı ivmemi borçlu olduğum, kaderimi belirleyen ve şu anda beni eskisinden de büyük bir güçle gençliğime çağıran insanın ismi. Her şeyden söz edilmiş, sadece bir kişinin ismi anılmamıştı; oysa bana kendime özgü dili veren, konuşurken nefesiyle konuştuğum kişiydi o. Bu korkakça suskunluğun bir suç olduğunu hissettim bir anda. Ben yaşamım boyunca insan portreleri çizdim, yüzyıllar öncesinden insanları, günümüzde o duyguyu uyandırmak için yeniden ete kemiğe büründürdüm, ama her zaman içimde taşıdığım o insanı hiç düşünmedim. Şimdi, yıllar önce yaşlanıp aramızdan ayrılmış olan o sevgili hayale, ben yaşlanırken yanımda bulunması ve tekrar benimle konuşması için Homeros'un zamanındaki gibi, kendi kanımdan vermek istiyorum. Yayımlanmış olan sayfalara gizli kalmış bir sayfayı daha eklemek, kitaptaki bilgilere duyguların itirafını katmak ve onun hatırına, bizzat kendime gençliğimin hakikatini anlatmak istiyorum.

Başlamadan önce bir kez daha, benim yaşamımı anlattığı varsayılan kitabı karıştırıyorum. Yine gülümsüyorum elimde olmadan. Yanlış bir noktadan giriş yapmışken varlığımın özüne yaklaşmayı nasıl isteyebilirler ki? Daha ilk adımda yoldan sapmışlar, örneğin benim gibi yüksek danışman olan iyi niyetli bir okul arkadaşım, daha lisedeyken sosyal bilimlere duyduğum tutkunun beni diğer öğrencilerden ayırdığı hikâyesini anlatıyor. Yanlış hatırlıyorsun, sevgili yüksek danışman arkadaşım! Hümanizmle ilgili her şey benim için, dişlerimi gıcırdatmadan katlanamadığım bir zorlanma anlamına geliyordu. O küçük Kuzey Alman kentinde bir okul müdürünün oğlu olarak, kendimi bildim bileli eğitimi hep bir para kazanma aracı olarak tanıdığım için, filolojiyle ilgili her şeyden çocukluğumdan beri nefret ettim. Zira doğa, gizemli görevi uyarınca yaratıcı olanı korumak için, çocuğu her zaman babanın eğilimine karşı bir dirençle ve küçümseme duygusuyla donatır. Zorlanmasız ve güçsüz bir mirası, bir kuşaktan diğerine sıradan bir aktarımı ve yinelenmeyi istemez doğa, türdeş olanların arasına hep önce bir karşıtlık sokar ve ancak zahmetli, ama verimli bir arayıştan sonra ataların yoluna girmesine izin verir. Babamın bilimi kutsaması, kendimi kanıtlama çağındaki bakışımla, bu söylemi süslü ve boş laflar olarak görmeme yetti, klasikleri örnek gösterdiği için bu yapıtlar bana öğretici göründü, bu yüzden onlardan nefret ettim. Dört bir yanım kitaplarla çevriliyken kitapları küçümsüyordum, babam beni sürekli zihinsel alana yöneltirken ben yazılı olarak verilen eğitimin her türüne karşı isyanla doluydum; bu durumda liseyi büyük zorluklarla bitirmem, sonrasında da eğitimi sürdürmeyi şiddetle reddetmem şaşırtıcı bir durum değildi. Subay, denizci veya mühendis olmak istiyordum; aslında beni bu mesleklere çeken güçlü bir eğilimim yoktu. Beni akademik alan yerine uygulamalı alana yönelten, sadece bilimin didaktikliği ve basılı kâğıt karşısında duyduğum isteksizlikti. Ne var ki üniversite yaşamına dair her şeyi fanatikçe yücelten babam akademik eğitim almam için ısrar etti, bunun karşısında tek yapabildiğim şey, klasik filoloji yerine İngiliz filolojisi bölümünü seçmeyi kabul ettirerek durumu biraz hafifletmek oldu (bunu yaparken de, denizciler arasında geçerli olan bu dili öğrenirsem gemici olmak için duyduğum şiddetli isteği gerçekleştirebileceğimi düşünerek art niyetle davranmıştım).

Yani biyografimdeki, beni yönlendiren profesörlerim sayesinde filoloji biliminin temellerine daha Berlin'deki ilk sömestrimde vâkıf olduğum şeklindeki o iyi niyetli iddia son derece yanlıştır. O dizginsiz özgürlük tutkusu içinde, o zamanlar ne araştırmalardan haberim vardı ne de doçentlerden! Amfiye yaptığım ilk üstünkörü ziyarette, içerideki küflü havadan, dersin verilişindeki vaazsı tekdüzelikten ve tumturaklı üsluptan öylesine bitkin düştüm ki başımı sıraya dayayıp uyumamak için kendimi zor tuttum – kurtulduğum için kendimi şanslı saydığım okul, yükseğe yerleştirilmiş kürsüsü ve kılı kırk yaran ucuz sahteciliğiyle yine karşımdaydı işte: Profesörün güçlükle aralanan dudaklarından kum dökülüyordu sanki, ağırlaşmış havanın içine büyük bir tekdüzelikle, taksit taksit düşen aşınmış sözcüklerle iç bayıyordu. Daha okul sıralarındayken, umursamaz ellerin otopsi yapmak üzere deştikleri bir ölü zihinler galerisine düşmüş

olduğum kuşkusuna kapılırdım, artık antika olmuş böyle
bir İskenderiyecilik* laboratuvarında aynı kuşku ürkünç
bir biçimde yeniden canlandı. Ve bu içgüdüsel direnç, güç-
lükle katlandığım dersten çıkar çıkmaz kendimi attığım o
zamanki Berlin'in sokaklarında iyiden iyiye yoğunlaştı; ken-
di gelişimi karşısında büyük bir şaşkınlık içinde olan kent,
fazla erken serpilmiş bir erkeklikle dolup taşıyor, taşından
toprağından elektrik saçıyordu; Berlin'in her önüne çıkana
karşı konulmaz bir şekilde dayattığı nabız gibi atan hararetli
tempo, doymak bilmez iştahıyla benim yeni fark etmekte ol-
duğum erkekliğime çok benziyordu. Kent ve ben, ikimiz de,
Protestan disiplinine bağlı, kısıtlı bir orta sınıf çerçevesinden
aniden taşmış, güçle ve olanaklarla dolu yepyeni bir sarhoş-
luğa teslim olmuştuk – kent de, ben de, huzursuzluk ve sa-
bırsızlıkla titreşen birer dinamo gibiydik. Berlin'i başka hiç-
bir zaman, o dönemdeki gibi algılamadım, o dönemdeki gibi
sevmedim; kentteki o sıcak insan potansiyelinin kabından
taşan bal misali yayılması gibi, benim bütün hücrelerim de
ani bir çoğalma özlemi içindeydi. Gençliğin o sabırsız gücü,
bu dev dişinin hararetli kucağından başka nerede, içinden
enerji fışkıran ve kabına sığamayan bu kentten başka nere-
de yükünü boşaltabilirdi! Berlin bir hamlede beni kendine
çekti, kendimi ona bıraktım, bütün dehlizlerine kadar içine
daldım, onun o taştan ama sıcak gövdesinde sabırsız bir me-
rakla dolaştım – sabahın erken saatlerinden gece yarılarına
kadar sokaklarında sürttüm, uzak göllerine kadar gittim,
gizli köşelerinin peşine düştüm. Eğitimle ilgilenmek yerine,
kendimi tam bir saplantıyla yaşamın içindeki maceraların
keşfine bırakmıştım. Fakat bu aşırılıklara düşerken doğa-
mın bir özelliğine uymaktaydım: Çocukluğumdan beri aynı
anda farklı şeylerle ilgilenme becerisine sahip olamadım, bir
konuya kendimi kaptırdığımda gözüm başka bir şeyi gör-

---

*   İskenderiye okulunun felsefe sistemi; İskenderiye dönemindeki Yunan
    şairlerine özgü süslü püslü üslup. (ç.n.)

mez; her zaman ve her yerde beni harekete geçiren hep bu tek yönlü ivme olmuştur, bugün bile işimi yaparken soruna öylesine fanatikçe sarılırım ki, iliğinin son zerresini emdiğimi hissetmeden peşini bırakmam.

O zamanlar Berlin'deyken özgürlük duygusu bende öyle güçlü bir sarhoşluğa dönüştü ki, ne ders sırasında kısa süreli olarak amfide kapalı kalmaya ne de kendi odamın dört duvarına katlanabiliyordum. Macera getirmeyen her şey benim için bir kayıptı. Yularından daha yeni kurtulmuş taşralı genç, bir erkek olarak kabul görmek için büyük ataklara kalkıyordu. Bir öğrenci derneğinde misafir üyeydim, aslında çekingen olan yapıma küstah ve atak bir görünüm katmaya çalışıyordum, geleli daha on gün olmadan büyük kentli ve bir Büyük Almanya yurttaşı havasına bürünmüş, kafe köşelerinde gerçek bir müdavim gibi yayılmayı afallatıcı bir hızla öğrenmiştim. Doğaldır ki, erkek olma yolundaki bu dersler, kadınlar konusunu, daha doğrusu öğrenci ağzıyla söylediğimiz gibi yavrular konusunu da içeriyordu ve dikkat çekecek kadar yakışıklı bir delikanlı oluşum bu bakımdan işime yarıyordu. İnce, uzun yapılıydım, yanaklarımda hâlâ denizin verdiği bronzluk vardı, sportmen ve esnek bir bedene sahiptim; böylece Halensee ve Hundekehle gibi, o zamanlar henüz kentin dışında kalan mahallelerdeki dans salonlarında pazar günleri bizimle birlikte ava çıkan, dükkânların içinde çiroz gibi kuruyup kalmış, kireç benizli tezgâhtar çıraklarının karşısında payım çok yükseliyordu. Bu bazen, saman sarısı saçları, süt beyazı teniyle Mecklenburg'lu bir hizmetçi kız olurdu; izin saatlerini tüketip de evine dönmeden, daha üzerinde dans pistinin hararети varken, bir de benim odamdan geçerdi. Bazen Tietz'de çorap satan Poznanlı ufak tefek, asabi bir Yahudi olurdu – kolay düşürülen ve çabucak arkadaşlara devredilen ucuz avlardı bunlar. Fakat bu ganimetlerin umulmadık kolaylığı, daha dün ürkek bir liseli olan benim için sarhoş edici bir sürprizdi. Bu ucuz başarılar cesaretimi artırdı ve sokağı giderek, bu daha çok spor olsun diye tümüyle rastgele girilen maceralar için bir avlanma alanı olarak görmeye başladım. Bir keresinde güzel bir kızın peşine takılıp gerçekten tesadüfen Unter den Linden'e ve gerçekten tesadüfen üniversitenin önüne geldiğimde, bu saygıdeğer basamaklara ne kadar zamandan beri ayak basmamış olduğumu düşününce kendimi tutamayıp güldüm. Bir pervasızlığa kapılarak yanımda kafa dengi bir arkadaşla birlikte içeri girdim; sadece dersliğin kapısını aralamakla yetindik ve ilahi söyleyen bir aksakallının karşısında ibadet eder gibi eğilmiş not tutan yüz elli sırt gördük, bu gerçekten de inanılmaz gülünçlükte bir görüntüydü. Kapıyı hemen kapattım ve bıraktım, o sıkıcı laf sağanağı çalışkan öğrencilerin üzerine aksın, ben de arkadaşımla birlikte neşeyle seke seke tekrar dışarıya, güneşli bulvara çıktım. Bazen bir an gelir ki, başka hiç kimsenin, zamanını benim o dönemlerde harcadığım kadar boşa harcayamayacağını düşünürüm. Kitap okumuyordum ve aklı başında tek bir söz etmediğimden, ciddi hiçbir şey düşünmediğimden eminim. O zamana kadar yasaklanmış olan yeni bir yaşamın hazzını tüm bedenimle daha güçlü emebilmek için bütün kültürel ortamlardan içgüdüsel olarak kaçıyordum. İnsanın kendi özsularıyla sarhoş olması, kendi kendine karşı vahşileşmesi, belki de aniden özgür kalan gençliğin güç fışkıran doğasına özgüdür – ama benim kendime özgü saplantılı yapım, bu avareliği tehlikeli bir hale getiriyordu; eğer bir rastlantı bu iç düşüşü aniden yavaşlatmamış olsaydı belki de kendimi tümüyle serseriliğe vuracak veya en azından bir duygu körelmesine saplanıp kalacaktım.

Bugün minnetle, mutlu bir rastlantı olarak andığım bu rastlantı, babamın bir lise müdürleri konferansı için ansızın bir günlüğüne Berlin'e, bakanlığa çağrılmış olmasıydı. Gelişini haber vermedi ve profesyonel bir eğitimci olarak bu fırsatı, kendi başıma nasıl yaşadığımı görmek üzere baskın yapmak için değerlendirdi. Tümüyle de başarılı oldu. Akşam saatlerinde çoğunlukla yaptığım gibi, o gün de kentin kuzeyindeki ucuz öğrenci odamda –girişi evin bir perdeyle ayrılmış mutfağındandı– bir kızın son derece samimi ziyaretini kabul etmekteydim ki kapının yüksek sesle vurulduğunu duydum. Bir arkadaşımın geldiğini düşünerek isteksizce homurdandım: "Müsait değilim!" Fakat kısa bir aradan sonra kapı tekrar çalındı, bir kez daha, sonra bir kez daha ve sabırsız bir sertlikle bir üçüncü kez. Rahatsız etmekten çekinmeyen bu küstahın işini bitirmek üzere öfkeyle pantolonumu üzerime geçirdim ve göğsüm bağrım açık, askılarım sarkar, ayaklarım çıplak vaziyette kapıyı hışımla açtım ve karanlık holde babamın siluetini tanıyınca suratıma bir yumruk yemiş gibi oldum. O loşlukta, yüzünde pırıldayan gözlük camlarından başka bir şey seçemedim. Fakat savurmaya hazırlandığım küfürlerin balık kılçığı gibi boğazıma takılıp kalması için gölgesi bile yetmişti. Bir an uyuşmuş gibi kalakaldım. Sonra –o korkunç an!– süklüm püklüm, odamı toparlayana kadar birkaç dakika mutfakta beklemesini rica ettim. Dediğim gibi yüzünü görmüyordum, ama anladığını hissettim. Suskunluğundan, bana elini uzatmadan tiksinircesine perdenin arasından geçip mutfağa girişindeki soğuk tavırdan bunu anladım. Yaşlı babam orada, defalarca ısıtılmış kahve ve pancar kokan ocağın başında, on dakika beklemek zorunda kaldı, ben kızı yataktan çıkartıp giydirirken istemeden kulak misafiri olduğu bu on dakika ikimiz için de alçaltıcıydı, sonra kızı onun yanından geçirip dışarı çıkarttım. Arkasından, o hızla çıkıp giderken havalanan perdenin sallanışını izlemek, ayak seslerini dinlemek zorunda kaldı ve ben yaşlı adamın bu onur kırıcı bekleyişine hâlâ bir son veremiyordum, önce darmadağın olmuş yatağa bir çekidüzen vermem gerekti. Ancak bundan sonra babamın karşısına çıkabildim, yaşamım boyunca hiç böylesine utanç duymamıştım.

Babam o zor anlarda kendini tutmasını bildi, bunun için

ona bugün bile yürekten teşekkür ediyorum. Uzun zaman önce aramızdan ayrılmış olmasına rağmen onu hatırladığımda karşımda durmadan eleştiren ve takıntı halinde kusursuzluk arayan kaşarlanmış bir eğitimci, bir yanlış düzeltme makinesi görmüyorum; aksine derin bir tiksinti duymasına rağmen kendine hâkim olabildiği ve tek kelime etmeden peşimden havası ağırlaşmış odama girdiği o en insani haliyle karşıma çıkıyor. Şapkası ve eldivenleri elindeydi, onları alışkanlıkla bir yere bırakmak istediyse de birden tiksindiğini ve varlığının herhangi bir parçasının oradaki pisliğe dokunmasını istemediğini belli eden bir hareket yaptı. Ona oturması için bir sandalye sundum, ama odanın içindeki hiçbir nesneyle ilişkisi olamayacağını gösteren bir jestle reddetti.

Buz gibi bir tavırla benden uzak durduğu birkaç saniyeden sonra gözlüğünü çıkartarak uzun uzun temizledi, bu hareketin onda bir sıkılganlık belirtisi olduğunu biliyordum; gözlüğünü takmadan önce elinin tersiyle gözünü ovuşturması da dikkatimden kaçmadı. Benden utanmıştı, ben de ondan utanmıştım; ikimiz de söyleyecek bir söz bulamıyorduk. İçten içe, tumturaklı laflarla ve gırtlaktan gelen o sesiyle söyleve başlayacağından korkuyordum, bu halinden okul yıllarından beri nefret eder ve küçümserdim. Fakat babam sesini çıkarmadı ve bana bakmaktan kaçındı, bunun için ona bugün bile teşekkür borçluyum. Sonunda ders kitaplarımın durduğu eğreti kitaplığa gitti, kitapları açtığında hiç dokunulmadıklarını, bazılarının sayfa kenarlarının bile kesilmemiş olduğunu ilk bakışta gördü. "Not defterini getir!" Bu buyruk, sarf ettiği ilk cümle oldu. Ellerim titreyerek defteri uzattım, ama içinde sadece tek bir dersin stenoyla tutulmuş notlarının bulunduğunu gayet iyi biliyordum. İki sayfaya hızla bir göz attıktan sonra en ufak bir öfke belirtisi göstermeden defteri masanın üzerine bıraktı. Sonra bir sandalye çekip oturdu ve bana ciddiyetle, ama suçlamadan bakarak sordu: "Eee, söyle bakalım ne düşünüyorsun? Bu gidiş nereye varacak sence?"

Bu sakin soru beni yerin dibine batırdı. Katılıp kalmıştım: Beni azarlamış olsaydı şiddetle karşı çıkacaktım, dokunaklı bir uyarıda bulunmakla yetinseydi onu hor görecektim. Fakat bu tarafsız soru karşısında bütün direncim kırılıverdi: Ciddiyeti beni ciddiyete zorluyordu, güçlükle koruduğu sükûneti saygı ve içtenlik gerektiriyordu. Vermiş olduğum yanıtı hatırlamaya bile cesaretim yok, sonrasında yaptığımız konuşma da bir türlü kâğıda kaleme gelmiyor: Bazı ani sarsıntılar ve iç kabarmalar vardır ki, tekrar anlatıldıklarında kulağa duygusal gelirler, bunlar ancak iki kişi arasında beklenmedik bir duygu patlamasıyla yaşandığında ve sadece bir kereliğine sahici olabilirler. Bu, babamla yegâne gerçek anlamda konuşmamız oldu ve kendi kendimi gönüllü olarak aşağılamakta bir sakınca görmedim, bütün kararları ona bıraktım. Bana verdiği tek öğüt Berlin'den ayrılıp bir dahaki sömestre küçük bir kentte devam etmem oldu ve o andan itibaren tutkuyla çalışıp açıklarımı kapatacağımdan emin olduğunu söyleyerek beni neredeyse teselli etti. Onun bu güveni beni çok etkilemişti, o anda, soğuk bir şekilciliğin arkasında saklanan bu yaşlı adama bütün gençliğim boyunca yaptığım her şeyin haksızlık olduğunu hissettim. Gözlerimden sıcak yaşların fışkırmaması için dudaklarımı ısırmak zorunda kaldım. O da benzer duygular içinde olmalıydı ki aniden elini uzattı, elimi titreyen elinde bir an tuttuktan sonra çabucak çıkıp gitti. Peşinden gitmeye cesaret edemedim, şaşkın ve tedirgin, odamda kalıp dudaklarımdaki kanı sildim, duygulandığımı gizlemek için dişlerimi öylesine geçirmişim.

On dokuz yaşındayken yaşadığım bu ilk sarsıntı, üç ay boyunca erkeklik taslayışımı, öğrenci aylaklığımı, kendimi bir şey sanmamı, kısacası kurduğum kâğıttan şatoları, tek bir sert söz edilmeksizin bir anda yıkıverdi. İrademe meydan okunması, kendimi bütün düzeysiz eğlencelerden vazgeçecek kadar güçlü hissetmemi sağladı; ziyan ettiğim zihinsel potansiyelimi sınamak için sabırsızlanıyor, aklı başında, ciddi ve disiplinli bir yaşamı hırsla istiyordum. O dönemde, kendimi manastır hizmetine adar gibi tamamen eğitime verirken beni bilim alanında bekleyen o derin sarhoşluktan bütünüyle habersizdim; zihnin daha üst âlemlerinde bile, atak bir insanı her zaman macera ve tehlikelerin beklediğini bilmiyordum.

Bir sonraki sömestr için babamla fikir birliği içinde seçtiğim küçük taşra kenti, Almanya'nın orta kesiminde bulunuyordu. Üniversite, fakülte binalarının çevresine toplanmış bir avuç evden ibaret kentle tezatlık oluşturacak kadar yaygın bir üne sahipti. Eşyamı istasyona bıraktıktan sonra, sora sora üniversiteyi bulmam pek zor olmadı; ortaçağdan kalma bu geniş mekânlı yapının içinde de, ortamın Berlin'deki arı kovanından çok daha samimi olduğunu ve insanı hemen içine aldığını hissettim. İki saat sonra kaydımı yaptırmış, profesörlerin çoğuyla tanışmıştım, yalnızca İngiliz filolojisinde hocam olan ordinaryüse hemen ulaşamadımsa da öğleden sonra dörde doğru onu bölümdeki odasında bulabileceğimi söylediler.

Bir saati bile kaçırmak istememenin sabırsızlığıyla ve bır zamanlar bilimden kaçarken gösterdiğim aynı hararetli istekle −Berlin'le kıyasladığımda bana uyuşturulmuş gibi görünen küçük kentte şöyle bir dolaştıktan sonra− tam vaktinde belirtilen yerde oldum. Görevli, bölümün yerini gösterdi. Kapıyı vurdum ve içeriden yanıt geldiğini sandığım için açıp girdim.

Fakat yanlış duymuştum. Kimse beni içeri çağırmamıştı, duyduğum o ses, profesörün, çevresine toplanmış sıkışık düzen oturan yirmi kadar öğrenciye, önceden hazırlanmadığı belli olan bir konuyu anlatırken yükselen enerjik sesiydi. Yanlış anlayıp çağrılmadan içeri girdiğim için sıkılarak sessizce tekrar dışarı çıkmaya hazırlandım, ama bir yandan da dikkat çekeceğimden korktum, çünkü henüz dinleyicilerden beni fark eden kimse olmamıştı. Ben de kapının yanında durup istemeden dinlemek zorunda kaldım.

Anlaşılan profesör bir panelden veya tartışmadan sonra kendiliğinden gelişen bir konuşma yapıyordu, en azından öğrencilerin ve kendisinin rahat ve gelişigüzel bir grup oluşturmaları buna işaret ediyordu. Hoca, dinleyicilerden uzak bir koltuğa değil, bir bacağını teklifsizce aşağı sarkıtarak masalardan birine oturmuştu, çevresine toplanan gençlerin rastgele duruşlarına bakılırsa, önce kayıtsızca dinlerken sonra giderek artan bir ilgiyle orada çakılıp kalmışlardı. Herhalde onlar kendi aralarında konuşurken profesör birden masanın üzerine oturuvermiş ve sözcüklerinin çekimiyle onları kementle yakalamış gibi bulundukları yerde hareketsiz bırakmıştı. Benim de, oraya izinsiz girmiş olduğumu unutup konuşmasının büyüleyici gücüne kapılmam için birkaç dakika geçmesi yetti; dinlemenin de ötesinde, ellerinin bir kubbe gibi kapanıp sözcükleri toparlayan hareketlerini görebilmek için, elimde olmadan onlara daha da yaklaştım; bu eller, bir sözcük özellikle vurgulandığında kanat gibi açılıp titreşerek yükseliyor, sonra bir orkestra şefinin tempoyu düşürmesi gibi müzikal bir salınımla tekrar yavaş yavaş alçalıyordu. Bu coşkulu konuşmacı, masanın üzerinde, dörtnala giden bir atın sırtındaymış gibi yükselir ve şimşek gibi çakarak akın eden imgelerin kovaladığı düşünce akışıyla soluksuz kalırken, konuşmanın hararet de giderek yükseliyordu. Daha önce hiç kimsenin böylesine kendini kaptırarak ve böylesi sahici bir sürükleyicilikle konuştuğunu duymamıştım, Latincede "raptus", yani zihnin kendini aşarak yükselişi olarak nitelenen duruma ilk kez tanık oluyordum: Ne kendisi için konuşuyordu ne de başkaları için, sözcükler dudaklarının arasından, içi tutuşmuş bir insanın ağzından alev fışkırır gibi çıkıyordu.

Konuşmanın kendisinin esrime, ders anlatmanın coşkusununsa temel eylem olduğu bir duruma daha önce asla tanık olmamıştım; bu beklenmedik manzara beni bir hortum gibi içine çekti. Yürüdüğümün farkına bile varmadım, meraktan daha büyük bir güçle hipnotize olmuş gibiydim, uyurgezerlerin yerçekimsiz adımlarıyla ilerleyerek büyülenmişçesine bu küçük grubun içine çekildim. Bilincine varmadan birdenbire hocanın bir karış ötesine, diğer öğrencilerin ortasına kadar ilerlemiştim, onlar da ne beni ne de başka bir şeyi fark edemeyecek kadar kendilerini kaptırmışlardı. Nereden başladığını bile bilmediğim bir söylemin güçlü akıntısına girmiştim: Anlaşılan öğrencilerden biri Shakespeare'den gelip geçici bir fenomen olarak söz etmiş, bunun üzerine masanın üzerinde oturan adam da, onun bütün bir kuşağı en güçlü ifade eden, ruhunu en derinden yansıtan ses olduğunu, fırtınalı bir çağın dışavurumu olduğunu göstermek için kendinden geçmişçesine konuşuyordu. Her insanın olduğu gibi her halkın yaşamında da beklenmedik biçimde patlak veren ve tüm güçleri bir araya toplayarak güçlü bir ivmeyle sonsuzluğa yönelen o hamleyi, İngiltere'nin o müthiş dönemini, o yegâne kendinden geçiş halini tek bir kalem oynatışla gözler önüne seriyordu. Geçmişin en eski iktidarı Papalık, yıkılma tehlikesi altındayken yeryüzü bir anda genişlemiş, yeni bir kıta keşfedilmişti: İspanyol donanması, rüzgârın ve dalgaların elinde parçalanıp gittiğinden beri İngilizlere ait olan denizlerin ardında yeni olanaklar beliriyordu; dünya genişlemişti ve dönemin ruhu da ister istemez ona denk olmaya çalışıyordu – o da genişlemek, iyide de kötüde de en uç noktaya kadar gitmek istiyordu. Yeni kıtanın fatihleri gibi, o da keşfetmek, fethetmek istiyordu; yeni bir dile ve taze güce gereksinimi vardı. Ve bir gece içinde ortaya çıkıverdi bu yeni dili konuşanlar, bunlar şairlerdi. Bir on yıl içinde elli, yüz kişi oldular, bağımsız, yabanıl kişiliklerdi, kendilerinden önceki saray şaircikleri gibi Arkadia bahçelerinde dolaşıp elit mitolojiye dizeler düzmediler; onlar tiyatroyu bastılar, kendilerinden önce sadece hayvan dövüşleri yapılan ve kanlı oyunlar oynanan iskelelerde tozu dumana kattılar ve yapıtlarına, hâlâ buğusu tüten sıcak kanın kokusu sindi, yazdıkları tiyatro oyunlarının her biri, duyguların yırtıcı hayvanlar gibi kana susamışçasına birbirlerinin üzerine atıldığı birer *Circus Maximus* oldu. Bu tutkulu yürekler, öfkelerini aslanlar gibi serbest bırakıyor, her biri vahşilikte ve ataklıkta diğerini geçmeye çalışıyordu, sahnede her şeyin olabilirliği vardı, her şey serbestti: Ensest, kan dökme, cinayet, cürüm, insana özgü bütün aşırılıklar burada en deli ayinlerini kutluyordu. Eskiden aç canavarlar kafeslerinden nasıl boşanıyorduysa, sarhoş tutkular da şimdi öyle kükreyip tehditler savurarak arenaya çıkıyorlardı. Bu, elli yıl süren, donanma fişeği misali bir patlayıştı, bir kan banyosu, bir fışkırmaydı, bütün dünyaya pençesini geçirip yırtan benzersiz bir vahşetti: Güce tapılan bu topyekûn ayinde tek tek sesleri veya figürleri seçmek mümkün değildi. Herkes bir diğerinde bileniyor, herkes ötekinden bir şeyler öğreniyor, bir şeyler çalıyor, herkes üstün gelmek, ötekini geçmek için savaşıyordu; ne var ki hepsi de, çağın dehasının kamçıladığı aynı eğlencede yer alan gladyatörlerden, zincirleri çözülmüş kölelerden başka bir şey değildiler. Dönemin ruhu onları karanlık, viran varoş kulübelerinde de, saraylarda da bulup çıkartıyordu, duvarcı torunu Ben Johnson, ayakkabıcının oğlu Marlow, uşaklıktan gelme Massinger, varlıklı ve kültürlü devlet adamı Philip Sidney gibi; yine de o kızgın burgaç, hepsini birlikte harman ediyordu; bir gün göklere çıkartılıyor, ertesi gün Kyd gibi, Heywood gibi derin bir sefalet içinde yok olup gidiyor, Spenser gibi King Street'te açlıktan yere seriliyorlardı; bunlar toplumdışı tiplerdi, serseri, pezevenk, komedyen, dolandırıcı, ama hepsi de şairdi, şair, şair, şair. Shakespeare onların merkezindeydi sadece: "the very age and body of the time"; ama onu ayırt edecek zaman bile yoktu, bu karmaşa öyle dizginsizdi, yapıtlar yapıtları öyle bir bereketle kovalıyordu, tutku üstüne tutku serpiliyordu. Ve insanlığın bu en muhteşem patlaması, bir anda ışıldadığı gibi bir anda da titreyerek sönüverdi, oyun bitmişti, İngiltere yorulmuştu ve Thames'in aynı sisli ve nemli griliği yüzlerce yıl boyunca yeniden tüm ağırlığıyla zihinlerin üzerine çöküverdi. Tek bir atakla bütün bir kuşak, tutkunun doruklarını da uçurumlarını da tanımış, artık taşmak üzere olan coşkun ruh, bedeni aşmıştı – şimdi ülke yorulmuş, bitkin öylece ortadaydı; kılı kırk yaran bir püritanizm tiyatroya kilit vurarak söylemin tutkusunu söndürdü, tüm zamanların en yakıcı itiraflarının dillendirildiği ve kor gibi yanan bir kuşağın bir kereliğine binlercesi için yaşadığı yerde söz tekrar Kutsal Kitap'a geçti, Tanrısal olana geçti.

Ve söylevin, ani bir şekilde yön değiştiren körlemesine ateşi bu kez bize döndü: "Dersime niçin tarihsel sırayı izleyerek ilk baştan, Kral Arthur ve Chaucer'den değil de, bütün kurallara aykırı olarak Elizabeth döneminden başladığımı şimdi anlıyor musunuz? Ve her şeyden önce onlarla yakınlık kurmanızı, bu müthiş canlılığa nüfuz etmenizi istediğimi anlıyor musunuz? Çünkü yaşamın içine girilmeden filolojik kavrayış gelişmez, değerleri anlaşılmadan sözcüklerin gramer yapısı önemsizdir ve siz gençler fethetmek istediğiniz bir ülkeyi, bir dili önce en yüce güzelliğiyle, gençliğinin en güçlü haliyle ve coşkusunun en taşkın seviyesinde görmelisiniz. Dili önce şairlerden, onu yaratan ve tamamlayanlardan dinlemelisiniz; şiiri bir kez, biz daha onu otopsiye almadan henüz soluk alırken ve sıcakken yüreğinizde hissetmelisiniz. İşte bu yüzden ben hep tanrılarla başlarım, çünkü İngiltere Elizabeth'tir, Shakespeare'dir, Shakespeare'in karakterini taşıyan yapıtlardır, sonsuzluğa yapılan bu cesur ve özgün sıçrayışın öncesindeki her şey hazırlıktır, sonrasındaki her şey ise beceriksizce bir taklittir – oysa burada, hissetmelisiniz siz gençler, gençlik en canlı haliyle buradadır. Her olgu, her insan daima en yanıp tutuştuğu anda tanınır. Çünkü bütün

ruh kandan, bütün fikirler tutkudan, bütün tutkular coşku-
dan doğar – işte bu yüzden gençler, sizi başka herkesten önce
Shakespeare ve çağdaşları gerçek anlamda genç kılacaklar-
dır! Önce coşku gelir, ancak ondan sonra emek; önce o ge-
lir, olağanüstü ve yüce Shakespeare, dünyanın en muhteşem
dersi gelir, ancak ondan sonra sözcüklerin incelenmesine
geçilebilir!"

"Evet, bugünlük bu kadar yeter, şimdilik hoşça kalın!"
Tempoyu beklenmedik bir şekilde düşürerek eliyle bitirdiği-
ni belirten ani bir hareket yaptı ve aynı zamanda masadan
indi. Birbirine iyice yaklaşmış olan grup sanki silkelenmiş
gibi bir anda çözüldü, sandalyeler gıcırdadı, masalar itildi,
o ana kadar çıt çıkarmayan yirmi kişi birden konuşmaya,
öksürmeye, sesli soluklar almaya başladı – birden hareketle-
nen bu dudakları mühürlemiş olan büyülenmenin ne kadar
güçlü olduğu ancak şimdi görülüyordu. Dar mekânda bir
o kadar canlı ve dizginsiz bir karmaşa başlamıştı; bazıları
teşekkür etmek veya başka bir şeyler söylemek için hocanın
yanına gitti, diğerleri heyecandan kızarmış yüzlerle, kendi
aralarında izlenimlerini paylaşmaya girişti. Fakat hiçbiri ka-
yıtsız değildi, teması aniden kesilen ve basık havada soluğu
ve harareti hâlâ çıtırdar gibi olan elektrikli gerilimin etkisine
girmeyen kimse yoktu.

Bana gelince, ben kıpırdayamıyordum bile, yüreğimden
vurulmuş gibiydim. Her şeyi ancak tutkuyla ve bütün duyu-
larım ayaklanarak kavrayabilen ben ilk kez bir hocanın, bir
insanın beni böyle avucuna aldığını hissettim, böylesi bir gü-
cün önünde eğilmek bir görev ve zevk olmalıydı. Damarla-
rımdaki kanın hızlandığını, nefesimin sıklaştığını hissettim,
bu delice ritim bedenimin içinde atıyor ve bütün eklemlerimi
sabırsızca uyarıyordu. Sonunda kendimi bıraktım ve onun
yüzünü yakından görmeye ön sıralara doğru gittim; çünkü
tuhaftır ki, o konuşurken yüz hatlarını hiç mi hiç algılama-
mıştım, öylesine silikleşmişler, söyleminin içinde çözülmüş-

lerdi. Şimdi bile profilini ancak belirsiz ve gölgeli bir şekilde seçebildim, bir öğrenciye doğru dönmüş, elini içtenlikle omzuna atmış, pencerenin önünde ters ışıkta duruyordu. Bu basit hareketinde bile, bir eğitimcide görebileceğime asla inanmadığım bir sadelik ve hoşluk vardı.

Bu arada öğrencilerden ikisinin dikkatini çekmiştim; onların gözüne istenmeden içeri girmiş biri gibi görünmemek için profesöre doğru bir iki adım daha yaklaştım ve konuşmasını bitirmesini bekledim. Ancak o zaman yüzünü tam görebildim: Yanlarda gürleşen, geriye yatmış dalgalı kır saçları ve alnının mermersi bombesiyle bir Romalı başı, bir düşünce adamının etkileyici üstyapısı – fakat derin gözaltı gölgelerinin hemen altında, çenenin yumuşak ovalliğiyle ve kâh bir gülümseme, kâh kaygılı bir gerilmeyle kıpırdanan tedirgin dudaklarıyla yüzü, hızla yumuşuyor, neredeyse kadınsılaşıyordu. Başın üst kısmında alnının vurguladığı erkeksi güzellik, tenin daha çabuk pes ettiği, biraz yumuşak yanaklarında ve kıpırtılı ağzında dağılıyordu; ilk bakışta baskın ve hükmedici bir etki bırakan yüzü, yakından bakıldığında zahmetle bir arada tutuluyormuş gibi duruyordu. Bedeninin duruşunda da benzer bir çelişiklik vardı. Sol eli sakince masanın üzerinde duruyor veya öyle görünüyordu; çünkü yarı örtük gözkapaklarının altındaki gözlerinin pırıltısı kendini sohbete kaptırdığını gösterirken, parmak eklemleri sürekli hafif bir gerilimle titreşiyor ve bir erkek eli için fazla narin görünen eli de ahşabın üzerine görünmez figürler çizip duruyordu. Tedirgin miydi, yoksa az önce yükselmiş olan heyecan sinirlerinde titreşiyor muydu hâlâ? Sonuçta elinin bu denetimsiz hareketliliği, öğrencilerle konuşmaya daldığını belli eden yorgun ama dikkatli yüzünün sabırlı dinginliğiyle zıtlık içindeydi.

Sonunda sıra bana geldi, yaklaşıp adımı ve niyetimi belirttim. Bakışlarını bana çevirirken gözbebeklerinin mavimsi ışığı hemen pırıldadı. Bir iki saniye boyunca bu ışık soru sorarcasına çenemden saç diplerime kadar yüzümde dolaştı. Yumuşak da olsa bir sorgulama niteliğindeki bu bakış karşısında kızarmış olmalıyım, çünkü profesör hemen gülümseyerek heyecanımı giderdi ve şunları söyledi: "Demek benim dersime katılmak istiyorsunuz, sizinle daha ayrıntılı konuşmalıyız. Bunu hemen yapamayacağım için beni bağışlayın. Halletmem gereken birkaç şey daha var, fakat beni aşağıda ana kapının önünde beklerseniz evime kadar eşlik edebilirsiniz." Bunları söylerken narin, ince elini uzattı, bir eldivenden daha hafif ve yumuşak bir kavrayışla elimi kavrarken gülümseyerek bir sonraki öğrenciye dönmüştü bile.

Yüreğim çarparak ana kapının önünde on dakika bekledim. Daha önceki eğitimimle ilgili soru sorarsa ne söyleyecektim? Ne derslerde ne de boş zamanlarımda edebi konularla hiç ilgilenmediğimi nasıl itiraf edecektim? Beni küçümsemeyecek miydi, belki de bugün beni büyülemişçesine içine çekmiş olan o ateşli gruba daha başından hiç dahil etmeyecekti. Fakat o gülümseyerek hızlı adımlarla yaklaştığında varlığı tüm tutukluğumu gidermeye yetti, hatta ondan herhangi bir ısrar gelmeden ilk sömestri kaçırmış olduğumu itiraf ettim (onun karşısında hiçbir şeyi gizleyemezdim). Yine o sıcak, halden anlar bakışla beni sarmaladı. "Duraklar da müziğe dahildir," diyerek beni cesaretlendirmek için gülümsedi. Belli ki bilgisizliğimden ötürü daha fazla utanç duymayayım diye daha kişisel sorulara geçti, nereli olduğumu, orada nerede oturmayı düşündüğümü sordu. Henüz bir oda bulmamış olduğumu söylediğimde de bana yardımcı olarak, kendi oturduğu evde, yarı sağır yaşlı bir kadının kiraya verdiği küçük odayı görmemi önerdi, oraya gönderdiği öğrencilerinin hepsi de bu odadan memnun kalmışlardı. Diğer her şeyle kendisi ilgilenecekti, eğer gerçekten eğitimi ciddiye almak niyetindeysem, bana her bakımdan yardımcı olmayı yürekten görevi sayıyordu. Evinin önüne vardığımızda tekrar elimi sıkarak ertesi akşam birlikte bir ders planı hazırlamak üzere onu evinde ziyaret etmemi istedi. Bu insanın beklenmedik iyiliği karşısında duyduğum şükran o kadar büyüktü ki, sadece büyük bir saygıyla elini tutup karmakarışık bir halde şapkamı çıkarabildim ve ona tek bir sözcükle olsun teşekkür edemeden ayrıldım.

Profesörümün oturduğu apartmandaki odayı elbette hemen tuttum. Odayı beğenmemiş olsaydım bile başka türlü davranmazdım, bunun nedeni de, bana bir saatin içinde diğer bütün profesörlerin verebileceğinden daha çoğunu vermiş olan o büyüleyici hocaya duyduğum minnetle ona yakın olmak isteğiydi sadece. Fakat küçücük odam da çok güzeldi: Bu çatı odası hocamın dairesinin tam üstündeydi, tepedeki ahşap çıkma yüzünden biraz loştu, ama diğer damları ve çan kulesini gören geniş bir manzarası vardı, uzaklarda yeşil çayırlar ve üzerinde bulutlar görünüyordu. Küp gibi sağır ufak tefek yaşlı ev sahibesi geçici evlâtlarıyla dokunaklı bir anaçlıkla ilgileniyordu, onunla iki dakika içinde anlaştık ve bir saat sonrasında da ahşap basamakları gıcırdatarak bavulumu yukarı taşıyordum.

O akşam bir daha dışarı çıkmadım, hatta yemek yemeyi, sigara içmeyi bile unuttum. Bavuldan ilk çıkarttığım şey, tesadüfen yanıma almış olduğum ve okumak için sabırsızlandığım (bu yıllardan beri ilk kez olan bir şeydi) Shakespeare cildiydi; izlemiş olduğum ders bende tutkulu bir merak uyandırmıştı ve şairin yapıtını daha önce hiç okumamış olduğum gibi okudum. Böylesi değişimleri açıklamak mümkün müdür? Ama bir anda sözcüklerin dünyası bana kapılarını açıvermişti, sözcükler sanki yüzyıllardan beri beni bekliyormuşçasına üzerime akıyorlardı. Dizeler, beni bir ateş seli gibi sürükleyerek en ince damarlarıma kadar işliyordu, öyle ki şakaklarımda, rüyada uçtuğumu görür gibi tuhaf bir gevşeme hissettim. Kaslarım çekiliyor, titriyordum, kanımın daha sıcak aktığını, içimi bir ateş gibi sardığını hissediyordum – daha önce böyle bir şey hiç başıma gelmemişti ve alt tarafı tutkuyla verilmiş bir ders izlemiştim sadece. Fakat bu dersin sarhoşluğu hâlâ içimde kalmış olmalıydı ki, bir dizeyi sesli olarak okuduğumda bilinçsizce onun sesine öykündüğümü fark ediyordum, cümleler aynı coşkulu ritimle akıyor ve ellerim aynı onunkiler gibi dalgalanmaya meylediyordu – sanki büyü yapılmış gibi, o güne kadar edebiyat bilimiyle arama giren duvarı bir saatin içinde yıkmış ve zaten tutkulu olan benliğimle, bugüne kadar bağlı kaldığım yeni bir tutku keşfetmiştim: Tüm dünyevi hazları sözcüklerin ruhunda hissetme isteği.

Bir rastlantıyla elime *Coriolanus* geçti ve bütün Romalıların bu en tuhafının tüm elementleriyle tanıştığımda yeni bir sarhoşluğa kapılmış gibi oldum: Gurur, cesaret, öfke, kibir; her şey tuzdan, kurşundan ve altındandı, duygunun tüm metalleri mevcuttu onda. Bir anda bu sihri sezmek, anlamak ne büyük bir hazdı! Gözlerim yanıncaya kadar okudum, okudum. Saate baktığımda sabahın üç buçuğuydu. Altı saat boyunca bütün duyularımı uyarmış ve aynı zamanda uyuşturmuş olan bu yeni güç karşısında ürkerek ışığı söndürdüm. Ama içimde kıpırdanan imgeler hâlâ kor gibi yanmaya devam ediyordu. Önümde bir sihir gibi açılan bu dünyayı genişleteceğini ve tümüyle bana mal edeceğini düşündüğüm için ertesi günün beklentisi ve özlemiyle bir türlü uyuyamadım.

Fakat ertesi sabah hayal kırıklığı getirdi. O sabırsızlıkla, hocamın (bundan sonra ondan böyle bahsetmek istiyorum) İngilizce fonetik dersi vereceği amfiye giren ilk öğrencilerden biri ben oldum. Daha içeri adımını atar atmaz korkuya kapıldım: Bu, dünküyle aynı kişi miydi, yoksa benim heyecanım ve coşmuş belleğim mi onu, atağa geçmekten ve zora sürmekten çekinmeyen, sözcükleri dersliğe şimşek gibi yağan, gözü pek bir Coriolanus yapıvermişti? Sürüklenen

adımlarla içeri giren bu kişi, yaşlı ve yorgun bir adamdı. San-
ki yüzündeki yaldızlı bir tabaka sıyrılıvermişti, şimdi ön sı-
radaki yerimden, derin kırışıklıklar ve belirgin çöküntülerle
kazınmış, neredeyse hastalıklı matlıktaki çizgilerini görüyor-
dum, yanaklarının gevşek griliği mavimsi gölgelerle çukur-
laşmıştı. Okurken, ağır gözkapakları gözlerini gölgeliyordu,
solgun ve ince dudakları da sözcüklere hiçbir keskinlik kata-
mıyordu; o neşesi, içinden taşan o heyecan nerede kalmıştı?
Sesi bile kulağıma yabancı geldi: Dilbilgisinin de verdiği ku-
rulukla, tekdüze ve bıktırıcı adımlarla kum üzerinde yürür
gibi katı bir tonda anlatıyordu.

Tedirginliğe kapıldım. Günün ilk saatlerinden beri bek-
lediğim adam bu değildi, dün karşımda astral bir aydınlık
saçan yüzüne ne olmuştu? Burada nesnellikle dersini veren
yorgun bir profesör vardı. Ruhumu sımsıkı kavrayarak tut-
kuyla doldurmuş olan o dünkü tını, o sıcak titreşim, sesine
bir daha döner mi diye her sözcüğünü endişeli bir beklen-
tiyle dinliyordum. Bu yabancılaşmış yüzü düş kırıklığıyla
yoklayarak, ona giderek daha kaygılı bakışlarla bakmaya
başladım. Karşımdaki yüzün aynı yüz olduğu yadsınamazdı,
ama boşalmış, bütün yaratıcı gücü tükenmiş gibiydi, buruş
buruş bir ihtiyar maskesi gibi yorgun, yaşlı görünüyordu. Bu
kadarı mümkün müydü? İnsan bir gün o kadar genç durup
ertesi gün tam tersine dönebilir miydi? Sözle birlikte yüzün
de formunu değiştirip onlarca yıl gençleştiren böylesine ani
ruh kabarmaları olabilir miydi?

Bu sorular bana eziyet ediyordu. İkili bir yapıya sahip
olan bu adamı daha yakından tanıma isteği içimde bir su-
suzluk gibi yanıyordu. O kürsüden indikten sonra bize hiç
bakmadan yanımızdan geçip giderken gelen ani bir esinle
doğruca kütüphaneye gidip onun yapıtlarını istedim. Belki
de bugün sadece yorgundu ve coşkusunu gölgeleyen beden-
sel bir rahatsızlığı vardı. Fakat hocamın beni tuhaf biçimde
çeken varlığına ulaştıracak anahtarı, kalıcı bir form olan

kitaplarda mutlaka bulacaktım. Görevli kitapları getirdi, ne kadar az olduklarını görünce şaşırdım. Demek ki, artık yaşlanmakta olan bu adam, yirmi yıl içinde bir dizi ciltsiz, ince kitapçığın yanı sıra girişler, önsözler, Shakespeare'in *Pericles*'inin sahiciliği üzerine bir tartışma, bir Hölderlin-Shelley karşılaştırması (muhtemelen her ikisinin de henüz bir deha sayılmadıkları bir dönemde yayımlanmıştı) ve bazı ufak tefek dilbilim yazılarının dışında başka bir şey yayımlamamıştı. Aslında bütün bu yayınlarında, iki ciltlik bir yapıtının baskıya hazır olduğu duyuruluyordu: *Dünya Tiyatrosu, Tarihi, Sunumu, Yazarları*, ne var ki gidip ayrıca sorduğumda kütüphaneci, bu duyurunun üzerinden yirmi yıl geçmiş olmasına rağmen yapıtın hâlâ yayımlanmadığını doğruladı. Biraz çekinerek ve cesaretim kırılmış olarak, yazılarında o fırtınalı ritmin uğultulu sesini yeniden yakalama özlemiyle kitapçıkları karıştırmaya başladım. Fakat aynı ciddi tını değişmeden sürüp gitti, yazılarında, o baş döndürücü söylemindeki birbirini aşan dalgalar gibi yükselen ateşli ritmin en küçük bir titreşimi bile hissedilmiyordu. Ne kadar yazık! İçimde bir hayıflanma yükseldi. Ona fazla hızlı ve safça kendimi kaptırmış olduğum için duyduğum öfkeyle kendi kendimi pataklamak istiyordum.

Fakat öğleden sonra, seminerde onu yeniden gördüm. Bu kez ilk başta kendisi konuşmadı, İngiliz üniversitelerindeki geleneğe uyarak, öğrencileri bir tartışma başlatmak üzere tez ve antitez grubu olarak ikiye ayırdı, konu olarak da sevgili Shakespeare'inden bir şey seçmişti: *Troilus ve Cressida*'nın (en sevdiği yapıttı) parodi kişilikleri sayılıp sayılamayacakları ve yapıtın kendisinin de satirik bir oyun mu, yoksa ironinin ardına gizlenmiş bir trajedi mi olduğu tartışılacaktı. Salt zihinsel düzlemde yürüyen tartışma az sonra onun maharetli müdahalesiyle elektrikli bir gerilim kazandı – gevşek iddialara karşı güçlü gerekçeler şimşek gibi ortaya sürülüyor, araya giren sesler tartışmayı sertleştirerek hararetı yükseltiyordu, gençler neredeyse birbirlerine düşmanca bakmaya başlamışlardı. O ancak sonra, kıvılcımlar çıkmaya başladığında araya girdi, tartışmayı ustaca konuya döndürerek fazla şiddetli atakları gevşetti, ama aynı zamanda da gizli bir dokunuşla, söyleme sonsuzluğa yükselen güçlü bir ruhsal ivme kazandırdı – böylece bir anda bu diyalektik ateş dansının ortasında kalıverdi, kendisi de heyecanlanmıştı, fikirlerin horozlar gibi kapıştıkları bu atışmada, bir kışkırtıp bir yatıştırarak, gençlik enerjisinin, kendisini de içine alarak kabaran dalgalarına hükmetti. Masaya dayanmış, kollarını göğsünde kavuşturmuş tek tek öğrencilere bakıyordu, birine gülümsüyor, bir diğerini gizli bir işaretle karşı çıkmaya teşvik ediyordu ve aynı dün olduğu gibi gözleri heyecanla parlıyordu: Çocukların ağzından lafı almamak için kendini güç tuttuğunu hissettim. Kendine zorla hâkim olduğunu, göğsünü bir cendere gibi sıkan kollarının giderek artan basıncından ve çıkmaya hazır sözcükleri zahmetle bastıran ağzının kenarındaki çekilmelerden anlıyordum. Bir an geldi, artık kendini tutamadı ve bir yüzücünün suları hışırdatarak denize atlayışı gibi tartışmanın içine dalıverdi – hızla kaldırdığı elinin keskin bir hareketiyle patırtıyı bir orkestra şefi gibi bir anda susturdu. Derhal sessizlik hâkim oldu ve hoca, o toparlayıcı tarzıyla bütün gerekçeleri özetledi. Konuştukça dünkü yüzü yeniden ortaya çıkıyor, oynaşan sinirlerinin altında kırışıklıklar siliniyordu, boynunu ve bedenini atak ve hâkim bir ifadeyle germişti, böylece edilgin gözlemci konumunu bırakarak kendini coşkun bir sele atar gibi tartışmanın içine atıverdi. Doğaçlama onu çekiyordu: Kendi başına serinkanlı dururken, nesnel bir konu anlatırken ya da yazı masasının başındayken, burada, bizlerin arasında bulduğu yakıttan yoksundu, bizim nefesi kesilmişçesine büyülenmişliğimiz onun iç duvarlarını yıkıyordu; ah bunu nasıl da hissediyordum şimdi, kendi coşkusunun patlaması için bizim coşkumuza, kendi taşkınlığı için bizim açıklığımıza, heyecandan gençleşmek için bizim gençliğimize ihtiyacı vardı. Bir çembalocunun uçuşan ellerinin giderek yabanıllaşan ritminden sarhoş olması gibi, konuşması da sürekli daha kıvrak, daha renkli ve daha ateşli oluyordu. Bizim sessizliğimiz ne kadar derinleşirse (nefesimizi tutmuş dinlediğimiz mekânda ister istemez hissediliyordu), onun söylemi bir o kadar şiddetleniyor, heyecanlandırıyor, sürüklüyordu. Ve o anlarda hepimiz, yalnızca ona ait oluyorduk, sözcükleri içimize akarken taşkınlığı bizi sarhoş ediyordu.

Goethe'nin Shakespeare üzerine konuşmasından bir alıntıyla dersi yine aniden bitirdiğinde heyecanımız bir anda sönüverdi. Yine dünkü gibi bitkinlikle masaya dayandı, yüzü bembeyazdı, ama hâlâ sinir titreşimleri ve çekilmeler hafiften devam ediyor; gözleri, az önce tutkuyla kucaklanmış bir kadında hazzın yayılmaya devam etmesi gibi, tuhaf bir biçimde parlıyordu. O anda onunla konuşmaktan çekindim, fakat bakışları rastlantıyla bana takıldı. Anlaşılan hayranlık ve minnettarlık duyguları içinde olduğumu hissetti ki, dostça gülümsedi ve bana doğru eğilip elini omzuma koyarak o akşam sözleşmiş olduğumuz gibi evine beklediğini hatırlattı.

Saat tam yedide kapısındaydım, o eşiği ilk kez aşarken gençlik heyecanıyla tir tir titriyordum! Bir delikanlının hayranlığından daha tutkulu, onun tedirgin utangaçlığından daha kadınsı, daha ürkek bir şey olamaz. Beni hocamın çalışma odasına götürdüler, bu loş odaya girdiğimde ilk gördüğüm şey, cam kapılı kitaplıklarda dizili rengârenk kitapların sırtlarıydı. Yazı masasının üzerinde, Raffaello'nun *Atina Okulu* asılıydı, sonradan öğrendiğime göre bu, hocamın en sevdiği resimdi, çünkü bütün disiplinler, zihnin tüm biçimleri burada simgesel anlamda eksiksiz bir sentez olarak bir aradaydı. Ben resmi ilk kez görüyordum: İster istemez, Sokrates'in başına buyruk yüzüyle hocamın alnı arasında bir benzerlik olduğu kanısına vardım. Arka tarafta bir beyaz mermer pırıltısı vardı, bu Paris Ganymede'inin zarif bir

şekilde küçültülmüş büstüydü, yanında eski bir Alman ustadan Aziz Sebastian duruyordu; bu trajik güzelliğin, hazcı bir güzellikle yan yana bulunması rastlantı değildi sanırım. Yüreğim gümbürdeyerek, nefesim kesilerek çevremdeki bütün bu soylu sanat yapıtları gibi sessizce bekledim; bütün bu nesnelerden simgesel olarak, fikrin güzelliğinin benim için yeni bir türü ses veriyordu, daha önce hiç sezmemiş olduğum ve kardeşçe bir duyguyla yakınlaşmaya hazır olsam da henüz çok netleştiremediğim bir şeydi bu. Fakat inceleyecek fazla zamanım olmadı, beklediğim insan o sırada içeriye girerek yanıma geldi, gizli bir ateş gibi için için yanan ve içimdeki en gizli şeyleri çözmesine şaştığım o yumuşacık bakışlarıyla beni tekrar kavradı. Onunla hemen, bir dostla konuşur gibi içtenlikle konuşmaya başladım, bana Berlin'deki eğitimimle ilgili bir soru sorduğunda aniden babamın ziyaretiyle ilgili hikâye dilimin ucuna kadar geldi –anında korkuya kapıldım– ve henüz tanımadığım bu insana, kendimi büyük bir ciddiyetle eğitime vermek için ettiğim gizli yeminden söz ettim. Bana ilgiyle baktı. "Sadece ciddiyet değil, delikanlı," dedi sonra, "öncelikle tutku gerekli. Tutku yoksa, en iyi ihtimalle bir eğitimci olursun – insan her şeye içten gelen bir duyguyla, her zaman ama her zaman tutkuyla yaklaşmalı."
– Sesinin sıcaklığı giderek yoğunlaşıyor ve oda giderek kararıyordu. Uzun uzun kendi gençliğinden söz etti, kendisinin de başlangıçta ne akılsızlıklar yaptığını, asıl eğilimini daha sonra keşfettiğini anlattı. Cesaretli olmam yeterliydi, kendisi de elinden geldiğince beni destekleyecekti, bütün sorularımı ve isteklerimi çekinmeden ona iletebilirdim. Yaşamım boyunca benimle bu denli anlayışlı, bu denli duygudaşça konuşan biriyle hiç karşılamamıştım daha önce; minnettarlıktan titrerken içerisinin kararmış olmasına sevindim, gözlerimdeki yaşları gizlemişti.

Zamanın hiç farkına varmadan orada saatlerce oyalanabilirdim, ama o sırada hafifçe kapıya vuruldu. Kapı açıldı, ince bir siluet gölge gibi içeriye süzüldü. Hocam ayağa kalkarak tanıştırdı: "Karım." Belli belirsiz seçilen o incecik gölge yaklaştı, narin elini elime bıraktı ve eşine doğru dönerek, "Yemek hazır," dedi. Hocam "Evet, evet! Biliyorum," diye aceleyle yanıtlarken biraz öfkeliydi (en azından bana öyle gelmişti). Sesine birden soğuk bir şeyler karışmış gibiydi, o sırada odanın ışığı yandığında karşımda yine, amfinin nesnel katılığı içinde görmüş olduğum o yaşlanmış adamı buldum, bezgin bir tavırla benimle vedalaştı.

Sonraki iki haftayı tutkulu bir okuma ve öğrenme ateşiyle geçirdim. Odamdan neredeyse hiç çıkmıyordum, zaman kaybetmemek için yemeklerimi ayakta atıştırıyor, çok az uyuyor, dur durak bilmeden çalışıyordum. Kendimi, o büyülü doğu masalında olduğu gibi, kapalı kapıların her birini açtıkça ardında daha iri mücevherler ve değerli taşlarla karşılaşan ve sonuncuya varmak için giderek artan bir açgözlülükle odadan odaya geçen şehzade gibi hissediyordum. Aynı hırsla ben de bir kitaptan diğerine atılıyordum, her biriyle kendimden geçiyor, ama hiçbiriyle doymuyordum, taşkınlığım şimdi de zihinsel alana kaymıştı. O sırada düşün dünyasının çıkışsız genişliğini ilk kez sezmeye başladım; bu benim için büyük kentin maceraları kadar baştan çıkarıcı olduğu ölçüde, içimde, onunla başa çıkamayacağıma dair çocuksu bir korku da uyandırıyordu. Böylece uykudan, eğlenceden, sohbetten, dikkatimi dağıtacak her şeyden vazgeçerek gözüme ilk kez değerli görünen zamandan yararlanmaya çalıştım. Ne var ki gayretimi bu denli bileyen şey öncelikle hocam karşısında kendimi kanıtlama ihtiyacıydı, onun güvenini boşa çıkartmamak, ondan onaylayıcı bir gülümseme kopartmak istiyordum, benim onu hissettiğim gibi, onun da benim varlığımı hissetmesini istiyordum. En ufak bir fırsattan bile kendimi sınamak için yararlanıyordum, hocamı etkilemek, onu şaşırtmak için aslında pek keskin olmayan, ama artık inanılmaz biçimde kanatlanmış duyularımı kamçılıyordum. Sabah derste tanımadığım bir şairden söz etse, ertesi günkü tartışmalarda bilgimle öne çıkabilmek için öğleden sonra hemen peşine düşüyordum. Diğerlerinin farkına bile varmadıkları, tesadüfen dile getirdiği bir isteğini ben derhal emir kabul ediyordum. Öğrencilerin bitmek tükenmek bilmez sigara dumanlarıyla ilgili gelişigüzel bir şey mi söyledi, bu yanan sigaramı derhal elimden atıp bir anda bu yerleşik alışkanlığımı tümüyle bırakmama yetiyordu. Onun sözcükleri benim için İncil kelamı gibi, hem bir yasa hem de lütuftu, iyice gerilmiş dikkatimle, rastgele ettiği en ufak bir sözcüğü bile yakalamak için sürekli tetikteydim. Eve döndüğümde ganimetimi tüm duyularımla yoklayıp titizlikle saklamak üzere, her sözcüğünü, her mimiğini büyük bir açgözlülükle kapıyordum. Nasıl bir tek onu kendime kılavuz kabul ediyorsam, o sabırsız tutkumla diğer bütün arkadaşlarımı da düşman gibi görüyor ve her gün onları yenmek ve aşmak için kıskançlıkla ant içiyordum.

Benim için ne kadar önemli olduğunu artık kendisi de fark ediyor muydu, yoksa heyecanlı yaradılışımla mı sevgisini kazandım, bilmiyorum, durum her neyse, hocam kısa zamanda artan bir ilgiyle beni takdir etmeye başladı. Okuma önerilerinde bulunuyor, aralarına yeni girmiş olmama rağmen tartışmalarda beni sık sık ön plana çıkartıyordu ve istediğim zaman baş başa konuşmalar için akşamları onu ziyaret etme iznim vardı. Böyle zamanlarda raftaki kitaplardan birini alır, heyecanlandıkça bir ton tizleşen o çınlayan sesiyle tragedyalardan parçalar veya şiirler okur ya da tartışmalı konulara açıklık getirirdi. Sarhoş gibi geçirdiğim bu ilk iki hafta içinde, sanatın esaslarına dair on dokuz yıl boyunca öğrendiğimden çok daha fazlasını öğrendim. Bana çok kısa gelen o akşamlarda hep ikimiz olurduk. Sonra saat sekize doğru kapı hafifçe vurulur, karısı akşam yemeğini hatırlatırdı. Anlaşılan bu konuda uyarı aldığından, konuşmamızı bölmemek için artık asla içeriye girmiyordu.

Bir sabah içimdeki çalışma ateşi, aşırı gerilmiş çelik bir yay gibi kırıldığında artık iki hafta geçmişti, dopdolu ve hararetli ilkyaz günleriydi bunlar. Hocam gayretimi fazla abartmamam, arada bir, bir gün ara verip açık havaya çıkmam için beni daha önce uyarmıştı – şimdi bu öngörü bir anda gerçek olmuştu; ağır bir uykudan sersem bir kafayla uyandım, okumaya çalıştığımda bütün harfler gözümün önünde topluiğne başları gibi uçuşmaya başladı. Hocamın en küçük bir sözüne bile kölecesine bağlılık gösterdiğimden derhal söz dinleyerek, öğrenerek geçirdiğim günlerin arasında bir günü de boş bırakmaya ve eğlenmeye karar verdim. Sabah erkenden dışarı çıktım; ortaçağdan kalma yerleri de olan kenti ilk kez geziyordum, bedenimi biraz çalıştırmak için çan kulesine çıkan yüzlerce basamağı tırmandım ve yukarıdaki platformun önünde etrafı çimenlerle çevrili küçük bir göl keşfettim. Kıyıda doğmuş bir Kuzeyli olarak yüzmeyi çok seviyordum, işte tam da burada, sanki memleketimin rüzgârıyla savrulmuş gibi benek benek pırıldayan çimenliklerin arasında, yemyeşil bir göller diyarına benzeyen kulenin tepesinde, kendimi yeniden onca sevdiğim suyun içine bırakmak için birdenbire dayanılmaz bir istek duydum. Yemekten sonra yüzme havuzunu bulup da kendimi suya attığımda bedenim hazla titredi, kol kaslarım haftalardan beri ilk kez güçle dolarak esnedi; çıplak tenime vuran rüzgâr ve güneş, beni yarım saatin içinde yine, arkadaşlarıyla yabanice boğuşan ve bir delilik uğruna yaşamını tehlikeye atan o eski haşarı oğlan haline getiriverdi. Suyun içinde gerilir, delicesine dönüp dururken kitapları da bilimi de tümüyle unuttum. Kendime özgü o taşkınlığımla, uzun zamandır özlemini çektiğim eski tutkum bir anda canlandı, yeniden kavuştuğum suyun içinde iki saat çırpınıp durdum, içimde birikmiş olan fazla enerjiyi boşaltmak için belki otuz kere tramplenden atladım, iki kez gölü boydan boya yüzdüm, ama hâlâ hararetim sönmemişti. Soluk soluğa bir halde, gerilmiş kaslarımı gevşetmek için silkelerken, bir yandan da sabırsızlıkla, kendimi sınamak için cesaret isteyen, gözü kara, zorlu bir şeyler arıyordum.

O sırada karşı tarafta, kadınlar havuzunda tramplenin gıcırdadığını, güçlü bir atlayışın şiddetiyle zemindeki tahtaların titreştiğini hissettim. Atlayış sırasında çelik bir yay gibi görünen ince bir kadın bedeni önce yukarı doğru gerildi, ardından balıklama suya daldı. Dalışın hızıyla su bir saniye kadar bembeyaz köpürerek anafor yaptı, sonra o gergin beden tekrar yüzeye çıkarak güçlü kulaçlarla havuzun ortasındaki adacığa doğru yüzmeye başladı. "Peşine düş! Geç onu!" İçimdeki sporcu hırsıyla kaslarım gerildi, derhal suya atladım ve kadının suda bıraktığı izde amansız bir tempoyla peşine düştüm. Fakat belli ki takip edildiğini anlayan ve benim gibi sıkı bir yüzücü olan kadın avantajından yararlandı, yön değiştirerek adayı geçti ve aniden hızla geri dönüş yaptı. Niyetini hemen anlayarak ben de sağa açıldım, öyle hızlı yüzüyordum ki, artık elim onun suda bıraktığı ize dalmış, aramızda sadece bir karış kalmıştı. İşte o sırada gözü pek bir kurnazlıkla aniden daldı ve az sonra kadınlar kısmını ayıran bariyerin ardında tekrar yüzeye çıkarak onu daha fazla izlememi engelledi. Yarışı kazanan kadın üzerinden sular damlayarak merdivenden çıktı, elini göğsüne bastırıp bir an dinlenmek ihtiyacı duydu, belli ki nefessiz kalmıştı. Sonra arkasına bakıp benim bariyere takılıp kaldığımı görünce tüm dişlerini göstererek zaferle güldü. Keskin güneş ışığının ve yüzücü bonesinin altında yüzünü pek seçemedim, yalnızca yendiği kişiye karşı alayla ve apaçık güldüğü görülüyordu.

Hem kızdım hem de sevindim aynı zamanda, çünkü Berlin'den beri ilk kez bir kadının onaylayan bakışlarını üzerimde hissetmiştim – belki de bir macera bana göz kırpıyordu.

Üç kulaçta erkekler kısmına yüzdüm, sırf çıkışta onun yolunu gözlemek için giysilerimi çabucak ıslak bedenime geçirdim. On dakika bekledikten sonra hafif adımlarla yürüyerek yaklaşan gururlu rakibem göründü –erkek çocuğunu andıran ince bedeniyle onu tanımamak mümkün değildi– ve beni fark eder etmez, belli ki konuşma olanağını ortadan kaldırmak amacıyla adımlarını hızlandırdı. Daha önce yüzerken olduğu gibi yürürken de hareketleri çevik ve güçlüydü, bütün eklemleri genç ve belki de biraz fazla ince bedene hemen boyun eğiyordu. Uçarcasına uzaklaşan kadına dikkat çekmeden yetişebilmek için nefes nefese kalmıştım. Sonunda başardım, bir dönemece geldiğimizde ustaca önüne geçtim, şapkamı çıkartıp öğrenci usulü geniş bir selam vererek doğru dürüst yüzüne bile bakmadan, ona eşlik edebilir miyim diye sordum. Yandan alaycı bir bakış attı ve o sıkı temposunu hiç yavaşlatmadan neredeyse kışkırtıcı bir ironiyle yanıt verdi: "Sizce fazla hızlı yürümüyorsam niye olmasın. Biraz acelem var da." Bu rahatlığından cesaret alarak biraz ısrar ettim, bir yığın meraklı ve çoğu da aptalca soru sordum, fakat o bunları isteyerek ve öyle şaşırtıcı bir umursamazlıkla yanıtlıyordu ki, beni niyetime yaklaştıracağına uzaklaştırdı diyebilirim. Benim Berlin'de edindiğim kadınlara yaklaşma tarzım, daha çok dirence ve alaycılığa karşı geliştirilmişti, böyle yıldırım hızıyla yürürken sürdürülen rahat bir sohbete göre değildi. Böylece ikinci kez, daha üstün bir rakip karşısında beceriksiz davrandığım duygusuna kapıldım.

Fakat daha da kötüsüyle karşılaşacaktım. Çünkü ısrarın ölçüsünü kaçırarak nerede oturduğunu sorduğumda, fındık kahverengisi bir çift muzip göz aniden bana dönerek ışıl ışıl baktı, gülümsemesini gizlemeye artık gerek görmüyordu. "Size çok yakın oturuyorum." Şaşkınlıkla yüzüne baktım. Attığı ok yerini buldu mu diye, bir kez daha yandan şöyle bir baktı bana. Gerçekten de gırtlağıma saplanmıştı. O küstah Berlin ağzıyla konuşmaktan anında vazgeçtim, güvenimi tümüyle yitirip neredeyse ezik bir halde kekeleyerek yol arkadaşlığımdan sıkılıp sıkılmadığını sordum. "Niye sıkılayım ki," diye gülümsedi tekrar, "iki sokak kaldı zaten, onları da birlikte yürüyebiliriz." O anda kan beynime çıktı, adım atacak halim kalmamıştı, ama yapacak bir şey yoktu, o anda oradan ayrılmak daha rencide edici olacaktı; bu durumda oturduğum eve kadar onunla birlikte yürüdüm. Evin önünde aniden durdu, bana elini uzatıp önemsemeden konuştu: "Eşlik ettiğiniz için teşekkürler! Bugün altıda kocamı görmeye geleceksiniz zaten."

Utançtan kıpkırmızı kesilmiş olmalıydım. Ama daha ben özür dileyemeden o merdivenlerden hızla çıkıvermişti ve ben ukalalıkla ettiğim bütün o budalaca sözleri korkuyla aklımdan geçirerek orada kalakaldım. Ben atıp tutan deli, onu basit bir terzi kız gibi pazar gezintisine davet etmiş, bayağı sözcüklerle bedenine övgüler düzmüştüm, sonra da yalnız öğrenci mavalını okumuştum – kendimi utançtan kusacakmış gibi hissediyordum, tiksintiden boğulacak gibiydim. O ise gurur dolu yüzünde gülücüklerle, benim aptallıklarımı anlatmak üzere kocasına gidiyordu, ki hocamın yargısı benim için diğer herkesinkinden daha önemliydi ve onun karşısında gülünç düşmek, pazar meydanında çıplak kırbaçlanmaktan daha utanç vericiydi.

Akşama kadar korkunç saatler geçirdim; binlerce kez, beni o hafif ironik gülümsemesiyle karşılayışını hayal ettim, ah, onun bir kinayeli konuşma ustası olduğunu biliyordum, insanın kanına işleyen kor gibi yakıcı espriler yapmaktan çok iyi anlardı. O gün merdivenleri darağacına çıkan bir idam hükümlüsü gibi çıkarken çoktan boğulmuş gibiydim, boğazımda bir yumruyla odasına girdiğimde içimin karışıklığı daha da arttı, bir kadın eteğinin hışırtısını duyduğumu sanmıştım. Benim utancımla eğlenmek, ne dediğini bilmeyen bir delikanlının rezil oluşunu izlemek için mutlaka orada, o kibirli haliyle bizi dinliyordu. Hocam sonunda geldi. "Sizin neyiniz var böyle?" diye kaygıyla sordu. "Bugün pek solgunsunuz." İyi olduğumu söyleyerek karşı çıktım, bir iğneleme geleceğini umuyordum. Fakat beklediğim infaz gerçekleşmedi, her zamanki gibi hep edebi konulardan söz etti, ne kadar büyük bir dikkatle izlesem de tek bir sözcüğünde bile bir değindirme veya alay sezemedim. Sonunda hem şaşkınlık hem mutlulukla fark ettim ki, karısı hiçbir şey anlatmamıştı.

Saat sekizde her zamanki gibi kapı vuruldu. Vedalaştık, benim yine yüreğim ağzımdaydı. Dışarıya çıktığımda yanımdan geçti, selam verdim, o da bakışlarıyla hafifçe gülümsedi bana. Kanımın damarlarımda daha serbest akmaya başladığını hissettim ve bu bağışlanmayı, suskunluğunu sürdüreceğine dair bir vaat olarak kabul ettim.

O günden sonra etrafıma farklı bir dikkatle bakmaya başladım, gözümde Tanrılaştırdığım hocama duyduğum hayranlıkla onu başka dünyalara ait bir deha olarak görmüş ve özel yaşamına, dünyevi haline dikkat etmeyi tümüyle unutmuştum. Her gerçek hayranlığın yapısında bulunan o aşırılıkla, hocamı, yöntemsel olarak düzenlenmiş dünyamızın gündelik işleyişinin tamamen dışına çıkartıp yüceltmiştim. İlk kez âşık olan bir delikanlı, tapındığı kızı hayallerinde soymaya nasıl cesaret edemezse ve onun varlığını diğer sayısız hemcinsine yaptığı gibi olağan göremezse ben de hocamın özel alanına kaçamak bir bakış atmayı dahi göze alamıyordum: Onu nesnel ve sıradan şeylerden bağımsız bir varlık olarak görüyordum, o benim için sözün sesi ve yaratıcı ruhun taşıyıcısıydı. Fakat o trajikomik macera karısıyla yolumu çakıştırdıktan sonra, ev ve aile yaşamını daha yakından gözlemekten kendimi alıkoyamadım, aslında içimde istemim dışı gelişen huzursuz edici meraktı gözlerimi açan. Ne var ki, bu hassas bakış içimde geliştiği anda hemen bulanmaya başladı, çünkü bu adamın kendi özel alanındaki varoluş biçimi de değişikti ve neredeyse ürkütücü bir bilmece gibiydi. Bu karşılaşmadan kısa bir süre sonra, ilk kez sofralarına konuk olup onu yalnız değil de, karısıyla birlikte gördüğümde tuhaf ve karmaşık bir yaşam ortaklıkları olduğuna dair garip bir kuşku uyandı içimde. Ve bu evin iç dünyasının daha derinlerine girdikçe bu duygu aklımı iyice karıştırmaya başladı. İkisinin arasında söz veya davranış düzeyinde bir gerilim, bir anlaşmazlık gördüğümden değil, aksine ikisini böyle tuhaf bir biçimde sarmalayıp görünmez kılan hiçlikti, herhangi bir gerilimin veya karşıtlığın hiç olmayışıydı; ortamı fırtınalı bir kavgadan veya gizli bir garezden daha fazla ağırlaştıran şey, ağır ve bunaltıcı bir duygu kıpırtısızlığıydı. Dışta bir öfkeyi veya gerilimi ele veren hiçbir şey yoktu, ancak içten sızan soğukluğu giderek daha güçlü hissediyordum. Çünkü nadiren konuştuklarında, karşılıklı yönelttikleri sorular ve yanıtlar sanki birbirlerine şöyle bir dokunup geçiyor, asla samimiyetle kaynaşmıyor, el ele vermiyordu ve hocam yemek sırasında benimle konuşurken de kuru ve tutuk davranıyordu. Bazen sohbet, tekrar çalışmamıza dönmüyorsak, koca bir suskunluk kütlesine dönüşerek donup kalıyordu ve artık kırmaya ikimiz de cesaret edemiyorduk, ben bu soğuk yükün ağırlığını daha sonra saatlerce omuzlarımda hissediyordum.

Beni en çok korkutan onun tam bir yalnızlık içinde olmasıydı, bu zihni açık ve ufku geniş adamın hiç dostu yoktu, tek sosyal çevresi ve avuntusu öğrencileriydi. Üniversitedeki meslektaşlarıyla nezaket kurallarının gerektirdiğinin ötesinde hiçbir ilişkisi yoktu, hiçbir topluluğa katılmıyordu, çoğunlukla yirmi adım ötede olan üniversiteye gitmenin dışında evden günlerce çıkmıyordu. İnsanlara da, yazıya da güvenmiyor her şeyi sessizce içine gömüyordu. Öğrencilerinin arasındaki konuşmalarının taşkınlığını, abartılı heyecanını şimdi anlıyordum: İçinde günlerce birikmiş olan paylaşma ihtiyacı patlıyordu, sessizce içinde taşımış olduğu tüm düşünceler, günlerce ahırda kapalı kalmış bir atın bir anda boşanması gibi köpürerek içinden fışkırıp sözcüklerin sürek avına katılıyordu.

Evde ağzından nadiren laf çıkıyor, en az da karısıyla konuşuyordu. Deneyimsiz bir delikanlı olarak ben bile, bu iki insanın arasında bir gölgenin süzüldüğünü neredeyse utanç dolu, ürkek bir şaşkınlıkla görüyordum; sürekli aralarında dalgalanan bu gölge ele gelmese de, birini diğerinden kesin olarak ayırıyordu. İlk kez bir evliliğin dışa karşı ne sırlar saklayabileceğini sezinledim. Odasının kapısına görünmez bir mühür vurulmuş gibiydi, karısı çağrılmadan içeriye adım atma cesaretini asla göstermiyordu: Profesörün onu zihinsel dünyasının tümüyle dışında bıraktığı belliydi. Ayrıca karısı varken planlarından ve çalışmalarından söz edilmesine hiçbir şekilde tahammül edemiyordu, karısı içeri girer girmez tutkuyla başlamış olduğu bir cümleyi bıçakla keser gibi ortasında kesivermesi karşısında açıkça sıkıntı duyuyordum. Burada nezaket kalıplarının saklamaya yetmediği, neredeyse horlayan ve küçümseyen bir şey gizliydi; hocam karısının katılımını sert ve açık bir biçimde reddediyordu – fakat kadın bunu fark etmez gibiydi veya artık alışmıştı. Hareket etmekten zevk alan hafif ve çevik bedeni, gururlu oğlan çocuğu yüzüyle merdivenlerden uçarak inip çıkıyordu; her zaman işi başından aşkındı, ama yine de tiyatroya gitmeye zaman buluyor, hiçbir spor karşılaşmasını kaçırmıyordu – buna karşılık otuz beşlerindeki genç kadının kitaplara, ev hayatına, kapalı, sakin ve düşündürücü olan hiçbir şeye ilgisi yoktu. Hep şarkılar mırıldanan, gülmeyi seven ve her an iğneleyici konuşmalara hazır olan bu kadın, ancak dans ederken, yüzerken, yürürken zorlayıcı bir devinim içinde bedenini serbest bırakabildiğinde mutlu görünüyordu. Benimle asla ciddi bir konuşmaya girmiyor, bir yeniyetmeymişim gibi takılıp şakalaşıyordu, en iyi durumda onun için güç denemelerine girişebileceği bir oyun arkadaşıydım. Onun bu kıvrak ve neşeli tarzı, hocamın yalnızca düşünceler âleminde kanatlanabilen, karanlık ve tümüyle içine dönük yaşam biçimiyle öylesine büyük bir zıtlık içindeydi ki, birbirine böylesine yabancı bu iki yaradılışı bir zamanlar neyin birleştirmiş olabileceğini her seferinde yeniden şaşkınlığa düşerek kendi kendime sorup duruyordum. Benim içinse bu garip karşıtlık rahatlatıcıydı aslında. Yorucu bir çalışmadan sonra genç kadınla sohbet ettiğimde alnımı sıkıştıran bir kasktan kurtulmuş gibi oluyordum; bütün nesneler bürünmüş oldukları o ateşli esrime halinden çıkıp gündelik renklerine ve dünyeviliğin berraklığına geri dönüyorlardı; yaşamın şen ve cana yakın tarafı neşeyle hakkını istiyor ve hocamın yoğunlaştırıcı varlığıyla unuttuğum şeyin, gülmenin, zihinselliğin ağır basıncını dağıtması iyi geliyordu. Karısıyla aramda bir tür gençlik arkadaşlığı gelişmişti, büyük bir rahatlıkla önemsiz konulardan söz ediyor veya tiyatroya gidiyorduk, bir araya geldiğimizde gerginlik verici hiçbir şey yaşanmıyordu. Sohbetlerimize hâkim olan mükemmel kaygısızlığı tek bir şey bölüyor ve her seferinde aklımı karıştırıyordu: Hocamın adının anılması. Merakla sorduğum sorulara değişmez bir biçimde gergin bir sessizlikle karşılık veriyordu veya hocamdan coşkuyla söz ettiğimde bunu tuhaf ve gizli bir gülümsemeyle karşılıyordu. Fakat ağzından tek sözcük çıkmıyordu, profesör onu nasıl yaşamından çıkartmışsa o da onu bir başka biçimde, ama aynı şiddetle yaşamından çıkartmıştı. Yine de on beş yıldan beri aynı çatının altında suskunluk içinde yaşamaktaydılar.

Fakat bu gizem ulaşılmazlaştıkça benim tutkulu sabırsızlığımı da bir o kadar kışkırtıyordu. Burada bir gölge, sözcüklerin her esintisinde çok yakınımda garip biçimde salındığını hissettiğim bir tül vardı, tam bir ipucu yakaladığımı sandığımda, bu karmaşık doku tekrar elimden kayıp gidiveriyordu; fakat bir an sonra yeniden tüylerimi ürperttiğini hissediyordum, hiçbir zaman somut bir söze, elle tutulur bir biçime dönüşmüyordu. Fakat genç bir insan için belirsiz varsayımların sinir bozucu oyunundan daha rahatsız edici, daha uyarıcı bir şey olamaz, başka zamanlarda orada burada avare dolaşan hayal gücü, peşine düşülecek bir av gördüğünde yeni keşfettiği bir iz sürme hazzıyla yanıp tutuşmaya başlar. Daha önceleri aldırışsız bir delikanlıyken o günlerde tümüyle yeni duyarlılıklarla tanıştım, ses tonundaki en ufak değişimi hemen algılayan çok hassas bir işitme duyusu; gözetleyen, sorgulayan, kuşkucu ve keskin bir bakış; ortalığı altüst ederek karanlıkta ilerleyen bir merak geliştirdim – hep bir sezginin uyarısıyla titreşen sinirlerim sürekli acıtacak denli geriliyor ve asla gevşeyip rahatlama olanağı bulamıyordu.

Ne var ki beni her an tetikte tutan, nefes kesici merakımı yine de kınayamam, çünkü saftı. İçimdeki tüm duyuları ayaklandıran heyecanın nedeni, kendinden üstün birinin düşkün bir yanını yakalamaktan hoşlanan bayağı bir gözetleme arzusu değildi; aksine bu suskun insanın gizli bir üzüntüsü olduğunu hissetmenin verdiği kaygılar içinde, tereddütlü ve çaresizce bir acıma duygusuyla hareket ediyordum. Çünkü onun yaşamına yaklaştıkça, hocamın sevgili yüzüne yerleşmiş olan o gölgenin ağırlığını daha çok hissettim, hiçbir zaman kaba bir huysuzluğa veya dizginsiz bir öfkeye indirgenmeyen, soylulukla başa çıkılan ve bu yüzden de soylu bir hüzündü bu. Sözcüklerinin volkan gibi patlayan aydınlığıyla, beni daha bir yabancıyken, ilk anda nasıl kendine çektiyse, şimdi, artık onu tanıdıktan sonra, suskunluğuyla ve alnının üstünde dolaşan hüzün bulutuyla daha da fazla çekiyordu. Genç bir adamın duygularını olgun bir erkeğin kederi kadar etkisi altına alan başka bir şey olamaz. Michelangelo'nun kendi içindeki uçuruma dalmış *Düşünen Adam*'ı, Beethoven'ın acıyla kıvrılan ağzı gibi, dünya acılarını dile getiren bu trajik masklar, henüz tam şeklini bulmamış ruhunu Mozart'ın pırıltılı müziğinden veya Leonardo'nun figürlerini saran berrak ışıktan daha çok etkilerdi. Kendisi zaten bir güzellik olan gençliğin güzelleştirmeye ihtiyacı yoktur: İçindeki gücün aşırı canlılığı onu trajik olana sürükler ve hüznün henüz deneyimsiz olan kanına ağır ağır karışmasına isteyerek izin verir. İşte, gençliğin her türlü tehlikeye hazır olmasının ve ruhun tüm acılarına kardeşçe elini uzatmasının nedeni de budur.

Ve ben gerçekten acı çeken birinin yüzüyle ilk kez burada karşılaşıyordum. Sıradan bir orta sınıf ailesinin tehlikelerden uzak rahatlığı içinde büyüdüğümden, ben kaygıları sadece gündelik yaşamın gülünç maskelerinin ardında, öfke olarak kılık değiştirmiş, hasedin sarı kaftanına bürünmüş halde, paraları şıkırdatarak yapılan küçük hesaplarda tanımıştım – fakat onun yüzünde gördüğüm buruklğun daha kutsal bir kaynağı olduğunu hemen hissettim. Onun karanlığı, karanlığın ta içinden geliyordu, onun zamanından önce çökmüş yanaklarına bu kırışıklıklar ve yarıklar, kendi iç dünyasının acımasız kalemiyle kazınmıştı. Bazen odasından içeri adımımı attığımda (her seferinde perili bir eve yaklaşan küçük bir çocuğun duyduğu ürküntüyü duyardım) ve o dalgınlığı içinde kapıya vurduğumu duymadığında kendi kendini unutmuş bu adam karşısında utanca kapılırdım. İşte o zaman, zihni gizemli uçurumlarda ve bir cadılar gecesi ürperticiliği içinde dolaşırken karşımda sadece bedeninin kabuğu içinde, Faust kılığına bürünmüş Wagner duruyormuş gibi hissederdim. Böyle anlarda duyuları tamamen kilitlenmiş olurdu, ne yaklaşan adımları ne çekingen bir selamı duyardı. Sonra aniden kendine gelip irkildiğinde telaşlı sözcüklere sığınarak sıkıntısını örtmeye çalışırdı: Odanın içinde bir aşağı bir yukarı yürüyerek, meraklı bakışları kendinden uzaklaştırmak için sorular sorardı. Ne var ki alnındaki karanlık bulut daha uzun süre orada kalırdı, ta ki sohbetin hararet bu içten yükselen gölgeyi dağıtana kadar.

Görünüşünden ne kadar etkilendiğimi bazen anlıyor olmalıydı, belki gözlerimden, belki ellerimin huzursuzluğundan bunu anlayabilirdi; bana güvenmesini isteyen gizli bir ricanın dudaklarımda dolaştığını hissediyor veya fırsat kollayan tutumumdan onun acısını üstlenmek, içselleştirmek için duyduğum ateşli isteği seziyordu belki. Bunları elbette hissediyordu, çünkü kendini kaptırmış konuşurken aniden duruyor ve heyecanla bana bakıyordu, evet, bu tuhaf sıcaklıktaki, kendi doluluğuyla ağırlaşmış bakış beni sürükleyip götürüyordu. Sonra çoğu zaman huzursuzlukla elimi tutup uzun süre bırakmıyordu – her seferinde beklentiye kapılıyordum: Evet, şimdi, şimdi konuşacak benimle. Fakat o bunun yerine sert bir jestle sözlerine devam ediyor, hatta bazen ağzından kasten kendine getirici, soğuk veya alaycı bir sözcük çıkıyordu. İçimdeki coşkuyu uyandıran ve besleyen, coşkunun ta kendisi olan bu adam, sonra birdenbire kötü yazılmış bir ödevdeki yanlışı siler gibi onu elimden alıveriyordu ve içimi açtığım, onun güveni için yanıp tutuştuğum ölçüde o öfkeleniyor ve buz gibi sözlerle beni uzaklaştırıyordu: "Bunu anlamazsınız!" veya "Böyle abartmalardan vazgeçin!" Bunlar beni kışkırtan ve çaresizliğe düşüren sözlerdi. Bu hava gibi değişken, bir anda sıcaktan soğuğa geçiveren, farkına varmadan beni kızıştırıp sonra aniden üzerime buzlar boca eden adam yüzünden ne acılar çektim, o müthiş heyecanıyla heyecanımı tutuşturur, sonra da eline kırbacı alır gibi alaycı bir uyarıda bulunurdu – evet, ona ne kadar yaklaşırsam beni bir o kadar sertlikle, hatta korkuyla itip uzaklaştırdığı gibi acımasız bir duyguya kapılmıştım. Onun yanına, sırrının yakınına hiçbir şey yaklaşmamalıydı, yaklaşamazdı.

Çünkü giderek daha yakıcı bir biçimde hissediyordum ki onun içinde bir sır gizliydi, onun insanı büyülercesine çeken derinliklerinde tuhaf ve tekinsiz bir sır barınıyordu. Bakışlarını garip bir biçimde kaçırmasından bir şeyler sakladığını hissediyordum, ona minnetle kendimi bıraktığım zamanlarda bir an hararetle parlayan gözlerini sonra ürkekçe kaçırıveriyordu; bir sırrın varlığı, karısının dudaklarındaki acılı kıvrımda, ondan övgüyle söz edildiğinde neredeyse gücenerek bakan kasaba halkının tuhaf ve çekimser soğukluğunda, daha birçok acayiplikte ve beklenmedik sıkıntılı halde seziliyordu. Böylesi bir yaşamın merkezine yakınlaştığını sanmak ve yine de kaynağa, kalbe giden yolu bilmeden, bir labirente düşmüşçesine olduğun yerde dönüp durmak ne büyük bir azaptı!

Fakat benim için en anlaşılmaz, en heyecan verici yanı muziplikleriydi. Bir gün bölüme gittiğimde derslere iki gün ara verildiğini belirten bir kâğıdın asılmış olduğunu gördüm. Diğer öğrenciler şaşırmış görünmüyorlardı, fakat ben daha dün onda olduğum için, hastalanmış olabileceğinden korkarak hemen evine gittim. Telaşımdan heyecanımın büyüklüğünü anlamış olması gereken karısı kuru bir gülümsemeyle yetindi. "Bu sık sık olan bir şeydir," dedi garip bir soğuklukla, "sadece siz henüz bilmiyorsunuz." Ve gerçekten de onun böyle bir anda ortadan kaybolduğunu diğer öğrenciler de söylediler, bazen sadece bir telgraf çekerek mazeret gösteriyormuş. Bir keresinde öğrencilerden biri onunla sabahın dördünde Berlin'de bir sokakta karşılaşmış, bir diğeri yabancı bir kentteki birahanede. Bir mantarın şişeden fırlaması gibi bir anda fırlayıp gidiyor ve nerede olduğunu kimse anlamadan tekrar geri dönüyordu. Bu ani kayboluş beni bir hastalık kadar sarstı, o iki gün boyunca dalgın, huzursuz ve gergin bir halde ortalıkta dolaştım. Onun alışılmış varlığı olmayınca üniversite benim için bir anda anlamsız bir boşluğa dönüşüvermişti, içine kıskançlığın da karıştığı karmakarışık varsayımlarla kendimi yiyip bitiriyordum. Gerçek yaşamına katılmak için öylesine yanıp tutuşurken beni bir dilenci gibi ayazda bıraktığı için içimde onun kapalılığına karşı nefret ve öfkeye benzer bir şeyler boy gösterdi. Henüz yeniyetme sayılacak bir öğrenci olarak ondan açıklama ve bilgi bekleme hakkım bulunmadığını kendi kendime defalarca boşuna yineledim. Bana gösterdiği iyilik, bir üniversite profesörünün görevinin gerektirdiğinin kat kat üstündeydi ve bana duyduğu güveni gösteriyordu. Fakat ateşli bir tut-

kunun karşısında aklın hükmü yoktur: Sonunda karısının
giderek sertleşen olumsuz yanıtlarında bir öfke sezene kadar
bir budala gibi belki günde on kez gidip dönüp dönmediğini
sordum. Gece yarısına kadar uyumayıp acaba döner mi diye
ayak seslerini bekledim, sabahleyin bir daha sormaya cesa-
ret edemesem de tedirginlikle kapısının önünde dolandım.
Sonunda üçüncü gün ansızın odama girdiğinde soluğum ke-
sildi. Çok korkmuş olmalıyım, bunu en azından, peş peşe
birkaç kayıtsız soru sorarak örtmeye çalıştığı sıkıntılı şaşkın-
lığından anladım. Bakışlarını benden kaçırdı. Sohbetimiz ilk
kez tıkanıp kaldı, sözcükler birbirlerine dolanıp duruyordu,
ikimiz de onun ortadan kayboluşuna kesinlikle değinmeme-
ye çalıştığımız için bu suskunluk alanı konuşmanın akışını
tıkadı. Benden ayrıldığında içimdeki merak birden ateş gibi
parladı ve yavaş yavaş uykumu da uyanıklığımı da kemir-
meye başladı.

Onu anlamak ve daha derinden tanımak için verdiğim
bu savaş haftalarca sürdü. Kaskatı suskunluğunun altında
volkan gibi kaynadığını hissettiğim ateşten çekirdeğin kar-
şısında kendimi inatla kapattım. Sonunda, şanslı bir anda,
onun iç dünyasına adım atmayı başardım. Yine akşam ka-
ranlığı çökmeye başlayana kadar odasında oturmuştuk, o
sırada kilitli bir çekmeceden Shakespeare'in bazı sonelerini
çıkarttı, adeta bronza işlenmiş gibi duran bu kısa metinleri
önce kendi serbest çevirisiyle okudu, sonra nüfuz edilmez
gibi görünen bu şifreli yazıları öylesine aydınlattı ki, hisset-
tiğim yoğun mutlulukla birlikte, bu coşkun insanın arma-
ğan ettiği her şeyin akıp giden sözcüklerin geçiciliği içinde
yiteceği kaygısına kapıldım. O sırada içime birden nereden
geldiğini bilemediğim bir cesaret doldu ve ona büyük yapıtı-
nı, "Dünya Tiyatrosu Tarihi"ni niçin tamamlamadığını sor-
dum, fakat daha sözümü bitirir bitirmez, gizli ve can yakıcı
bir yaraya istemeden kötü bir şekilde dokunmuş olduğumu

korkuyla fark ettim. Ayağa kalktı, arkasını döndü ve uzun süre sessiz kaldı. Odaya bir anda alacakaranlık ve sessizlik dolmuş gibiydi. Nihayet bana yaklaştı, yüzüme ciddiyetle baktı ve dudakları ince bir çizgi gibi aralanmadan önce defalarca titredi, sonra şu acılı itiraf döküldü dudaklarından: "Yoğun çalışmalara girişemiyorum. Artık bitti. Cesurca planlar yalnızca gençlikte yapılabiliyor. Dayanıklılığımı yitirdim. Niçin saklayayım ki, artık çabuk pes eder oldum, uzun süre dayanamıyorum. Eskiden daha fazla gücüm vardı, şimdi kalmadı. Artık sadece konuşabiliyorum: Bazen söz beni havalandırıyor, bir şeyler beni kendi sınırlarımın üstüne çıkarıyor. Fakat sessizce oturup çalışmak, hep yalnız, hep yalnız olmak, bu artık elimden gelmiyor."

Halindeki teslimiyet beni sarstı. Her gün öylesine rahatlıkla bizim önümüze serdiklerini artık biraz da sıkı tutmasını, sürekli dağıtmak yerine kendi yapıtını oluşturmak için korumasını içtenlikle ve ısrarla rica ettim. "Ben artık yazamıyorum," diye bezgin bir halde tekrarladı, "yeterince yoğunlaşamıyorum." "O halde dikte ediniz!" Ve bu fikrin çekimine kapılarak ona neredeyse yalvardım: "Bana yazdırabilirsiniz. Bir kere deneyin! Belki sadece başlangıcını yazdırmanız yeterli olur – sonra kendiniz geri dönemezsiniz zaten. Dikte etmeyi deneyin, sizden rica ediyorum, lütfen benim hatırım için!"

Bakışlarını bana çevirdi, önce şaşkınlıkla, sonra düşünceli bir şekilde baktı. Bu fikir bir biçimde aklını meşgul etmiş gibiydi. "Sizin hatırınız için, öyle mi?" diye yineledi. "Benim gibi yaşlı bir adamın böyle bir işe girişmesinin hâlâ birilerini sevindirebileceğine inanıyor musunuz?" Burada, duraksayarak da olsa, bir geri adımın geldiğini hissettim; daha az önce bulutlanıp içe dönmüşken şimdi sıcak bir umutla çözülerek açılıp aydınlanan bakışlarından hissettim bunu. "Samimi misiniz gerçekten?" diye sordu; artık içten gelen bir istek iradesine akın etmeye başlamıştı, sonra bir anda şunları söyledi: "Deneyelim o halde! Gençlik her zaman haklıdır, onu dinlemek bilgeliktir." Taşkın sevincim, zafer coşkum onu canlandırmıştı sanki: Odanın içinde çevik adımlarla gidip gelmeye başladı, neredeyse bir delikanlı heyecanına kapılmıştı ve sonunda bir anlaşmaya vardık. İlk başta, akşam yemeğinden hemen sonra her gün saat dokuzda bir saat denemeye karar verdik. Ertesi akşam da başladık.

Ah, o saatleri nasıl anlatmalı! Bütün gün o anı bekliyordum. Sabırsız duyularım daha öğle sonrasında, sinirlerimi harap eden ağır bir huzursuzlukla elektriklenmeye başlıyordu, akşam olana kadar geçen saatlere zor katlanıyordum. Yemeğimizi yer yemez derhal çalışma odasına gidiyorduk, ben sırtım ona dönük olarak çalışma masasının başına oturuyordum, o da ritmini yakalayıp başlangıcı yapana kadar odanın içinde huzursuzca dolaşıyordu. Çünkü bu tuhaf adam, her şeyi duyguların müzikalitesiyle şekillendiriyor, düşüncelerini harekete geçirebilmek için her zaman bir başlangıç sesine gereksinim duyuyordu. Bu çoğunlukla, söyleminin akışı içinde duyduğu heyecanla elinde olmadan geliştirip dramatik bir sahneye dönüştürdüğü bir imge veya cesurca bir benzetme oluyordu. O zaman bu doğaçlamalarının şimşekli ışığından her yaratıcılığın içinde bulunan o muhteşem doğallık fışkırıyordu, vezinli bir şiirin dizelerini andıran satırlar yazdığımı hatırlıyorum ya da Homeros'un anlatıları, Walt Whitman'ın Barbar İlahileri benzeri, muhteşem bir tınıyla coşan cümleler. Olgunlaşma yolunda genç bir insan olarak ilk kez, yaratıcılığın gizemine giden yola adım atmıştım. İlk başta, dökülecek bir çanın eriyiği gibi, renksiz, saf ve akışkan bir sıcaklıktan başka bir şey olmayan düşüncenin, ateşli bir heyecanla potadan taşmasını, sonra yavaş yavaş soğuyarak formunu bulmasını, sonra bu formun, söz içinde berrak bir tınıyla çınlayıncaya değin heybetle kabarmasını izledim; tokmağın çandan ancak o zaman ses çıkartabilmesi gibi, şairce hissedişlerin insanın anlayacağı dili bulması da böyle gerçekleşiyordu. Her paragrafın bir ritim duygusundan çıkması, her oyunun imgenin sahneye uygun olarak tasarlanışından doğması gibi, bu geniş kapsamlı yapıtın tümü de, dilbilime uymayan bir yöntemle bir ilahiden, sonsuzluğun, dünyevi olarak görülebilen, elle tutulabilen hali olarak denize söylenmiş bir ilahiden çıkıyordu; uzaklarda dalgalanıyor, bir yükseklere çıkıp bir derinliklere gizleniyor, bu arada yeryüzünün kaderiyle ve insanın eğreti kayığıyla anlamlı, anlamsız oynuyordu. Bu deniz imgesinden, muhteşem kurgulanmış bir benzetmeyle, gürleyerek ve coşarak kanımızda dolaşan temel bir güç olarak trajedinin tasviri çıkıyordu. Sonra bu imgesel dalga belli bir ülkeye doğru yuvarlanarak ilerledi, İngiltere suların içinden yükseliverdi, dünyanın bütün kıyılarını, yerkürenin bütün enlemlerini ve bölgelerini tehditle kucaklayan bu huzursuz öğenin, kıyılarını durmaksızın döverek sonsuza kadar çevrelediği o ada belirdi. Bu ülkede, İngiltere'de devleti şekillendiren denizdir, onun o soğuk ve berrak bakışı, o grilik, o mavilik, orada gözün camdan yuvasına kadar işler; orada herkes bir deniz insanı ve bir adadır aynı zamanda, ülkesi gibi, yüzlerce yıl boyunca Vikinglerin durmaksızın denizde gücünü sınadığı bu soy, fırtınalar ve tehlikelerle beslenen güçlü tutkularla çalkalanır. Şimdi, kıyılarını dövüp duran denizin ortasındaki bu ülkenin üzerine huzur inmekte, ne var ki fırtınalara alışmış olan halkı hâlâ denizi istiyor, gündelik tehlikeleriyle olayların sert saldırısını karşılamayı istiyor ve böylece o kamçılayıcı gerilimi bu kez de kanlı oyunlarda yeniden yaratıyorlar. Önce ikili dövüşler ve hayvan dövüşleri için tahtadan arenalar yapılıyor. Yerler can veren ayıların kanıyla sulanıyor, horoz dövüşleri korkunun şehvetini vahşice kışkırtıyor, fakat çok geçmeden insan ve kahraman arasındaki çatışkının kışkırtıcı ve basit geriliminden sonra daha yüksek anlamlar aranıyor. İşte o zaman dini oyunların, kiliselerde oynanan ve Kutsal Kitap hikâyelerine dayanan dini dramların içinden,

bütün o maceraların ve seferlerin geri dönmesi anlamına ge-
len, insana dair o diğer büyük ve sarsıcı oyun doğuyor, fakat
yolculuk bu kez yüreğin iç denizlerine doğru; şimdi yeni bir
sonsuzluğu, tutku selleri ve ruh kabarmalarıyla kaynayan
başka bir okyanusu geçme heyecanı içindeler, onca zaman
sonra hâlâ gücünü koruyan Anglosakson soyunun yeni haz-
zı, bu denizlerde nefesi kesilerek savrulmak. İşte burada İn-
giliz ulusunun, Elizabeth çağının tiyatrosu doğuyor.

Ve o dünyanın bu yabanıl başlangıçlarını betimlerken
kendinden geçiyor, yaratıcı söz olanca gücüyle yükseliyordu.
Önceleri fısıldarcasına çıkan sesi artık kaslarını ve bağ do-
kularını gererek pırıltılı metalden bir uçağa dönüşüp giderek
özgürleşiyor, giderek yükseliyordu. Oda ona dar geliyordu,
sesiyle yankılanan duvarların arasına sıkışmış gibi oluyordu,
öylesine alana gereksinimi vardı. Kendimi bir fırtınanın içi-
ne düşmüş gibi hissediyordum, sözcükler denizin köpüren
dudaklarından heybetli bir uğultuyla çıkıyordu sanki: Yazı
masasının üzerine eğilmiş yazarken kendimi yine deniz kı-
yısındaki memleketime dönmüş gibi hissediyordum, binler-
ce dalganın muazzam uğultusunun, suları dağıtarak gelen
rüzgârın derin soluğunun yaklaştığını duyuyordum. İşte, bir
insanın olduğu gibi bir sözcüğün doğumunu da saran bütün
o korkulu ürperişle, hem hayret ederek hem ürkerek, ama
aynı zamanda mutlu olduğumu da hissederek ilk kez o za-
man tanıştım.

Hocam güçlü esinlenmelerden doğan söylemini bilimsel
hedeflerine bağlayarak yazdırmayı bitirdiğinde ve düşünce,
şiire dönüştüğünde ben bir sarhoşluktan çıkar gibi oluyor-
dum. Yakıcı bir yorgunluk bedenimde ağır ve güçlü varlığını
hissettirerek dolaşıyordu, bu hocamınkine çok benzeyen bir
bitkinlikti, boşalmış olmaktan gelen bir tükenişti ve ben hâlâ
şiddeti hücrelerime dolan bir fırtınadan çıkmış gibi titriyor-
dum. Fakat her seferinde ikimiz de, ardından uykuya veya
dinlenmeye geçebilmek için, hararetı düşürecek hafif bir

sohbete gereksinim duyuyorduk. Ben çoğunlukla stenoyla tuttuğum notları tekrar okuyordum ve tuhaftır ki, işaretler söze dönüşür dönüşmez, nefes almaya, ses vermeye başlar başlamaz sanki birisi kullandığım sözcükleri ağzımın içinde değiştiriyormuş gibi, sesim sanki bir başka ses oluveriyordu. Sonradan fark ettim ki, yazdırdıklarını tekrarlarken onun tonlamasını öylesine taklit ediyor, kendimi öylesine kaptırıyordum ki, sanki ben değil de, benim sesimle o konuşur gibi oluyordu – öylesine onun varlığının bir titreşimi, sözünün yankısı haline geliyordum. Bunların hepsi kırk yıl önceydi, ama bugün bile, bir konferans sırasında söz benden bağımsızlaşıp akmaya başladığında konuşanın ben değil de, benim ağzımdan seslenen bir başkası olduğunu sanırım. O zaman sevgili bir ölünün, nefesi hâlâ dudaklarımda can bulan bir ölünün sesini tanıyorum, coşku beni kanatlandırdığı zamanlar ben o oluyorum ve beni o anların şekillendirmiş olduğunu biliyorum.

Çalışma ilerliyordu, dış dünyanın görüntüsünü gözlerimin önünde giderek kapatan bir orman gibi çevremde yayılıyordu, artık sadece içeride, evin loşluğunda yaşıyordum; sürekli gelişen yapıtın hep hışırtılı, ruzgâr dolu dallarının altında, bu insanın kucaklayıcı ve ısıtıcı varlığında yaşıyordum.

Üniversitede derste geçen birkaç saatin dışında bütün günüm ona aitti. Yemeklerimi onlarda yiyordum, gün ve gece boyunca onun dairesiyle benim odam arasında mesajlar gidip geliyordu. Onların dairesinin anahtarı bende, benimki onda vardı, böylece yarı sağır ev sahibeme bağırmak zorunda kalmadan her an bana ulaşabiliyordu. Onunla bu yeni ilişkimiz yoğunlaştıkça dış dünyadan bir o kadar kopuyordum. O içsel alanın sıcaklığının yanı sıra, dışa kapalı varlığının dondurucu yalnızlığını da paylaşıyordum. Üniversitedeki arkadaşlarım bana gözle görülür bir soğukluk ve küçümsemeyle yaklaşıyorlardı. Bunun ardında bir yargılama mı vardı, yoksa sadece hocanın beni seçmiş olmasının getirdiği bir kıskançlık mıydı – sebep her neyse beni dışlamışlardı, aralarında bir anlaşma yapmış gibi, bölümdeki tartışmalarda benimle konuşmaktan, dışarıda selam vermekten kaçınıyorlardı. Profesörler bile beni itici bulduklarını gizlemiyorlardı; bir keresinde Roman Dilleri'nden bir doçente önemsiz bir soru sorduğumda alaycı bir tutumla şunları söyleyerek beni başından savdı: "Profesörle o kadar yakın olduğunuza göre bunu bilmeniz gerekir." Bunca haksız aşağılanmaya boşu boşuna bir açıklama bulmaya çalışıyordum. Fakat karşılaştığım tavırlar ve sözler hiçbir açıklamaya sığmıyordu. O iki yalnız insanın yaşamına girdiğimden beri ben de tümüyle yalnızlaşmıştım.

Tüm dikkatimi zihinsel alana yoğunlaştırmışken bu sosyal boykot beni pek de kaygılandırmazdı, fakat sonunda sinirlerim sürekli çekiştirilmeye dayanamaz oldu. Aralıksız ve yüklü bir zihinsel çalışma haftalarca sürüyorsa insanı hırpalar, üstelik bir de yaşamımda çok ani bir değişim yaşamış, doğanın hepimizin içinde sağladığı gizli dengeyi sarsan müthiş bir hızla bir aşırı uçtan diğerine geçmiştim. Berlin'deki avareliklerim bedenimi hoş bir biçimde gevşetir, kadınlarla maceralarım içimde biriken huzursuzlukları oyun oynarcasına dağıtırken, buradaki ağır ve boğucu ortam uyarılmış duyularıma sürekli yükleniyordu, öyle ki içimde sürekli bir elektrik akımı dolaşıyormuş gibi gergindim. Her gün hocamın akşam yazdırdıklarını sabahın erken saatlerine kadar temize çekmeme rağmen ya da belki de bu yüzden, derin ve sağlıklı uykuları unutmuştum. Sevgili hocama sayfaları bir an önce verebilmenin sabırsızlığıyla yanıp tutuşarak bu işi kendi isteğimle yapıyordum. Ayrıca üniversitede hızla ilerleyen dersler de daha fazla çaba göstermemi gerektiriyordu, bir de hocamla yaptığımız konuşmalarda asla ilgisiz görünmek istemediğimden her bir sinirim yay gibi geriliyordu.

Hırpalanan bedenim bu aşırı yüklenme karşısında öcünü almakta gecikmedi. Birçok kez kısa süreli baygınlıklar geçirdim, deli gibi zorlayarak riske attığım bedenimin gönderdiği uyarı sinyalleriydi bunlar – aşırı yorgunluk nöbetleri çoğaldı, bütün duygu dışavurumları şiddetlendi ve gerilen sinirlerim sonunda uykularımı bozarak o zamana kadar bastırdığım karmaşık düşünceleri uyarmaya başladı.

Durumumun ciddiyetini sezen ilk kişi hocamın karısı oldu. Huzursuz bakışlarının sık sık üzerimde dolaştığını hissediyordum, konuşmalarımızın arasına kasten uyarılar serpiştiriyor, örneğin bir sömestrde dünyayı fethetmeye kalkışmamam gerektiğini hatırlatıyordu. Sonunda bir gün açık konuştu. Güzel, güneşli bir havada oturmuş dilbilim çalıştığım bir pazar günü "Yeter artık," diyerek üstüme geldi, elimdeki kitabı çekip aldı, "insan kendini bu genç yaşta nasıl böyle hırstan köleleştirebilir? Kendinize sürekli kocamı örnek almaktan vazgeçin, o yaşlı bir insan, sizse gençsiniz, sizin yaşam tarzınızın farklı olması gerekir." Kocasından her söz edişinde bu horlayıcı tını kendini belli ediyor ve hocama yürekten bağlı olduğum için beni çok öfkelendiriyordu. Öyle hissediyordum ki, bilerek ve belki de yolundan sapmış bir kıskançlıkla, sürekli beni kocasından uzak tutmaya, alaycı müdahalelerle aşırılıklarımı engellemeye çalışıyordu. Geceleri çalışmalarımızı fazla uzattığımızda ısrarla kapıya vuruyor ve hocamın kızgınlıkla karşı çıkmasına aldırmadan artık bitirmemizi istiyordu. Bir keresinde beni iyice çökmüş gördüğünde, "Bütün sinirlerinizi mahvedecek, sizi tümüyle tüketecek," dedi öfkelenerek. "Şu birkaç hafta içinde sizi ne hale getirdi, baksanıza! Kendi kendinizi böyle hırpalamanızı daha fazla izlemeye dayanamayacağım. Hem sonra..." Durakladı ve cümlesinin sonunu getirmedi. Fakat bastırdığı öfkeyle dudakları titriyordu.

Ve gerçekten de hocamın beni zorlamadığını söyleyemezdim. Ben ona artan bir tutkuyla hizmet ettikçe, benim içten hayranlığım karşısında bir o kadar kayıtsızlaşıyordu. Bana teşekkür ettiği çok nadirdi, gece geç saatlere kadar temize çektiğim sayfaları sabah ona götürdüğümde soğuk ve reddedici bir tavırla "Yarına kadar bekleyebilirdi," demekle yetiniyordu. İşgüzarlıkla o istemeden gönül alıcı bir şey yapsam sözünün ortasında birden dudakları bükülüyor ve alaycı bir şeyler söyleyip beni durduruyordu. Ne var ki, benim boynu bükük ve şaşkın geri çekildiğimi görünce, umutsuzluğumu gidermek istercesine yine o sıcak, kucaklayıcı bakışlarıyla bakıyordu bana, fakat bu öyle seyrek yaptığı bir şeydi ki... Sonra o bir soğuk, bir sıcak davranışları, sevindirici bir yakınlığın ardından öfkeli, uzaklaştıran tavırları, dizginsiz duygularımı tümüyle karıştırıyordu. Hayır, hayır, neye özlem duyduğumu hiçbir zaman net olarak söyleyemeyeceğim; ne istediğimi, ne beklediğimi, neyin peşinde olduğumu, o derin bağlılığımla ondan nasıl bir ilgi belirtisi umduğumu asla bilemeyeceğim. Eğer böyle yüceltici bir tutku, en saf haliyle bile, bir kadına yönelikse, bilincine varılmasa da bedensel bir bütünleşmeyi arzular, doğa bedeni yaratırken en yüce birleşmenin esasını hazırlamıştır. Fakat erkeğin erkeğe yönelttiği zihinsel tutku, o imkânsız tam bütünleşmeyi nasıl isteyebilir? Bu tutku, hep yeni bir esrimeyle alevlenerek yücelttiği kişinin çevresinde hiç durmadan dönüp durur ve onu dinginleştirecek son bir teslimiyet yoktur. Her zaman kabarır ve yine de asla durulmaz, aynı ruh gibi sonsuza kadar doyumsuzdur. Onun yakınlığı da bana hiçbir zaman yetmiyordu, varlığı yeterince açık, o uzun konuşmalarımız yeterince doyurucu olmuyordu; tam bir güven duyup bütün yabancılığından sıyrıldığı zamanlarda bile, bir an sonra sert bir hareketiyle bu derin bağlılığı parçalayabileceğini biliyordum. Anı anına uymayan bu adam, duygularımı durmadan altüst ediyordu, ona gösterdiğim bir kitabı rahat bir el hareketiyle kayıtsızca kenara ittiği için veya akşamları derin bir sohbete dalmış ve ben onun düşüncelerinin içinde nefes alıp vermeye başlamışken –tam ellerini samimiyetle omuzlarıma dayadığında– birdenbire "Fakat artık gitmelisiniz! Geç oldu. İyi geceler," diyerek ayağa kalkınca, duygularımın o aşırı uyarılmışlığıyla delice bir şeyler yapmaya çok yakınlaştığımı söylersem abartmış olmam. Saatlerimi, günlerimi mahvetmek için böyle küçük şeyler yeterliydi işte. Belki de sürekli kamçılanan aşırı uyarılmış duygularım, kasti olmayan şeylerden bile inciniyordu – fakat insanın iç huzuru sarsılmışsa sonradan gelen kendi kendini yatıştırma çabaları neye yarar? Ne var ki bunlar her gün yineleniyordu: Yakınlığından yakıcı bir acı duyuyordum, uzaklaştığında buz kesiyordum, tutukluğu beni her zaman hayal kırıklığına uğratıyordu, yatışmamı sağlayacak hiçbir şey göremiyor, beklenmedik her şeyden tedirgin oluyordum.

Ve tuhaftır ki, ne zaman kendimi onun tarafından incitilmiş hissetsem karısına sığınıyordum. Bu belki de onun suskun uzaklığı karşısında aynı şekilde acı çeken birini bulma dürtüsüydü, belki de sadece herhangi birisiyle konuşma, yardım olmasa bile anlayış bulma gereksinimiydi – sonuçta gizli bir yandaşa sığınır gibi ona koşuyordum. Çoğunlukla bana takılarak alınganlığımı unutturuyor, bazen de umursamaz bir soğuklukla, artık onun bu acıtıcı tuhaflıklarına alışmış olmam gerektiğini söylüyordu. Fakat ara sıra ani bir ümitsizliğe kapılarak, dizginsiz suçlamalar, titrek gözyaşları ve asabi sözcüklerle içimi ona döktüğümde, bana tuhaf bir ciddiyetle ve neredeyse hayretler içinde bakıyor, ama tek söz etmiyordu; yalnızca dudaklarında tutuk çekilmeler beliriyordu, o zaman öfkeyle ve düşünmeden bir şeyler söylememek için kendini zor tuttuğunu hissediyordum. Kuşkusuz onun da bana söyleyecek şeyleri vardı, o da bir sır saklıyordu, belki de kocasıyla aynı sırrı paylaşıyordu; ne var ki hocam bu konuya fazla yaklaştığımda beni sert bir savunmayla uzaklaştırırken, karısı çoğunlukla bir şakayla veya o andaki hazırcevaplığıyla konuyu değiştiriyordu.

Sadece tek bir kez, ağzından laf almaya çok yaklaştım. Sabah, temize çektiğim sayfaları ona götürdüğümde –Marlow'un bir portresiydi– ne kadar etkilenmiş olduğumu hocama söylemeden edemedim. Ve hâlâ o heyecanın hararetiyle, böylesine ustaca bir portrenin bir daha yazılamayacağını da hayranlık içinde sözlerime ekledim. O anda dudaklarını ısırarak sertçe arkasına dönüp kâğıtları masanın üzerine attı ve küçümsemeyle mırıldandı: "Böyle saçma şeyler söylemeyin! Siz ustalığı nasıl anlayabilirsiniz ki!" Bu terslenme bütün günümü mahvetmeye yetti, oysa sabırsız bir utangaçlığı gizlemek için aceleyle takılan bir maskeydi kuşkusuz. Öğleden sonra karısıyla bir saat yalnız kaldığımda aniden bir tür isteri patlaması yaşayarak ellerine sarıldım: "Söyleyin bana, benden niçin böyle nefret ediyor? Beni niçin böyle küçümsüyor? Ona ne yaptım ben, niçin her sözüm onu böyle sinirlendiriyor? Ne yapmalıyım? Lütfen bana yardım edin! Bana niçin katlanamıyor – lütfen söyleyin bana, sizden rica ediyorum."

O zaman bu yabanıl patlayışımdan şaşırmış olan kadın delici bakışlarla bana baktı. "Size katlanamamak mı?" – ve dişlerinin arasından bir kahkaha döküldü, öyle kötücül ve tiz bir gülüştü ki, elimde olmadan geri çekildim. "Size katlanamamak mı?" diye bir kez daha yineleyerek öfkeyle şaşkın gözlerimin içine baktı. Fakat sonra bana yaklaşarak biraz eğildi –bakışları da bu arada yavaş yavaş yumuşayarak neredeyse acıma dolu bir hal aldı– ve birdenbire saçlarımı okşadı, bunu ilk kez yapıyordu. "Siz gerçekten de çocuksunuz, hiçbir şeyi fark etmeyen, hiçbir şeyi görmeyen ve anlamayan budala bir çocuk. Fakat böylesi daha iyi, yoksa daha da huzursuz olurdunuz."

Sonra aniden sırtını dönüverdi. Kendimi boşu boşuna sakinleştirmeye çalıştım, zifiri bir kâbusun içine zincirlenmiş gibiydim, uyanıp bu çelişik duyguların gizemli karmaşasından çıkmak, bir yorum bulmak için çırpınıyordum.

Dört ayım böyle geçti; beklenmedik kendimi aşma ve dönüşme haftalarıydı bunlar. Sömestrin sonu hızla geliyordu, tatilin yaklaştığını görmek beni korkutuyordu, çünkü içinde bulunduğum araf halini seviyordum ve memleketimdeki serinkanlı, ruhsuz evcillik gözüme bir baskı ve sürgün yeri olarak görünüyordu. Ailemi kandırıp burada önemli işlerim olduğuna ikna etmek için gizli planlar yapmaya girişmiş, buradaki tüketici varoluşumu daha da uzatmak için yalan ve kaçamakları iç içe örmeye başlamıştım. Ne var ki ayrılık anım çoktan saptanmıştı. Ve bu an, aylaklık edenleri sertçe işe çağıran veya ayrılık zamanının geldiğini bildiren bir çan gibi, görünmeden tepemde asılı duruyordu.

O kaçınılmaz akşam ne kadar da güzel başladı, haince bir güzellikteydi! Üçümüz birlikte yemeğe oturmuştuk – pencereler açıktı ve ağır ağır kararmakta olan gökyüzü beyaz bulutlarıyla birlikte yavaşça içeri süzülüyordu. Muhteşem yansımalarının bıraktığı yumuşaklık ve berraklık, özünü hissettirerek insanın ta içine kadar işliyordu. Karısı ve ben, her zamankinden daha rahat, daha huzurlu, daha hevesli sohbet etmiştik. Biz konuşurken hocam suskundu, sessizliği kapalı duran, fakat üzerimizde her an açılmaya hazır kanatlar gibiydi. Ona göz ucuyla yandan baktığımda o gün varlığında tuhaf bir aydınlık ve biraz heyecan olduğunu sezdim, fakat gergin değildi, yaz bulutlarında olduğu gibi. Ara sıra şarap kadehini kaldırıp zevkle rengine bakarak ışığa tutuyordu; bakışlarım bu hareketini sevinçle izlediğinde hafifçe gülümseyerek selamlar gibi kadehini bana doğru uzatıyordu. Çok nadir olarak yüzünü bu denli berrak, dinç ve sakin görmüştüm, neredeyse bir kutlama sevinci içinde, sanki sokaktan gelen bir müziği dinler veya görünmeyen birilerinin sohbetine kulak verir gibi oturmaktaydı. Kıyılarında hep küçük dalgaların çırpındığı dudakları, şimdi kabuklarından sıyrılmış bir meyve gibi sakin ve yumuşaktı, hafifçe pencereden yana çevirdiği alnında dışarısının yumuşak aydınlığı yansırken gözüme daha önce hiç olmadığı kadar hoş görünüyordu. Onu bu kadar huzurlu görmek harikaydı: Berrak yaz akşamının ışıması mıydı bu, ılık havanın iyileştirici yumuşaklığının içine işlemesi miydi, yoksa ruhundan gelen avutucu bir ışığın pırıltısı mıydı – bilemiyordum. Fakat onun yüzünü açık bir kitap gibi okumanın alışkanlığıyla, bugün yumuşak huylu bir tanrının yüreğindeki kırışıklıkları ve derin izleri düzelttiğini hissediyordum.

Şimdi ayağa kalkıp bildik baş hareketiyle beni çalışma odasına çağırışında da garip bir törensilik vardı, her zaman aceleci olan hocam tuhaf bir ciddiyet içindeydi. Sonra bir kez daha geri döndü dolaptan açılmamış bir şişe şarap daha aldı –bu da alışılmamış bir davranıştı– ve acele etmeden odasına yöneldi. Davranışlarındaki bu gariplik benim olduğu kadar karısının da dikkatini çekmişti, başını hayretle elindeki dikişten kaldırarak kocasının alışılmamış tutumunu sessiz bir merakla izledi.

Her zamanki gibi karanlığa gömülmüş olan çalışma odası o bildik loşluğuyla bizi bekliyordu, sadece masa lambasının ışığı, yazılmayı bekleyen beyaz sayfaların üzerinde altın sarısı bir daire çiziyordu. Her zamanki yerime oturarak el yazmalarındaki son cümleleri yüksek sesle okudum, zihnini yoğunlaştırması ve cümlelerinin yeniden akışa geçebilmesi için daima bir diyapazonun ritim vermesine gereksinim duyardı. Fakat her zaman daha son okuduğum cümlenin tınısı silinmeden söze devam etmesine alışmışken bu kez sessiz kaldı. Sessizlik odaya iyice yayıldı ve duvarlara çarpıp bir gerilim olarak üzerimize geri dönmeye başladı. Henüz zihnini toparlayamamış gibiydi, arkamda asabi adımlarla gidip geldiğini duyuyordum. "Bir kez daha okuyun!" Bu kez sesinde hissettiğim huzursuz titreşim tuhaf geldi. Son paragrafları tekrar okudum, bu kez son cümlem biter bitmez söze girdi, her zamankinden daha hızlı ve yoğun bir tempoyla yazdırmaya başladı. Beş cümlede kurgu tamamlanmıştı, şimdiye kadar anlattıkları tiyatronun kültürel önkoşullarıydı, dönemin bir freski, tarihsel bir özetiydi. Şimdi ani bir atılışla, göçebeliği ve serseriliği bırakarak haklarını ve ayrıcalıklarını belgeleyerek yerleşikleşen ve kendine bir yurt kuran tiyatronun kendisine yönelmişti. Bunlar önce "Rose-Theater" ve "Fortuna" gibi isimlerle derme çatma barakalarda kuruluyor ve aynı şekilde derme çatma oyunlar sergiliyorlar, fakat sonra şiirin erkekçe gelişen göğsüne uygun yeni bir kostüm dikiliyor. Thames kıyısındaki bataklık ve ucuz arazide kazıklar üzerinde hantal altıgen kulesiyle kaba bir ahşap yapı, sahnesinde büyük ustanın, Shakespeare'in belirdiği "Yeryüzü Tiyatrosu" yükseliyor. En üst direğinde korsanlara özgü kızıl bayrağıyla denizin karaya vurduğu tuhaf bir gemi gibi bataklık dibe sıkıca demir atıp kalıyor. Zemin katına halkın aşağı sınıfları bir liman kalabalığıyla doluşurken, üstteki galerilerde seçkin tabaka sanatçıların tepesinden kibirle gülüşüp konuşuyor. Sabırsızlıkla oyunun başlamasını istiyorlar. Yerleri tekmeleyip kılıçlarının kabzalarıyla korkuluklara vurarak patırtı yapıyorlar, sonunda yanmakta olan birkaç mum getiriyorlar ve alçak sahne ilk kez aydınlatılıyor, özensiz giysiler içindeki birkaç kişi, doğaçlama olduğu anlaşılan bir komediyi sergilemek üzere ortaya çıkıyorlar. Bundan sonra söylediği sözcükleri bugün bile hatırlıyorum: "Sözcükler sahnede aniden fırtına gibi esiyor, o sonsuz tutkular denizi ahşaptan sınırları aşarak insan ruhunun bütün alanlarına ve zamanlarına kan gibi dalgalarıyla çarpıyor, yorulmaz, dipsiz, canlı ve trajik, insanın en ilksel ve özgün imgesi gibi zenginliklerle dolu – işte İngiliz tiyatrosu, Shakespeare'in dramları budur."

Hararetiyle giderek yükselen cümleleri bu sözcüklerle birden kesildi. Uzun ve boğuk bir sessizlik başladı. Tedirgin olarak ona doğru döndüm: Hocam bir eliyle masanın kenarını sımsıkı tutmuş, onda aşina olduğum o bitkin haliyle ayakta duruyordu. Fakat bu kez durgunluğunda ürkütücü

bir yan vardı. Ona bir şey olabileceği kaygısıyla ayağa fırla-
dım ve yazmayı bırakayım mı, diye korkuyla sordum. Önce
soluğu kesilmiş bir halde, yabancı ve donuk bir yüzle baktı
sadece. Fakat sonra gözlerinin mavi yıldızı yeniden parladı,
ağzındaki gerilim gevşedi, bana yaklaşarak sordu: "Demek
fark etmediniz?" – Israrla yüzüme bakıyordu. "Neyi fark et-
medim?" diye kekeleyerek sordum. O zaman derin bir soluk
alarak hafifçe gülümsedi; o kucaklayıcı, yumuşak ve sevecen
bakışını aylardan beri ilk kez görüyordum. "Birinci bölüm
bitti." Bir sevinç çığlığı atmamak için kendimi güç tuttum,
şaşkınlığım öylesine derindi. Bunu nasıl gözden kaçırmıştım,
evet, bütün çatı tamamdı, muhteşem bir şekilde adım adım
yükselerek geçmişin derinliklerinden oluşumun eşiğine ka-
dar gelmişti, artık sıra onlardaydı: Marlowe, Ben Johnson,
Shakespeare bu eşiği zaferle aşmak üzere ortaya çıkabilirler-
di. Yapıt, ilk doğum gününü kutluyordu. Hemen sayfaları
saymaya başladım. Sık satırlarla yazılmış yüz yetmiş sayfa
vardı ve işin en zor kısmı bitmişti, çünkü bundan sonrası
tarihi belgelere sıkı sıkıya bağlı kalınarak yazılmış ilk bölü-
mün üzerine daha serbest bir yaklaşımla kurulacaktı. Kuşku
yoktu, yapıtını tamamlayacaktı, yani yapıtımızı.

Taşkınlık yaptım mı, sevinçten, gururdan, mutluluktan
dans edip ortalıkta zıpladım mı – bilmiyorum. Fakat sevinci-
mi beklenmedik bir biçimde ortaya dökmüş olmalıyım, çün-
kü ben son satırları bir kez daha okur, sayfaları tekrar telaşla
sayar, onlara neredeyse aşkla dokunup elimde tartarken ve
yapıtı ne zaman tamamlayabileceğimize dair aceleci hesaplar
yaparken o gülümseyerek beni izliyordu. Benim sevincimde,
bastırılıp derinlere gizlenmiş gururunun yansısını görüyor-
du: Duygulandığı, bana bakarken içi gülen gözlerinden bel-
liydi. Sonra yavaş yavaş iyice yakınıma geldi, ileriye doğru
uzatmış olduğu elleriyle benimkileri tuttu; hiç kıpırdamadan
bana baktı. Her zaman sadece hafif bir renk kıvılcımlanma-
sının titreştiği gözbebekleri ağır ağır, o ışıyan berrak maviyle

doldu, tüm unsurlar içinde sadece suyun derinliği ve insani duyguların derinliği böyle bir şeyi oluşturabilirdi. Sonra bu parıltılı mavi, gözbebeklerinde yükseldi, yükseldi ve taşıp içime kadar işledi; gözlerinin sıcak dalgasının içimin en derinliklerine kadar aktığını, hızla yayıldığını ve tuhaf bir haz duygusu vererek genişlediğini hissettim, bir anda tüm göğsüm bu coşan, kabaran güçle genişledi ve içimden güneye özgü sıcak bir sevincin fışkırdığını duydum. "Siz olmasaydınız bu işe asla başlayamazdım, biliyorum," diyen sesi, bu ışıltıyı da aşıyordu. "Bunu hiç unutmayacağım. Bana kurtarıcı bir ivme kazandırdınız, donukluğumdan çıkarttınız. Ve benim savrulup yitmiş yaşamımdan geriye kalmış olanı kurtardınız, hem de tek başınıza! Kimse benim için bunun üstünde bir şey yapmadı, kimse bu kadar bağlılıkla yardım etmedi. İşte bu yüzden, bunu *size* borçluyum demeyeceğim, aksine... *sana* borçluyum. Gel! Şimdi birlikte dostça bir zaman geçirelim!"

Beni yavaşça masaya doğru çekti ve hazır duran şişeyi aldı. İki de bardak vardı. Bana açık bir teşekkür olarak, simgesel olarak kadeh kaldıracağımız bir kutlama hazırlamıştı. Sevinçten titriyordum, çünkü hiçbir şey ruhumuzu, yakıcı bir isteğin birdenbire yerine gelmesi kadar altüst edemez. Bana bir teşekkür olarak, güvenin bu en açık ifadesini, farkına varmadan özlemiş olduğum bu işareti sunmuştu, aramızdaki yılların uçurumu üzerinden, dostça senlibenli konuşmayı önermişti bana ve bu uzaklığı aşmış olması armağanının değerini yedi kat artırıyordu. O sırada şişe çınladı, içimdeki korkuyu sonsuza kadar yatıştırıp inanca çevirmek üzere orada bulunan bu sağdıç henüz dilsizdi, fakat ruhum bu titreşen berrak çınlama kadar aydınlık bir ses vermişti bile – o sırada küçük bir engel bu törensi anı geciktirdi: Şişe kapalıydı ve odada açacak yoktu. Hocam açacağı almak için yukarı çıkmaya hazırlandı, ama ben onun niyetini hemen anladım ve ondan önce davranıp, yüreğimi sonsuza kadar yatıştırarak bana olan sevgisini açıkça onaylayacak o anı bir an önce yaşamak için duyduğum yakıcı sabırsızlıkla, yemek odasına gitmek üzere dışarı fırladım.

Kapıdan o hızla koridora çıktığımda karanlıkta yumuşak bir şeye çarptım, hocamın hemen geri çekilen karısıydı bu, anlaşılan kapının ardından içeri kulak kabartmıştı. Fakat tuhaf olan, kadına öylesine şiddetle çarpmış olmama rağmen hiç ses çıkarmadı, bir şey söylemeden geriledi sadece. Ben de yerimden kıpırdamaya cesaret edemeden korkuyla sustum. Bu halimiz birkaç saniye sürdü, ikimiz de birbirimizden utanmış dilsiz gibi duruyorduk; o bizi dinlerken yakalandığı için, ben bu beklenmedik karşılaşma yüzünden donup kalmıştık. Ne var ki az sonra karanlıkta hafif ayak seslerini duydum ve ışık yandı, o zaman onu gördüm, sırtını dolaba yaslamıştı, solgun yüzünde meydan okuyan bir ifade vardı; ciddi bakışlarla beni tartıyordu, kıpırtısız duruşunda uyaran, tehdit eden, karanlık bir yan vardı. Yine de tek sözcük etmedi.

O gerginlikle, yarı kör gibi el yordamıyla uzun süre arandıktan sonra şişe açacağını bulduğumda ellerim titriyordu; iki kez önünden geçtim ve gözlerimi ona çevirdiğimde her defasında, cilalı ahşap gibi sert ve karanlık ışıltılı sabit bakışlarıyla karşılaştım. Bakışlarında, gizlice kapıyı dinlerken yakalanmış olmanın utancını ele veren hiçbir şey yoktu, aksine sert ve kararlı ifadesinde bana yönelen, anlam veremediğim bir tehdit vardı; dik başlı duruşu, bu yakışık almayan tutumunu sürdürmeye ve bizi gözetlemeye devam etmeye kararlı olduğunu gösteriyordu. İradesinin gücü karşısında şaşırmıştım, üzerimde sabitlenmiş bu sert ve uyarıcı bakış karşısında farkına varmadan sindim. Sonunda kararsız adımlarla, hocamın elinde şişeyle artık sabırsızlanarak beklediği odaya geri döndüğümde daha az önce duyduğum ölçüsüz sevinç donup kalmış, yerini tuhaf bir korkuya bırakmıştı.

Fakat hocam kaygıdan uzak beni bekliyordu, bakışlarını neşeyle bana çevirdi. Onu hep böyle, hüzün bulutlarının gölgesi alnını terk etmiş olarak görmeyi hayal etmiştim! Ama onu ilk kez böyle içtenlikle bana dönmüş, yüzü huzurla ışıldarken gördüğümde ne söyleyeceğimi bilemedim, sanki içimdeki bütün sevinç görünmeyen gözeneklerden sızıp gidivermişti. Bana bir kez daha, bu defa senlibenliliğin samimiyetiyle teşekkür ettiğini karmakarışık bir ruh haliyle, neredeyse utanarak algıladım, birbirine dokunan kadehlerin gümüşsü tıngırtısı duyuldu. Kolunu dostça omzuma atarak beni koltukların yanına götürdü, karşılıklı oturduk, eli serbestçe elimin içinde duruyordu, ilk kez duygularını bu kadar açık ve özgür bıraktığını hissettim. Ne var ki ben konuşacak durumda değildim, karısının hâlâ kulak kabartarak orada durduğunu düşünüp ister istemez ikide bir de tedirginlikle kapıya bakıyordum. Orada bizi dinliyor, bana söylediği her sözcüğü dinliyor, benim ona söylediğim her sözcüğü dinliyor, diye düşünüyordum aralıksız. Niçin, niçin tam da bugün? Ve hocam gözlerindeki o sıcak bakışla beni kucaklayarak birdenbire, "Bugün sana kendi gençliğimden söz etmek istiyorum," dediğinde öyle bir korkuyla, elimi hem yalvarır hem reddedercesine ona doğru uzattım ki bakışlarını hayretle bana çevirdi. "Bugün olmaz," diye kekeledim, "bugün olmaz... bağışlayın beni." Varlığından ona söz edemeyeceğim biri gizlice dinlerken bir sırrını açabileceği düşüncesi benim için öylesine korkunçtu ki.

Hocam duraksayarak bana baktı. "Neyin var senin?" diye hafif bir hoşnutsuzlukla sordu. "Yorgunum... bağışlayın... bir şekilde gücüm tükendi... herhalde..." Bunları söylerken titreyerek ayağa kalktım. "Sanırım gitsem daha iyi olacak." Bakışlarım elimde olmadan hocamdan ayrılıp kapıya kaydı, o düşmanca merakın hâlâ kıskançlıkla pusuya yatmış orada beklediğini tahmin ediyordum.

Sonunda o da aynı şekilde zorlukla koltuğundan kalktı. Birden yorgunluk çöken yüzünden bir gölge geçti. "Gerçekten şimdiden gitmek mi istiyorsun? Hem de... hem de bugün?" Elimi tuttu, görünmez bir çekişle eli ağırlaşmıştı. Ama elini aniden bir taş gibi aşağı salıverdi. "Yazık," dedi düş kırıklığıyla, "seninle bir kez olsun rahatça konuşacağım için sevinmiştim! Yazık!" Bu derin iç çekiş bir an için karanlık bir kelebek gibi odanın içinde uçuştu. Utanç içindeydim ve çaresizce, anlaşılmaz bir korkuyla doluydum, bocalayarak çekildim ve kapıyı arkamdan yavaşça kapattım.

Odama güçlükle çıkıp kendimi yatağın üzerine attım. Fakat uyuyamadım. Onlarınkinin hemen üzerindeki ince duvarlı evimi, alt kattan yalnızca şu koyu renk ahşaptan döşemenin ayırdığını hiç bu kadar kuvvetle hissetmemiştim. Ve şimdi keskinleşmiş duyularımla ikisinin de aşağıda uyanık olduğunu bir büyü gibi hissediyordum, karısı başka bir yerde sessizce oturur veya kulak kabartarak ortalıkta hayalet gibi dolaşırken hocamın odasında huzursuzlukla gidip geldiğini bakmadan görüyordum, dinlemeden duyuyordum. Fakat ikisinin de gözlerinin açık olduğunu, uyumadıklarını bilmek içimi dehşetle doldurdu, bütün o ağır ve suskun ev bir anda gölgeleri ve karanlığıyla bir kâbus gibi üstüme çöktü.

Yorganı üzerimden attım. Ellerim yanıyordu. Başıma gelen neydi? Az önce bu evdeki sırrın çok yakınındaydım, nefesinin sıcaklığını artık doğrudan yüzümde hissediyordum, oysa şimdi tekrar uzaklaşmıştı, ama gölgesi, o suskun ve belirsiz gölgesi hâlâ mırıldanarak ortalıkta dolaşıyordu; tehlikeli varlığını evin içinde hissediyordum, bir kedi gibi sessizce süzülüyordu, bir ileri bir geri sıçrıyor, elektriklenen tüylerini sürterek ve şaşırtarak, sıcak ama yine de tekinsiz, evin içinde dolaşıyordu. Karanlığın içinde, hocamın kucaklayıcı el uzatışı gibi yumuşak bakışlar ve karısınınkiler gibi sert, tehditkâr ve ürkütücü bakışlar hissediyordum sürekli. Onların sırrıyla ne ilgim olabilirdi, bu iki insan beni niçin gözü kapalı bir şekilde tutkularının ortasına yerleştirmiş, niçin anlaşılmaz çekişmelerine karıştırmışlardı, her biri içindeki o yakıcı öfke ve nefret yumağını niçin benim içime de salmıştı?

Alnım hâlâ yanıyordu. Yataktan fırlayıp pencereyi açtım. Dışarıda kent, yaz bulutlarının altında huzurla uzanıyordu; pencerelerde hâlâ lambaların aydınlığı vardı, ama orada oturan insanları huzurlu sohbetler bir araya getiriyor, bir kitap veya hoş bir müzik içlerini ısıtıyordu. Artık kararmış olan pencerelerin ardındaysa sakin bir uyku soluk alıp veriyordu mutlaka. Bütün bu dingin damların üzerinde, gümüşsü buğusunun içindeki ay gibi yumuşak bir dinginlik, hafifçe süzülen huzurlu bir sessizlik vardı, saat kulesinden yükselen on bir vuruşun sesi, râstlantıyla kulak verenlere veya rüyada olanlara telaşsızca ulaştı. Sadece ben, bu evin içinde hâlâ insanların uyanık kaldıklarını ve çevrede kötücül düşüncelerin dolandığını hissediyordum. İçimdeki bir sezi beni bu karmaşık mırıltıları anlamaya zorluyordu.

Birden korkuyla irkildim. Merdivenden bir ayak sesi mi gelmişti? Kulak kabartarak doğruldum. Ve gerçekten de kör gibi zemini yoklayarak yukarı çıkan birinin dikkatli, duraksayan, kararsız ayak sesleri duyuluyordu. Gıcırdayıp sızlanan aşınmış ahşabın çıkarttığı bu sesi tanıyordum. Bir tek bana geliyor olabilirdi yukarı çıkan bu kişi, bir tek bana; çünkü çatıda, bu saatte çoktan uyuyan ve hiç kimseyi kabul etmeyen yarı sağır ihtiyar kadından başka oturan yoktu. Gelen hocam mıydı? Hayır, bu onun hızlı ve tökezlene tökezlene yürüyüşü değildi; bu adımlar her basamakta duraksıyor, korkudan ağırlaşıyordu, işte yine! Böyle yaklaşan bir hırsız, bir cani olabilirdi, ama bir dost değil. Öylesine bir gerginlikle dinliyordum ki, kulaklarım uğulduyordu. Ve o sırada çıplak bacaklarımdan yukarı doğru buz gibi bir şey esti.

Sonra hafifçe kilit gıcırdadı. Gelen kişi, o tekinsiz konuk, kapıya varmış olmalıydı. Çıplak ayaklarımın üzerinden geçen hafif hava akımı dış kapının açıldığına işaretti ve anahtar sadece hocamda vardı. Ama eğer oysa niçin böyle kararsız, böyle tuhaf davranıyordu. Kaygılanmış ve nasıl olduğuma mı bakmak istemişti? Bu esrarengiz ziyaretçi niçin şimdi holde oyalanıyordu? Hırsız gibi kaçak ve sürünen adımların sesi kesilmişti. Ben de dehşetten olduğum yerde donup kalmıştım. Bağırmak üzereydim, fakat yapışkan bir şey boğazımı tıkıyordu. Kapıyı açmaya niyetlendiysem de ayaklarım yere çakılıp kalmıştı. Aramızda, o tekinsiz konukla aramızda, artık sadece ince bir duvar vardı, fakat ne o, ne de ben birbirimize doğru bir adım atabiliyorduk.

O sırada kulenin saati çaldı. Tek bir vuruş sadece, saat on ikiyi çeyrek geçiyordu. Bu sesle donukluğumdan sıyrılıp kapıyı açtım.

Ve gerçekten de karşımda elinde mumla hocam duruyordu. Hızla açılan kapının rüzgârında mumun alevi mavi bir ışıkla yükseldi, donup kalmış gibi duran gövdesinden devasa bir büyüklükte sıyrılan gölgesi arkasında bir sarhoş gibi sallanarak duvarda yansıyordu. Fakat beni gördüğünde onda da bir hareket oldu, ani bir hava akımıyla titreyerek uykusundan uyanıp yorganı fark etmeden üstüne çeken biri gibi kendi içinde büzüldü. Ancak sonra geriledi, sallanan mum eline damladı.

Ölürcesine bir korkuyla titredim. "Neyiniz var?" diye kekeleyebildim sadece. Hiçbir şey söylemeden bana baktı, onun da konuşmasını engelleyen bir şey vardı. Sonunda mumu komodinin üstüne bıraktı ve mekânın içinde bir yarasa gibi uçuşan gölge oyunu anında duruldu. Hocam kekeleyerek konuştu: "Ben... ben istiyordum ki..."

Sesi yeniden kesildi. Gözlerini yere çevirmiş, karşımda suçüstü yakalanmış bir hırsız gibi duruyordu. Ben üzerimde gecelikle soğuktan titrer, o utancın şaşkınlığıyla sinerken orada öylece durmak, o korku, katlanılır gibi değildi.

Zayıf silueti aniden harekete geçti. Bana doğru yaklaştı: Yüzünde bir gülümseme vardı, dudaklarını sımsıkı geren ve yalnızca gözlerinde tehlikeli bir ışıkla pırıldayan kötücül, şehvetli bir gülümseme, bir an için yabancı bir maske gibi donuk, o gülümsemeyle bana baktı – sonra çatallı bir yılan dili gibi sivri sesi duyuldu: "Size sadece şunu söylemek istiyordum... Birbirimize senlibenli hitap etmeyi bırakalım... Bu... bu... yeniyetme bir öğrenciyle hocası arasında pek de uygun değil... anlıyor musunuz?.. Mesafeli olmak gerekir... mesafeli... mesafeli..."

Bunları söylerken bana öyle bir nefretle, öyle bir kötülükle tokatlar gibi, aşağılar gibi bakıyordu ki elleri ister istemez birer pençe gibi kıvrılmıştı. Sendeleyerek geriledim. Çıldırmış mıydı? Sarhoş muydu? Üzerime atılmak veya yüzüme vurmak ister gibi yumruklarını sıkmış, orada duruyordu.

Fakat bu dehşet ancak bir saniye sürdü, o saldırgan bakış tekrar kendi içine kapandı. Arkasını dönüp özür diler gibi bir şeyler mırıldanarak mumu kavradı. Yere eğilmiş gölgesi, kara ve aceleci bir şeytan gibi tekrar ayaklanarak hocamın önünden savrularak kapıdan çıktı. Ve daha ben söyleyecek söz bulamadan kendisi de çıkıp gitti. Kapı sertçe kapandı ve basamaklar aceleci adımlarının altında ezilerek gıcırdadı.

Bu geceyi asla unutmayacağım; içimde soğuk bir öfkeyle çaresizce yakıcı bir ümitsizlik duygusu vahşice yer değiştirip duruyordu. Düşünceler beynimi roket gibi delip geçiyordu. Keskin bir azap içinde, niçin bana eziyet ediyor, diye yüzlerce kez kendi kendime sordum. Niçin, sırf yüzüme karşı böyle düşmanca bir hakareti savurmak için gece vakti yukarı çıkacak kadar nefret ediyordu benden? Ona ne yapmıştım? Şimdi ne yapmam gerekiyordu? Nasıl yaptığımı bilmeden onu incitmişsem, şimdi nasıl yatıştırabilirdim? Ateş gibi yanarak kendimi yatağa attım, sonra kalktım, ardından tekrar yorganın altına gömüldüm, fakat gözümün önünde hep o hayaletimsi görüntü vardı; gizlice odama sokulan, karşısına çıktığımda da donup kalan hocam ve ardında, esrarengiz bir tuhaflıkla duvarda salınan o devasa gölge.

Ertesi sabah kısa ve hafif bir uykudan sonra uyandığımda kendimi önce rüya gördüğüme inandırmaya çalıştım.

Fakat komodinin üzerinde hâlâ damlayan mumun sarı ve yuvarlak kalıntısı duruyordu. Ve belleğimdeki çirkin anının, dün gece hırsız gibi yukarı çıkmış olan ziyaretçiyi, şimdi pırıl pırıl aydınlık odanın orta yerine tekrar tekrar yerleştirmesini engelleyemiyordum.

Öğlene kadar hiç dışarı çıkmadım. Onunla karşılaşma düşüncesi bütün gücümü tüketiyordu. Okumayı denedim, yazmayı denedim, olmadı. Sinirlerim harap olmuştu, her an haykırarak, hıçkırarak sarsıntılı bir nöbetle boşalabilirdim. Parmaklarımın bir ağacın yaprakları gibi, bana yabancı titrediklerini görüyordum, onları sakinleştirmeye gücüm yetmiyordu; dizlerim, sanki bağları kopmuş gibi bükülüveriyordu. Ne yapmalı? Ne yapmalı? Bitkin düşene kadar kendime bunu sorup durdum, artık şakaklarım zonklamaya, gözlerim kararmaya başlamıştı. Şimdi dışarı çıkmamalıydım, aşağı inmemeliydim, kendimden emin olmadan, sinirlerim yeniden güçlenmeden onunla birdenbire karşılaşmamalıydım. Karnım aç, yıkanmamış, allak bullak bir halde kendimi tekrar yatağın üstüne attım ve duyularım yeniden ince duvarların ötesine uzanmaya çalıştı. Şu anda neredeydi, ne yapıyordu, o da uyanmış mıydı ve benim gibi ne yapacağını bilemez halde miydi?

Öğlen olduğunda ben hâlâ altüst olmuş duygularımın ateşiyle yataktaydım, o sırada merdivende nihayet bir ayak sesi duydum. Bütün sinirlerim gerilip alarma geçti. Gerçi bu adımlar hafif ve kaygısızdı, uçar gibi bir kerede iki basamağı birden çıkıyordu – kapıya vurulmuştu bile. Hemen kapıya fırladım, ama açmadım. "Kimsiniz?" diye sordum. "Niçin yemeğe gelmiyorsunuz siz?" diye biraz kızgın bir sesle karşılık verdi hocamın karısı. "Hasta mısınız?" – "Hayır, hayır," diye şaşkınlıkla kekeledim. "Geliyorum, şimdi geliyorum." Artık giysilerimi hızla üzerime geçirip aşağıya inmekten başka yapabileceğim bir şey yoktu. Fakat inerken merdivenin korkuluğuna tutunmak zorunda kaldım, elim ayağım öylesine titriyordu.

Yemek odasına girdim. Hocamın karısı, masadaki iki servisten birinin başında bekliyordu, gelip çağırmak zorunda kaldığı için beni hafif bir sitemle selamladı. Onun yeri boştu. Kanımın başıma çıktığını hissettim. Bu beklenmedik yokluğu ne anlama geliyordu? Karşı karşıya gelmekten benden fazla mı korkuyordu? Utanç içinde miydi yoksa artık benimle aynı sofrayı paylaşmak istemiyor muydu? Sonunda profesörün gelip gelmeyeceğini sormaya karar verdim.

Karısı şaşkınlıkla bana baktı: "Bu sabah yola çıktığını bilmiyor musunuz?" dedi. "Gitti mi?" diye kekeledim. "Nereye?" Derhal yüz hatları gerildi: "Kocam bunu bana söyleme gereği duymadı, herhalde alışılmış gidişlerinden biridir." Sonra aniden sertçe bana döndü. "Fakat *sizin* bunu bilmemeniz ilginç. Oysa dün gece kendisi size kadar çıkmıştı – ben vedalaşmak için olduğunu düşünmüştüm… Tuhaf… size de bir şey söylememiş olması gerçekten tuhaf."

"Bana mı?" diye sadece bir çığlık çıkabildi ağzımdan. Ve bu çığlık, son saatler boyunca içimde tıkılıp kalmış her şeyi beni rezil ederek süpürüp attı. Utanç içindeydim. Bir anda hıçkırıklara boğulmuştum, nöbet halinde ağlıyordum – tek bir kütle halinde iç içe geçmiş çılgınca bir ümitsizlik, karmakarışık sözcükler ve bağırışlarla, fokurtulu bir dalga gibi içimden boşanıyordu; ağlıyordum, hayır, sarsılıyordum ve zorla bastırdığım tüm azabı, dudaklarım titreye titreye isterik hıçkırıklarla boşaltıyordum. Masayı rastgele yumrukluyor, haftalardır bir fırtına bulutu gibi üstümde asılı duran şeyi, yüzüm, gözüm yaş içinde, alıngan, öfkeli bir çocuk gibi dizginsizce boşaltıyordum. Ve bu kudurgan patlamayla rahatlarken aynı zamanda kendimi onun karşısında böylesine ele verdiğim için ölçüsüz bir utanç duyuyordum.

"Neyiniz var sizin? Söyleyin Tanrı aşkına!" Ne yapacağını şaşırmış bir halde ayağa fırlamıştı. Sonra hızla yanıma geldi ve beni masadan alarak divana götürdü. "Haydi uzanın! Dinlenin biraz." Ellerimi okşadı, bedenim hâlâ çarpıntılı sarsılmalarla titrerken ellerini saçlarımda dolaştırdı. "Kendinize eziyet etmeyin Roland – kendinize eziyet etmeyin. Hepsini biliyorum, bunların geleceğini hissetmiştim." Hâlâ saçlarımı okşuyordu. Fakat sesi aniden sertleşti. "Onun insanı nasıl altüst edebileceğini kendimden biliyorum, kimse daha iyi bilemez. Fakat bana inanın ki, kendisi zaten dayanaksız olan o insana bu kadar güvendiğinizi gördükçe sizi hep uyarmak istedim. – Siz onu tanımıyorsunuz, körsünüz. Çocuksunuz siz – hiçbir şeyi sezmiyorsunuz, bugün bile, evet, hâlâ bugün bile. Belki de ilk kez bugün bir şeyleri anlamaya başladınız – bu sizin için de, onun için de daha iyi olur."

Sevgiyle üstüme eğilmiş duruyordu, sakinleştiren ellerinin iyileştirici dokunuşları ve söylediği sözcükler şeffaf bir derinlikten geliyor gibiydi. Sonunda yeniden bir parça şefkat görmek ve bir kadın elinin, neredeyse anaç sevecenliğini hissetmek iyi gelmişti. Belki bundan fazlaca uzun bir zaman mahrum kalmıştım ve şimdi bir keder perdesi arkasından da olsa şefkatli bir kadının ilgisini hissetmek çektiğim acıyı hafifletiyordu. Fakat yine de çok utanmıştım, böyle bir nöbetle kendimi ele vermekten, böyle bir çaresizliğe teslim olmaktan çok utanmıştım! Zahmetle doğrulup bana bütün yaptıklarını –beni nasıl uzaklaştırdığını, sonra peşime düştüğünü ve tekrar kendine çektiğini, bana karşı nedensiz, sebepsiz sert davrandığını– şikâyetle, bağıra çağıra, zaman zaman tıkanan bir sel gibi yeniden boşaltmam da istemim dışı gerçekleşti. Bana eziyet etmesine rağmen ona sevgiyle bağlı olduğumu, ondan sevgiyle nefret ettiğimi ve nefretle sevdiğimi söyledim. Kendimi yine öylesine kaptırmaya başlamıştım ki, beni yeniden yatıştırması gerekti. Beni, öfkeyle doğrulmuş olduğum divana doğru yumuşacık elleriyle tekrar gerisingeri itti. Sonunda biraz sakinleştim. O, tuhaf bir düşüncelilikle susuyordu. Her şeyi anladığını, belki benden de fazla anladığını hissediyordum...

Birkaç dakika bizi bu sessizlik bağladı. Sonra kadın ayağa kalkarak şunları söyledi: "Pekâlâ – yeteri kadar çocuk oldunuz, şimdi tekrar erkek olmanın zamanı. Sofraya geçip yemeğinizi yiyin. Trajik bir şey olmadı, bir yanlış anlama sadece, sonra açıklığa kavuşacaktır." Ben karşı çıkar gibi bir hareket yapınca, o sertçe sözlerine devam etti: "Her şey açıklığa kavuşacak, çünkü sizin uzun süre bir o yana bir bu yana çekilip altüst olmanıza izin vermeyeceğim. Buna bir son vermeli, artık kendine biraz hâkim olmayı öğrenmeli. Onun maceralı oyunlarına katılamayacak kadar iyisiniz. Onunla konuşacağım, bana güvenin. Fakat şimdi sofraya gelin artık."

Utanç içinde ve istemeden sofraya geçtim. O belli bir acelecilik ve laf kalabalığıyla sıradan şeylerden söz etti; ben de o dizginsiz patlayışımı adeta duymazlıktan gelip hemen unutmuş gibi göründüğü için ona minnet duydum. Sonra bana yarın günlerden pazar olduğunu, Doçent W. ve nişanlısıyla birlikte yakınlardaki bir göle gezintiye gideceklerini, onlarla birlikte gidip neşelenerek kitaplardan biraz kurtulmam gerektiğini söyledi. Geçirdiğim rahatsızlık aşırı çalışmanın ve sinirlerimin yıpranmış olduğunun işaretiydi; biraz yüzmek veya yürümekle bedenim hemen dengesini bulacaktı.

Onlarla gitmeye söz verdim. Her şeye razıydım, yeter ki yalnız kalmayayım, tekrar odama kapanıp karanlıkta dönüp duran düşüncelerle boğuşmayayım. "Hem öğleden sonra da eve kapanmayın! Dolaşmaya çıkın, yürüyün, rahatlayın, eğlenin biraz!" diye tekrar ısrar etti. "Ne tuhaf," diye düşündüm, "beni o kadar az tanıyor, yine de en derinlerdeki duygularımı anlıyor, bana neyin acı verdiğini, beni neyin zora soktuğunu biliyor; öteki, bilim adamıysa beni yanlış tanıyor ve hırpalıyor." Sözünü dinleyeceğimi söyledim ve ona minnettarlıkla baktığımda yüzünde yeni bir anlamla karşılaştım: Ona her zaman küstah, kayıtsız bir oğlan çocuğu ifadesi veren alaycılığıyla kibirliliği gitmiş; yerini yumuşak ve anlayışlı bakışlara bırakmıştı. Onu hiç bu kadar ciddi görmemiştim. Bir yandan da içimdeki karışık duygularla "Niçin o da bana

böyle iyilikle bakmıyor hiç?" diye düşündüm. "Canımı yaktığında bunu hiçbir zaman hissetmedi? Niçin böyle iyileştirici, sevecen ellerle saçlarıma hiç dokunmadı, elimi tutmadı?"
Karısının elini minnetle öptüm, ama o hemen huzursuzca,
neredeyse şiddetle elini geri çekti. "Kendinize eziyet etmeyin," diye bir kez daha tekrarlarken sesi yumuşadı.

Ne var ki sonra dudaklarına bir anda yeniden bir sertlik yerleşti, sertçe doğrularak yavaşça şunları söyledi: "Bana
inanın, o bunları hak etmiyor."

Neredeyse fısıltıyla söylediği bu sözcükler hemen hemen
durulmuş olan yüreğimi yine acıya boğdu.

O öğle sonrasında ve akşam yaptığım şeyler öylesine gülünç ve çocukçaydı ki, aklıma geldiklerinde yıllarca utanç
duydum, hatta bunlarla ilgili her türlü anıyı bir iç sansür
derhal karartıverdi. Neyse ki bugün o acemice bocalayışlarımdan utanmıyorum artık – aksine güçlükle kendi duygularının güvensizliğini aşmaya çalışan o ele avuca sığmaz, delice
tutkulu delikanlıyı öyle iyi anlıyorum ki.

Çok uzun bir koridorun sonundan bakar gibi, bir teleskopla seyreder gibi kendimi, o ezilmiş, ümitsiz genci, kendisiyle ne yapacağını bilemeden odasına çıkarken görüyorum.
Sonra birdenbire ceketini sırtına geçiriyor, başka bir düzleme
geçiyor, dağarcığından müthiş kararlı bir tavır çıkartıp takınıyor ve aniden son derece enerjik adımlarla kendini sokağa
atıyor. Evet, o benim, kendimi tanıyorum, o zamanların o
budala, acı çeken, zavallı delikanlısının bütün düşüncelerini biliyorum: Hatta aynanın karşısında birden dikleştim ve
kendi kendime şunları söyledim: "Umurumda bile değil!
Şeytan götürsün onu! O ihtiyar deli yüzünden niçin kendime eziyet ediyorum! Kadın haklı, neşeli olmalı, eğlenmeli!
Haydi, ileri!"

Gerçekten de o gün böyle bir ruh haliyle dışarı çıktım.
O ani sarsıntı, kendimi kurtarmamı sağlamıştı – sonra, bu

neşeli kutlama havasının pek de neşeli olmadığını ve o donmuş buz kütlesinin hâlâ eski ağırlığıyla yüreğimin üzerinde durduğunu kabul etmemek için, kaçmak için ödlekçe bir koşu tutturdum. Ağır bastonum elimde, her öğrenciyi keskin bakışlarla süzerek nasıl yürüdüğümü hâlâ hatırlıyorum; içimde, birisiyle kavga çıkartmak, çıkış yolu bulamadan ruhumda dönüp duran öfkeyi karşıma ilk çıkanı pataklayarak boşaltmak için tehlikeli bir istek duyuyordum. Fakat neyse ki, kimse beni dikkate almaya değer bulmadı. Böylece ben de fakülteden arkadaşlarımın çoğu zaman birlikte oturdukları kafeye gittim, davet beklemeden masalarına oturmaya ve meydan okumak için en ufak bir takılmayı bahane etmeye hazırdım. Ne var ki bu kavga aranan tavrım burada da boşluğa çarptı – bu güzel hava öğrencilerin çoğunu kırlara çekmişti, birlikte oturan iki üç kişi de beni nezaketle selamladılar ve kabarmış öfkemi boşaltmam için en ufak bir kapı aralamadılar. Bir süre sonra sinirlenerek kalktım ve kentin kenar mahallelerinde pek de iyi şöhreti olmayan bir birahaneye gittim. Küçük kent insanlarının aşağı tabakası burada bir kadınlar orkestrasının yaptığı gürültülü müzik eşliğinde sigara dumanı ve bira bardakları arasında kaba saba eğleniyordu. İki üç bardak birayı hızla arka arkaya yuvarladım, sonra adı kötüye çıkmış kadınlardan birini yanındaki, feleğin çemberinden geçmiş olduğu belli, aşırı makyajlı sıska arkadaşıyla birlikte masama davet ettim, adamakıllı dikkat çekecek gibi davranıyor ve bundan hastalıklı bir sevinç duyuyordum. Bu küçük kentte herkes beni tanıyor, profesörün öğrencisi olduğumu biliyordu, kadınların da kışkırtıcı giysilerinden ve tavırlarından ne mal oldukları belliydi ve ben, kendimi de profesörü de rezil etmekten (aptal gibi buna inanıyordum) budalaca ve yalancı bir haz duyuyordum; ona aldırmadığımı, onunla ilgilenmediğimi herkes görsün, diyordum – o koca memeli yaratığa herkesin gözünün önünde en bayağı, en rezil biçimde kur yaptım. Bu azgın bir kötülük yapma sarhoşluğuydu ve az sonra gerçek bir sarhoşluk oldu; çünkü şarabı, birayı, sert içkileri deli gibi karıştırıp içiyorduk, öyle vahşice kadeh tokuşturuyorduk ki, etrafımızdaki sandalyeler devriliyor, yan masalardakiler sakınarak geri çekiliyorlardı. Bense utanç duymuyordum hiç, aksine, yeter ki öğrensin, diye kuduruyordum deli gibi, benim için ne kadar önemsiz olduğunu öğrenmeliydi; ah kederli değilim, incinmiş değilim, aksine eğleniyorum. "Şarap! Şarap gelsin!" diye bağırıp yumruğumu masaya indirdim, bardaklar sallanarak şıngırdadı. Sonunda kadınlardan birini sağ koluma, diğerini sol koluma takıp ikisiyle birlikte dışarı çıktım, her zamanki gibi saat dokuzda piyasa saati başlamış, anacaddede öğrenciler, genç kızlar, askerler, halktan insanlar huzurlu ve eğlenceli bir gezinti için bir araya gelmişlerdi. Biz yalpalaya yalpalaya ilerleyen rezil bir üçlü olarak caddenin ortasında o kadar gürültü yaptık ki, sonunda bir polis memuru öfkeyle yanımıza gelip sakin olmamız için bizi sertçe uyardı. Bundan sonrasını tam olarak anlatamayacağım. Kalitesiz alkolün mavimsi sisi belleğimi bulandırmıştı, sadece, iki sarhoş kadından tiksinmiş olarak, kendim de ne yaptığımı bilmez bir halde onlara para verip başımdan savdığımı, bir yerlerde kahve ve konyak içtiğimi, sonra üniversitenin kapısında profesörlere atıp tutarak yoldan geçen gençleri eğlendirdiğimi hatırlıyorum. Sonra kör bir içgüdüyle kendimi biraz daha rezilleştirmek ve ona daha fazla hakaret etmek için –karmaşık ve tutkulu bir öfkenin yol açtığı deli saçması bir düşünce!– bir genelev aradım, ama yolu bulamadım, sonunda sallana sallana can sıkıntısıyla eve döndüm. Kapıyı epey uğraştıktan sonra güçlükle açabildim ve ilk basamakları sürünerek çıktım.

Fakat onun kapısının önüne geldiğimde, kafamdan aşağı bir kova soğuk su boca edilmiş gibi bir anda bütün sarhoşluğum uçup gitti. Aniden ayılarak kendi kudurmuş öfkemin çirkin suratıyla yüz yüze geldim. Utancımdan yerin dibine girecek gibi oldum. Ve geldiğimi kimse duymasın diye çok sessizce, dayak yemiş bir köpek gibi sinerek gizlice odama süzüldüm.

Ölü gibi uyumuşum, uyandığımda güneş çoktan döşemeyi ışığa boğmuş, yatağın kenarına doğru uzanmıştı. Bir anda yataktan fırladım. Ağrıdan çatlayan kafamda ağır ağır dün akşamın anıları belirmeye başladıysa da utanç duygusunu bastırdım, artık daha fazla utanç duymak istemiyordum. Kendimi özellikle her şeyin onun suçu olduğuna inandırmaya çalıştım, kendimi o denli alçaltmam onun suçuydu sadece. Dün akşam yaptıklarımın gerçek bir öğrenci eğlencesinden başka bir şey olmadığını söyleyerek kendimi avuttum, haftalardır durmadan çalışmaktan başka bir şey yapmamış birinin hakkıydı bu. Ancak kendi kendimi böyle haklı çıkarmaya çalışsam da huzursuzdum, oldukça sıkıntılı ve ezik bir halde hocamın karısının yanına indim, aklımda onlarla birlikte gezintiye çıkmak için vermiş olduğum söz vardı.

Tuhaftır ki, daha kapılarının tokmağına dokunur dokunmaz yine onun varlığını hissettim ve içimi anlamsızca deşen o yakıcı acıyı, o öfkeli çaresizliği duydum. Kapıyı hafifçe vurdum, karşıma bakışlarında tuhaf bir yumuşaklıkla karısı çıktı. "Ne saçmalıklar yapıyorsunuz, Roland?" dedi azarlamaktan çok acır gibi bir tonda. "Kendinize niye böyle eziyet ediyorsunuz?" Ona şaşkınlıkla baktım, demek yaptığım delilikler şimdiden kulağına gelmişti. Ancak hemen sıkıntımı dağıttı. "Ama bugün aklı başında davranacağız," dedi. "Saat onda Doçent W. ve nişanlısı gelecek, sonra yola çıkacağız, bütün gün yüzerek, kürek çekerek bu aptallıkları geride bırakacağız." Son derece gereksiz bir soru olmakla birlikte, yine de cesaret edip profesörün dönüp dönmediğini sordum. Yanıtlamadan yüzüme bakmakla yetindi, boşuna sorulmuş bir soru olduğunun ben de farkındaydım.

Saat tam onda doçent zili çaldı. Yahudi olduğu için akademik camiada epey izole yaşayan genç fizikçi, aslında biz dışlanmışlarla görüşen tek kişiydi. Nişanlısı, belki de sevgilisi demek daha doğruydu, durmadan gülen saf ve biraz da bön genç bir kızdı, bu yüzden de böyle gelişigüzel eğlencelere katılmak için çok uygundu. Önce trenle, yolda durmadan yiyip içerek, sohbet edip gülerek yakınlardaki küçücük bir göle gittik. Zorlayıcı bir ciddiyetle geçirdiğim haftalardan sonra böyle neşeli bir sohbete o kadar hasret kalmışım ki, bu bir saat bile hafif bir köpüklü şarap gibi başımı döndürmüştü. Her zaman karanlık bir arı kovanı gibi kaynayan düşüncelerimi o çocuksu neşeleriyle dağıtmayı başardılar, kırlara çıkar çıkmaz kızla beklenmedik bir koşu yarışına girerek kaslarımı yeniden hissettim ve yine eski sağlıklı ve kaygısız delikanlı halime döndüm.

Göl kıyısında iki kayık kiraladık, bizim kayıkta dümene hocamın karısı geçti, diğerinde doçentle kız arkadaşı birlikte kürek çekiyorlardı. Daha yola çıkar çıkmaz içimiz sportmence bir yarış isteğiyle doldu, birbirimizi geçmek istiyorduk, fakat diğer kayıkta ikisi birlikte kürek çekerken ben onlara karşı tek başıma mücadele etmek zorundaydım. Ceketimi üstümden çıkardım ve bu sporda antrenmanlı biri olarak küreklere kuvvetle asıldım ve güçlü hamlelerle hemen diğer kayığın önüne geçtim. Aramızda sürekli kışkırtıcı takılmalar uçuşuyordu, yakıcı haziran sıcağına ve iyice tere batmış olmamıza aldırmadan ipini koparmış kürek mahkûmları gibi, kendimizi tamamen çekişmenin heyecanına kaptırmıştık. Sonunda hedefimiz göründü, bu gölün ortasındaki ağaçlık küçük bir kara çıkıntısıydı. Küreklere daha da güçlü asıldık, kayığımız yol arkadaşımın zafer çığlıkları arasında birinci olarak sahile gıcırtıyla oturdu. İyice ateş basmış ve terden sırılsıklam bir halde aşağı indim, güneşin alışılmamış sıcaklığı, harekete geçen kanımın uğultusu ve başarının sevinciyle sarhoş gibiydim, yüreğim göğüs kafesimden fırlayacak gibi atıyordu, terli giysilerim bedenime iyice yapışmıştı. Doçentin durumu da daha iyi değildi, bu soluk soluğa halimiz ve acınacak görünüşümüz karşısında, kadınlar bize övgüler yağdırmak yerine bol bol gülüp alaya aldılar. Sonunda serinlememiz için bir mola lütfettiler. Birbirimize takılıp şakalaşarak çalılıkları aramıza aldık, soyunmak için sağında ve solunda bir kadınlar bir de erkekler kısmı uyduruverdik. Hızla mayolarımızı giyerken çalıların arkasından beyaz çamaşırlar ve çıplak kollar bir görünüp bir kayboldu, biz daha hazırlanırken iki kadın suya girmiş ve neşeyle oynamaya başlamışlardı bile. Daha az yorulmuş olan doçent de hemen peşlerinden suya atladı, fakat ben biraz fazla sert kürek çektiğim için yüreğimin hâlâ kaburgalarımı titrettiğini hissediyordum, önce rahatça gölgeye uzandım ve çağıldayan kanımda yorgunluğun tatlı titreşimlerini hissederken üzerimden geçip giden bulutları seyre daldım.

Fakat çok geçmeden sudan heyecanlı bağırışlar yükseldi: "Roland, haydi! Yüzme yarışması yapıyoruz! Ödülüne! Ödüllü dalış da var!" Yerimden kıpırdamadım, bir yandan güneşin usulca içime işleyen ısısı tenimi tatlı tatlı yakar, bir yandan da hafifçe okşayan rüzgârla serinlerken orada binlerce yıl öyle yatabilirmişim gibi hissediyordum. Ama yine neşeli gülüşmeler ve doçentin sesi duyuldu: "Grev ilan etti! İşini bitirdik onun! Haydi şu tembeli getirelim!" Gerçekten de su şıpırtılarının yaklaştığını işittim ve çok yakınımdan hocamın karısı seslendi: "Roland, haydi! Yarışıyoruz! Şunlara gösterelim!" Yanıt vermedim, beni aramaları hoşuma gidiyordu. "Neredesiniz ama?" Çakılların gıcırdadığını, çıplak ayakların kumsala çıktığını işittim ve ıslak mayosu ince erkek çocuğu bedenine iyice yapışmış olarak aniden karşımda belirdi. "Ah, buradasınız! Bu ne keyif böyle! Haydi ama, tembelliği bırakın, diğerleri adaya vardı bile." Rahatça sırtüstü uzanmıştım, keyifle gerindim: "Burası çok daha güzel. Ben sonra peşinizden gelirim."

Güldü ve elini boru gibi yaparak suya doğru bağırdı: "Gelmek istemiyor!" Uzaktan, "Suya atın o lapacıyı!" diye bağıran doçentin sesi duyuldu. "Haydi ama, gelin," dedi hocamın karısı sabırsızlanarak, "beni gülünç duruma düşürmeyin." Fakat ben tembelce esnemekle yetindim. O zaman hem şakacı hem kızmış bir ifadeyle çalıdan bir dal koparttı. Beni harekete geçirmek için koluma hafifçe vurarak, "Haydi ileri!" diye neşeyle tekrarladı. Yerimden sıçradım. Biraz fazla sert vurmuş, koluma ince bir çizgi halinde boydan boya kan oturmuştu. "Hele şimdi hiç olmaz," dedim aynı şekilde şakalaşarak, hem de hafiften kızarak. Fakat şimdi o gerçek bir öfkeyle emretti: "Haydi yürüyün! Hemen!" Ben inadımdan kıpırdamayınca da yeniden, bu kez daha şiddetli ve sert bir darbe indirdi. Değneği elinden almak için birden öfkeyle yerimden fırladım, geri kaçtı, ama ben kolundan yakaladım. Değneği aramızda çekiştirirken yarı çıplak bedenlerimiz ister istemez iyice yakınlaştı. Ben değneği bıraktırmak için bileğini döndürürken o da kaçmak için iyice geriye eğildi ve o sırada ani bir hareket oldu – mayosunun sol askısı kopmuştu, çıplak göğsünün ucu bir tomurcuk gibi sert ve kırmızı, karşımdaydı. Elimde olmadan baktım, bir saniye kadar, ama altüst olmama yetti, titreyerek ve utanç içinde bileğini bıraktım. Onun da yüzü kızarmıştı, kopan askısını bir firketeyle idareten tutturmak için arkasını döndü. Orada durmuş ne söyleyeceğimi bilemiyordum. O da bir şey söylemedi. O anda aramızda ağır ve boğucu bir huzursuzluk oluştu.

"Hey... hey... neredesiniz?" Sesleri artık küçük adanın oradan geliyordu. "Tamam, geliyorum," diye bağırdım ve yeni bir sıkıntıdan kurtulacağım için sevinerek kendimi suya attım. Birkaç dalış hamlesi, bedenimin kendi gücümle yol alışının heyecan verici zevki, suyun berraklığı ve serinliği, daha güçlü, berrak bir hazzın kanımdaki o tehlikeli köpürme ve çağıltıyı dağıtmasına yetti. Az sonra ikisine yetiştim, daha zayıf yapıdaki doçenti bir dizi yarışmaya kışkırttım ve hepsini ben kazandım, suya girdiğimiz yere geri döndüğümüzde hocamın karısı giyinmiş bizi bekliyordu, şimdi yanımızda getirdiğimiz sepetleri alıp açık havada piknik yapacaktık. Ne var ki dördümüzün arasında neşeli şakalaşmalar devam etmekle birlikte hocamın karısıyla ben birbirimize hitap etmekten kaçınıyor; konuşurken, gülerken birbirimizle ilgisi yokmuş gibi yapıyorduk. Bakışlarımız karşılaştığında dile getirilmeyen ortak bir duyguyla başka taraflara bakıyorduk, az önce aramızda geçenlerin etkisi dağılmamıştı ve ikimiz de aynı şeyi hatırladığımızın utançla farkındaydık.

Öğle sonrası yeni bir kürek çekme yarışıyla hızla geçti, fakat kapıldığımız hoş yorgunluk arttıkça spor tutkusunun harareti giderek düşüyordu. Şarap, havanın sıcaklığı, içimize işleyen güneş giderek daha fazla kanımıza karışıyor ve onu kızıştırıyordu. Doçent ve kız arkadaşı artık birbirlerine daha rahat davranmaya başlamışlardı, hocamın karısıyla ikimiz bunlara sıkıntıyla katlanıyor, onlar birbirlerine yaklaştıkça biz aramızdaki mesafeyi bir o kadar kaygıyla korumaya çalışıyorduk, fakat diğer ikisi daha rahat öpüşmek için geride kaldıkça çift olma duygusu vurgulanıyordu ve biz yalnız kaldığımızda tutukluğumuz bir sohbete girmemizi sürekli engelliyordu. Sonunda tekrar trene bindiğimizde, ikisi akşam baş başa kalacaklarını bildiklerinden, biz de sıkıntı veren bu durumdan kurtulacağımız için, dördümüz de rahatladık.

Doçentle kız arkadaşı bize eve kadar eşlik ettiler. Merdivenden yalnız çıktık, apartmana girer girmez onun varlığının acıtan, özlemle altüst eden uyarıcılığını tekrar hissettim. "Keşke dönmüş olsa!" diye düşündüm sabırsızlıkla. Ve karısı bu sessiz iç çekişi dudaklarımdan okumuş gibi şunları söyledi: "Bakalım dönmüş mü."

İçeri girdik. Ev sessizdi. Odasında her şey terk edilmiş duruyordu. Uyarılmış duygularım farkına varmadan boş sandalyede onun ezik ve trajik siluetini canlandırdı. Fakat sayfalar orada dokunulmamış duruyor, benim gibi bekliyorlardı. O zaman tekrar içim buruldu, niçin kaçıp gitmişti, niçin beni yalnız bırakmıştı? Kıskançlık dolu bir öfke kabararak boğazımda yükseldi; ona karşı kötü, nefret dolu bir şeyler yapmak için duyduğum o aptalca ve karmaşık isteği yeniden hissettim.

Karısı peşimden gelmişti. "Yemeğe kalıyorsunuz değil mi? Bugün yalnız kalmamalısınız." Odamın boşluğundan, basamakların gıcırtısından, zihnimi kemiren düşüncelerden korktuğumu nereden biliyordu? İçimden geçen her şeyi, dile getirilmemiş düşünceleri, her türlü kötü hevesi hep tahmin ediyordu.

İçimi bir korku sardı, kendimden ve ruhumu karıştıran nefretten korkuyordum, teklifini reddetmek istedim. Fakat cesaret gösterip hayır demeyi göze alamadım.

Zinadan hep tiksinmişimdir, fakat hak iddiasındaki bir ahlak anlayışından, namus düşkünlüğünden veya erdemlilikten değil, karanlıkta hırsızlık yapmak, yabancı bir bedeni ele geçirmek olduğundan da değil, fakat hemen hemen her kadının o sırada kocasının en gizli yanını ele vermesinden nefret etmişimdir; bu kadınlardan her biri, aldattığı kocasının en insani yanını, gücünün ya da güçsüzlüğünün sırrını çalıp bir yabancının önüne atan bir Delila gibidir. Bana bir ihanet gibi görünen, kadınların kendilerini vermeleri değil de, kendilerini haklı çıkartmak için neredeyse her zaman kocalarının utancının peçesine bürünmeleri ve hiçbir şeyden haberi olmayan adamı adeta uykusunda, bir yabancının merakına, kibirle tadını çıkardığı kahkahalarına teslim etmeleridir.

Yani bugün hayatımın en acınası alçalışı olarak hissettiğim şey, o zamanlar ruhum kör bir ümitsizlikle karmakarışıkken karısının önce sadece acıyan, ancak sonra sevecenleşen kucaklayışına –bu duygular uğursuz bir hızla yer değiştirdiler– sığınmam değil, çünkü istemimiz dışında oldu, ikimiz de anlamadan, bilincine varmadan o yakıcı uçuruma yuvarlandık; fakat kendimi asıl yargıladığım, gergin durumdaki kadının daha yatak soğumadan bir de kocasıyla ilgili mahrem konulara girmesine, evliliğinin gizlerini açmasına izin vermiş olmamdır. Niçin onu itmedim ve hocamın yıllardan beri bedensel anlamda ondan uzak durduğunu anlatmasına, karanlık imalarda bulunmasına izin verdim, kocasının cinselliğinin en gizli yanlarını açmasını niçin kesin bir dille yasaklamadım? Fakat onun sırrını öğrenmek için öylesine yanıp tutuşuyordum; bana karşı, karısına karşı, her şeye karşı onu suçlu bilmeyi öyle bir açlıkla istiyordum ki, kadının öfke içinde ihmal edildiğini itiraf edişini rüyada gibi dinledim – benim de hissettiğim itilmişlik duygusuna o kadar benziyordu ki! İşte bu şekilde, o karmakarışık ortak nefret duygusuyla yakınlaşarak aşk gibi görünen bir hale girdik; fakat bedenlerimiz birbirini arar, birbirinin içine girerken biz hâlâ durmadan onu konuşuyor, onu düşünüyorduk. Bazen söylediği bir söz içimi acıtıyordu ve çelişki içinde, itici bulduğum bir durumda kalakaldığım için utanıyordum. Fakat artık bedenim irademi dinlemiyor, kendi hazzı içinde vahşice kıvranıyordu. Ve ben en sevdiğim insana ihanet eden dudakları öpüyordum.

Ertesi sabah, ağzımda utancın ve tiksintinin bıraktığı kötü bir tatla sessizce odama döndüm. Kadının bedeninin duyularımı uyuşturan sıcaklığından uzaklaşır uzaklaşmaz gerçeğin sertliği ve ihanetimin iğrençliğiyle yüz yüze geldim. Derhal anladım ki, bir daha hocamın karşısına çıkamayacağım, bir daha elini tutamayacağım. Ondan değil, kendimden en değerli şeyimi çalmıştım.

Şimdi tek kurtuluş kaçıştı. Aceleyle bütün eşyalarımı topladım, kitaplarımı bir araya yığdım, ev sahibeme borcumu ödedim. Artık beni bulamamalıydı, aynı onun bana yaptığı gibi, ben de nedensiz ve gizemli, ortadan kaybolmalıydım.

Fakat bu telaşlı faaliyetin ortasında elim bir anda duruverdi. Tahta basamakların gıcırtısını duymuştum, yukarı yaklaşan adımlar onunkilerdi – onun ayak sesleri.

Benzim ceset gibi sararmış olmalı ki içeriye girer girmez korkuyla irkildi. "Oğlum, neyin var senin? Hasta mısın?"

Bana yardım etmek için yaklaşmak istediğinde gerileyerek ondan kaçtım.

"Neyin var?" diye sordu korku içinde. "Başına bir şey mi geldi? Yoksa... yoksa... hâlâ bana mı kızgınsın?" Asabi bir halde pencereye yöneldim. Ona bakamıyordum. Halden anlayan sıcak sesi içimdeki bir yarayı deşiyordu sanki, bayılacak gibiydim, içimde sıcak, çok sıcak, yakıcı, kavurucu bir utanç dalgasının yayıldığını hissettim.

Fakat o da şaşkındı, sarsılmıştı. Sonra birden çok hafif, titrek bir sesle garip bir soru sordu: "Birisi... birisi sana... benimle ilgili bir şey mi anlattı?"

Ona doğru dönmeden elimle böyle bir şey olmadığını işaret ettim. Fakat huzursuz edici bir düşüncenin etkisi altına girmiş gibiydi, ısrarla yineledi:

'"Söyle bana... hadi itiraf et... birisi sana benim hakkımda bir şey mi söyledi... her kimse... kim olduğunu sormayacağım."

Tekrar olumsuzladım. Çaresizlik içinde öylece duruyordu. Fakat birden bavulumu hazırlamış, kitaplarımı toplamış olduğumu gördü ve gelişiyle son yolculuk hazırlıklarımı engellediğini anladı. Heyecanlanarak yaklaştı: "Sen buradan gitmek istiyorsun Roland, bunu görüyorum... bana gerçeği söyle."

O zaman toparlandım: "Gitmek zorundayım... bağışlayın lütfen... fakat bu konuda konuşamam... size yazacağım." Tıkanmış boğazımdan daha fazla ses çıkmadı, her sözcükte yüreğim ağzımdan fırlayacak gibi oluyordu.

Hiçbir tepki vermedi. Sonra aniden üstüne o bitkinlik hali çöktü. "Belki de böylesi daha iyi Roland... evet kesinlikle, böylesi daha iyi... senin için de, hepimiz için de. Fakat gitmeden önce seninle bir kere daha konuşmak istiyorum. Saat yedide gel, her zamanki saatte... erkek erkeğe konuşup vedalaşalım... Ama kendinden kaçmak yok, mektuba da gerek yok... bu çocukça bir şey olurdu ve bize yakışmaz... ayrıca sana anlatacaklarım kâğıda, kaleme gelecek şeyler değil... Evet, geliyorsun değil mi?"

Sadece başımı sallayabildim. Bakışlarımı pencereden çevirmeye hâlâ cesaret edemiyordum. Fakat sabahın aydınlığını göremiyordum artık, dünyayla arama karanlık bir perde gerilmişti.

Saat yedide o sevgili mekâna son kez girdim. Perdelerden içeri erken bir karanlık sızıyordu, dipteki mermer objeler hâlâ hafiften pırıldıyordu ve kitaplar sedefsi camın ardında kara sırtlarıyla uyuyorlardı. Sözün büyüsüyle tanıştığım, zihinselliğin sarhoşluğunu ve kendinden geçişini başka hiçbir yerde olmadığı kadar yaşadığım yer, anılarımın gizemli âlemiydi burası – seni her zaman o vedalaşma sırasındaki halinle görüyorum, derin bir saygı duyduğum o varlığın koltuktan ağır ağır kalkıp gölgeler içinde bana doğru yaklaşması her zaman gözlerimin önünde: Sadece alnı karanlıkta yuvarlak mermer bir lamba gibi parlıyor ve üstünde yaşlı adamın ağarmış saçları duman gibi uçuşuyor. Şimdi güçlükle kaldırdığı eli karanlıkta benimkini arıyor, şu anda bana doğru çevirdiği ciddi gözlerini görüyorum, kolumu hafifçe kavrayıp beni sandalyeye götürüşünü hissediyorum.

"Otur Roland, açıkça konuşalım. Biz erkeğiz ve dürüst olmalıyız. Seni zorlamıyorum, ama son akşamımızın aramıza bir berraklık getirmesi daha iyi olmaz mı? Söyle haydi, niçin gitmek istiyorsun? O saçma davranışım yüzünden bana kızgın mısın?"

Bir el hareketiyle bunu reddettim. Aldatılmış, ihanete uğramış olan kendisiyken bir de suçu üstlenmeye kalkışması korkunçtu!

"Bilerek veya bilmeyerek seni incittim mi? Bazen tuhaf biri olduğumu biliyorum. Ve elimde olmadan seni gerdim, sana eziyet ettim. Bana yaptığın iyilikler için hiçbir zaman yeterince teşekkür etmedim. Bunu biliyorum, biliyorum, seni kırdığım anlarda bile bunu biliyordum. Nedeni bu mu, söyle bana Roland, çünkü birbirimizle dürüstçe vedalaşmamızı istiyorum."

Yine başımı salladım, bir türlü konuşamıyordum. Onun hâlâ kararlı olan sesi de yavaş yavaş duraksamaya başlamıştı.

"Yoksa... bir kez daha soracağım... biri sana benimle ilgili bir şey mi anlattı? İtici bulduğun... Beni... beni küçük görmene yol açan bir şey?"

"Hayır! Hayır!.. Hayır!" Sesim protesto edercesine bir hıçkırık gibi çıkmıştı. Ben onu küçük göreceğim ha! Ben onu!

Artık sesinde bir sabırsızlık hissediliyordu. "Nedir peki o zaman?.. Başka ne olabilir?.. Çalışmaktan mı yoruldun?.. Yoksa başka bir şey mi seni uzaklaştıran? Bir kadın... bir kadın mesela?"

Sustum. Herhalde bu suskunlukta farklı bir şey vardı ki, bunun bir onaylama olduğunu hissetti. Bana biraz daha yaklaşarak eğildi ve çok alçak bir sesle fısıldadı, ama sesinde hiçbir heyecan yoktu, ne heyecan ne de öfke:

"Bir kadın mı? *Benim* karım mı?"

Hâlâ susuyordum. Ve o anladı. Tüm bedenimden bir titreme geçti. Şimdi, şimdi patlayacak, üstüme atlayacak, bana vuracak, haddimi bildirecek... ve... bir alçak, bir hırsız olan beni kırbaçlamasını, kirlettiğim evinden uyuz bir köpek gibi tekmeyle kovmasını neredeyse istiyordum. Fakat tuhaftır ki tümüyle sakindi, hatta kendi kendine mırıldanır gibi konuştuğunda rahatlamış gibiydi: "Aslında bunu düşünmeliydim." Odada iki kez bir aşağı bir yukarı gidip geldi. Sonra önümde durup sordu: "Demek... demek o kadar ciddiye aldığın şey bu?" Sesinde bir küçümseme varmış gibi hissettim. "İstediğini yapmakta, istediği kimseyi kabul etmekte serbest olduğunu, üzerinde hiçbir hakkım olmadığını sana söylemedi mi?.. Ona bir şeyi yasaklamaya ne hakkım ne de en ufak bir isteğim olduğunu söylemedi mi?.. Ayrıca kimin için kendine hâkim olacaktı ki, hem de sana karşı... Gençsin, iyi ve yakışıklısın... bize çok yakındın... nasıl olup da senden hoşlanmazdı... senin gibi yakışıklı, genç bir erkekten... nasıl olur da seni sevmezdi... Ben..." Birden sesi titremeye başladı. Bana daha da yaklaştı, o kadar yakınımdaydı ki soluğunu hissediyordum. Tekrar bakışlarındaki o sıcak kucaklayışı hissettim, yine o garip ışığı... aramızdaki nadir ve özel anlarda gördüğüm o ışığı gördüm. Biraz daha yaklaşmıştı.

Sonra son derece alçak bir sesle fısıldadı, neredeyse dudakları kıpırdamadan: "Ben... ben... ben de seni seviyorum."

İrkilmiş miydim? Elimde olmadan geri mi çekilmiştim? Bilmiyorum, ama bedenim bir şekilde bir şaşkınlık ve kaçış tepkisi vermiş olmalı, çünkü o da itilip uzaklaştırılmış gibi sallanarak geriledi. Yüzü gölgelendi. "Beni küçük görüyor musun şimdi?" diye sordu çok alçak sesle. "Şimdi benden tiksiniyor musun?"

O anda niçin söyleyecek söz bulamamıştım? O sevgi dolu adamın yanına gidip yersiz kaygılarını dağıtmak yerine nıçin öyle suskun, sevgisiz, sıkıntılı, uyuşmuş gibi oturup kalmıştım? Fakat bir şifre aniden bütün o kavranması imkânsız mesajların dilini çözmüş gibi benim içimde de tüm anılar deli gibi çalkalanmaya başlamıştı, artık her şeyi korkunç bir netlik içinde görüyordum; bana sevgiyle gelişini de, sert savunmasını da, o geceki ziyaretini ve benim coşkulu, ısrarcı tutkum karşısında küskünleşip kaçışını da. Evet, ondaki sevgiyi her zaman hissetmiştim, sevecen ve ürkek, bazen coşup taşarak, bazen büyük bir baskıyla tutuklaşarak yaşadığı aşkı sevmiş ve payıma düşen o kaçamak ışıltının tadını çıkartmıştım; fakat şimdi sevmek sözcüğü, duygusal ve derin bir tınıyla karşımdaki erkeğin ağzından çıktığında şakaklarım hem tatlı hem de ürpertici bir dehşetle uğuldadı. İçim ona karşı duyduğum yakınlık ve acımayla yanarken, ben o karmakarışık, titrek, şaşkın delikanlı, öylesine beklenmedik bir biçimde açıkladığı tutkusuna karşılık söyleyecek bir şey bulamadım.

Karşımda yıkılmış bir halde oturuyor ve suskunluğumu seyrediyordu. "O kadar mı korkunç senin için... o kadar mı korkunç?" diye mırıldandı. "Demek sen de bağışlamıyorsun beni... karşısında dudaklarımı mühürlediğim, neredeyse boğulacak gibi olduğum... kendimi kimseden saklamadığım kadar sakladığım sen bile... Ama şimdi biliyorsun, böylesi daha iyi, artık o kadar baskı hissetmiyorum... Çok... çok ağırdı benim için... çok fazlaydı, böylesi daha iyi, bitmesi o suskunluktan, o sessizlikten daha iyi..."

Nasıl da keder doluydu, nasıl da sevecenlikle ve utançla yüklüydü, kırılganlığı yüreğimin içine kadar işledi. Hiç kimseden almadığım kadar çok şey almış olduğum ve karşımda kendisini anlamsızca alçaltan bu adamın karşısında öylesine soğuk, duygusuz, buz gibi durduğum için utanıyordum. Ruhum ona avutucu bir şeyler söylemek için yanıp tutuşuyordu, fakat titreyen dudaklarım bana itaat etmedi. O kadar sıkıntılı, o kadar acınacak bir halde oturduğum yerde büzülmüştüm ki sonunda belki de istemeden o beni yüreklendirmeye çalıştı: "Orada öyle durma Roland, bu bunaltıcı sessizlik gereksiz... toparla kendini... gerçekten o kadar korkunç mu senin için?.. Her şey geçti gitti ama artık, sana her şeyi söyledim işte... hiç olmazsa doğru dürüst vedalaşalım, erkek erkeğe, iki dost gibi."

Ne var ki ben hâlâ kendimi toparlayamıyordum. O zaman koluma dokundu. "Gel Roland, yanıma otur!.. Sana söyledikten sonra kendimi daha iyi hissediyorum, nihayet aramızda bir netlik oluştu... Başlangıçta, senden ne kadar hoşlandığımı hissedeceksin diye hep korktum... sonra senin anlamanı ve bu itiraftan kurtulmayı umut ettim... Fakat oldu işte... şimdi özgürüm... artık seninle daha önce hiç kimseyle konuşmadığım gibi konuşabilirim. Çünkü bütün bu yıllar boyunca en fazla yakınlık duyduğum kişi sen oldun... kimseyi sevmediğim kadar sevdim seni... kimsenin yapamadığını sen yaptın delikanlı, varlığımdan artakalanı uyandırmayı başardın... işte bu yüzden, şimdi vedalaşırken hakkımda herkesin bildiğinden fazlasını bilmelisin, birlikte geçirdiğimiz onca zaman boyunca senin o sessiz sorunu hep hissettim... bütün hayatımı bilmesi gereken tek kişi sensin. Anlatmamı ister misin?"

Sarsılmışlığımı, altüst oluşumu dışa vuran bakışlarımdaki onayı gördü.

"O halde yaklaş bana... böyle yanıma gel... Yüksek sesle anlatılacak şeyler değil bunlar." Neredeyse dindarca diyebileceğim bir duyguyla ona doğru eğildim. Ne var ki ben karşısında kulak kesilmiş beklerken o tekrar kalktı. "Yok... böyle olmayacak... konuşurken bana bakmamalısın... yoksa... yoksa anlatamam." Ve aniden ışığı söndürdü.

Üzerimize karanlık çöktü. Yakınımda olduğunu hissediyordum, bunu görünmezliğin içinde dağılan, ağır ve iç çeker gibi çıkan nefesinden anlıyordum. Sonra birden bir ses girdi aramıza ve tüm hayatını anlatmaya başladı.

Derin bir saygı duyduğum bu adamın kaderini sert bir midye gibi bana açtığı, kırk yıl önce yaşanmış o akşamdan beri, yazarlarımızın ve şairlerimizin kitaplarında anlattıkları olağandışı hikâyeler de, sahnelenen trajik oyunlar da bana hep sıradan ve çocukça görünüyor. Derinlerdeki mahzenlerde, köklerin yayıldığı mağaralarda ve yüreğin karanlık kuyularında tutkunun hakiki ve tehlikeli canavarları fosforlu pırıltılarını saçarak dolaşırken, gizlice çiftleşir ve en akıl almaz biçimlerde birbirlerini parçalarken yazarların yaşamın sadece ışığın vurduğu üst kıyısını, duyguların açıkça ve kurallara uygun olarak sergilendiği kesimlerini anlatması rahatlıktan mı, korkaklıktan mı yoksa bakış darlığından mı geliyor acaba. Şeytansı dürtülerin kızgın ve tüketici soluğundan, tutuşmuş kanın buharından mı korkuyorlar, çok nazik ellerini insanlığın iltihaplı çıbanıyla kirletmekten mi ürküyorlar, yoksa yumuşak aydınlıklara alışkın gözlerini bu kaygan, tehlikeli, çürümüşlük sızan basamaklara çeviremiyorlar mı? Ne var ki bilen insan için hiçbir haz gizli olanın verdiği kadar büyük, hiçbir dehşet kanını donduran tehlikenin verdiği kadar güçlü değildir ve açıklanamayacak kadar utanç verici bir acı kadar kutsal olanı yoktur.

Oysa burada bir insan bana kendini bütün çıplaklığıyla açtı, karşımda yüreğinin en gizli köşelerini yırttı, ezilmiş, kavrulmuş, zehirlenmiş, iltihaplı yüreğini ortaya dökmeye hazırdı. Yıllar ve yıllar boyunca baskılanmış bu itirafta haz için kırbaçlanmaya benzer vahşi bir taşkınlık vardı. Böyle bir itirafın insafsızlığına, ancak bir yaşam boyunca utanç duymuş, sinmiş, saklanmış biri kendini o derin sarhoşlukla bırakabilirdi. Burada bir insan yaşamını yüreğinin içinden parça parça söküp çıkarttı ve ben yeniyetme, dünyevi duyguların akıl almaz derinliğiyle ilk kez o zaman karşılaştım.

Sesi mekânda önce, gizli yaşantılara yapılan çekingen bir ima gibi, heyecanından tüten belirsiz bir duman gibi, cisimsiz bir şekilde dalgalandı; ne var ki hızlanacak bir ritme öncülük eden, zorla yavaşlatılmış bazı müzik ölçülerinin az sonra gelecek şiddeti sinir uçlarında hissettirmesi gibi, tutkunun boşandığında şiddetli olacağı da zorlukla bastırılmasından belliydi. Fakat sonra tutkunun içsel fırtınasıyla titreyerek yükselen ve ağır ağır aydınlanan görüntüler parıldamaya başladı. Bir oğlan çocuğu gördüm önce, ürkek, içine kapanık, arkadaşlarına söz söylemeye çekinen, fakat karmaşık ve buyurgan bir bedensel istekle okulun en güzel oğlanına doğru tutkuyla çekilen bir çocuk. Büyük bir sevecenlikle yaklaşmasına rağmen onun tarafından öfkeyle reddediliyor, bir diğeri tarafından açık ve acımasızca alaya alınıyor ve daha da kötüsü, ikisi de bu aykırı tutkuyu başkalarına açıklıyorlar. Anında gizli bir yargılama yapıyor, onu kibirle aşağılayarak neşeli gruplarından bir posa gibi dışarı atıyorlar. Her günkü okul yolu bir işkenceye dönüşüyor, erken yaşta damgalanan çocuğun geceleri de kendine duyduğu nefretle zehir oluyor. Diğerleri tarafından dışlanan çocuk, sadece düşlerinde netleşebilen aykırı tutkusunu, bir delilik ve onur zedeleyici bir rezillik olarak görmeye başlıyor.

Hikâyesini anlatan sesi burada güvensizlikle titredi, bir an için sanki karanlıkta sönecekmiş gibi oldu. Fakat bir iç çekişle tekrar yükseldi ve karanlık bulutların içinden yeni görüntüler belirdi, hayaletler gibi gölgeler içinde dizildiler. Çocuk Berlin'de üniversitede, uzun zamandır denetim altında tuttuğu eğilimi ilk kez bu kentin gizli köşelerinde doyuma ulaşıyor, fakat karanlık sokak aralarında, garların ve köprülerin gölgeli köşelerinde gerçekleşen bu kaçamak karşılaşmalar nasıl da korkuyla zehirlenmiş, tiksintiyle kirlenmiş yaşanıyor. Sık sık rezilce şantajlarla sona eren ve dehşetin buz gibi soğuğunu daha haftalarca yapışkan bir sümüklüböcek izi gibi peşinde sürükleyen bu tehlikeli ve titrek hazlar ne kadar da acınası! Işıkla gölge arasındaki cehennemi yollarda dolaşıyor. Çalışarak geçen aydınlık gün boyunca zihnin berraklığı genç araştırmacıyı arındırırken, akşamları da tutkuları onu varoşların döküntülerine, bir polis memurunun miğferinin ucunu gördüğünde bile kaçan şüpheli tiplerin arasına, kapıları ancak belli kişilere açılan karanlık birahanelere doğru çekiyor. Bu iki kutuplu gündelik yaşamı özenle saklamak, Medusa'nın yüzü gibi yabancı gözlerden gizlemek için iradenin çelik gibi olması gerekiyor, bu gün boyu kusursuz biçimde, ciddi ve ağırbaşlı bir doçentin tavrını sergilemek, geceleri de kimliğini belli etmeden yeraltı dünyasının gölgeli titrek ışıkları altında gizli maceralara girişmek demek. Azap içindeki genç adam, alışılmış seyrin dışına çıkmış tutkusunu kendine hâkim olmanın kırbacıyla yola sokmaya çalışıyor, fakat dürtüleri onu her seferinde yine tehlikeli karanlıklara sürüklüyor. Bu onulmaz eğiliminin görünmeyen mıknatıslı gücüne karşı on, on iki, on beş yıl verdiği mücadele onu bir kramp gibi geriyor. Haz duymadan doyum, boğucu bir utanç ve kendi tutkusundan duyduğu korkunun giderek kararan ve ürkekçe kendi içine kapanan bakışlarıyla karşı karşıya sürekli.

Sonunda oldukça gecikmiş olarak, hayatının otuz yılını geride bıraktıktan sonra rotasını düzeltmek için azimli bir girişimde bulunuyor. Bir akraba evinde daha sonraki karısıyla tanışıyor, ne olduğunu anlamadan varlığındaki gizemin çekimine kapılan ve ona yoğun ilgi gösteren genç bir kız. Onun oğlan çocuğuna benzeyen bedeni ve gençliğe özgü coşkulu tavırlarıyla, tutkusunu ilk kez kısa süreliğine de olsa oyalayabiliyor. Bu uçucu ilişkiyle ilk kez kadın karşısındaki direnci kırılıyor, tutkusu yeniliyor ve bu olağan ilişki sayesinde sapkın eğilimine hâkim olabileceği umuduyla, içindeki o tehlikeli eğilim karşısında tutunabileceği birini bulmuşken bağlanmak için sabırsızlanarak –daha önce kıza itirafta bulunduktan sonra– çabucak evleniyor. Artık o dehşet âlemine dönüş yolunun tamamen kapandığına inanıyor. Rahatlığı birkaç hafta sürüyor sadece, sonra bu yeni çekim hızla etkisini kaybediyor ve o ilkel ihtiyaç yeniden üzerindeki hâkimiyeti ele geçiriyor. O andan itibaren de, kendisini hayal kırıklığına uğratan kadını da hayal kırıklığına uğratarak, evliliğini sadece toplum karşısında aykırı eğilimlerini maskelemek için bir paravan olarak kullanıyor.

Ve ruhundaki karmaşanın azabını daha da derinleştirecek, böyle bir eğilimi lanete dönüştürecek bir konuma geliyor. Doçentlik ve hemen onu izleyen profesörlük unvanıyla birlikte sürekli genç insanlarla birlikte olmak resmi görevi artık, şeytan Prusya yasalarının geçerli olduğu bu dünyada, görünmez bir lisenin en yakışıklı delikanlılarını, gençliğin en taze çiçeklerini, sürekli nefesi kadar yakınına itiyor. Ve hepsi de, profesör maskesinin ardındaki Eros'u fark etmeden –yeni bir lanet, yeni bir tehlike gibi– onu tutkuyla seviyorlar, gizlice ürperen elinin samimiyetle onlara dokunmasına seviniyorlar, onlar karşısında sürekli kendine hâkim olması gereken biri için takdirlerini harcıyorlar. Nasıl bir işkence! Kendi eğilimlerinin zorlamasına karşı hep sert durmak, kendi zaafına karşı asla bitmeyecek bir mücadele içinde yaşamak. Ve ne zaman bir baştan çıkma noktasına geldiğini hissetse yaptığı şey aniden kaçıp gitmekti. Beni o zamanlar onca altüst etmiş olan ani gidiş gelişleri, kayboluşları bundandı; insanın kendinden kaçışının korkunçluğunu, çıkmaz sokakların ve dipteki dünyaların dehşetine kaçmanın ne olduğunu şimdi görüyordum. O zaman bir büyük kente gidiyor, aykırı eğilimlerine uygun insanları buluyordu, temaslarından kirlendiğini hissettiği düşkün insanlardı bunlar, huşuyla kendini vererek yaşanacak bir ilişkinin yerine erkek fahişelerle buluşuyordu; fakat bu tiksinçlik, bu bataklık, bu aykırılık, hayal kırıklığının bu zehirli acısı, tekrar evine, etrafını güvenle saran öğrencilerinin arasına döndüğünde kendine hâkim olabilmesi için gerekliydi. Ah, neler yaşamıştı – itirafları karşıma hem hayalete benzeyen hem de leş gibi dünyevilik kokan siluetler çıkartmıştı. Çünkü formların güzelliğine yaradılıştan su gibi hava gibi ihtiyaç duyan bu seçkin fikir adamı, tüm duyguların bu katıksız ustası, içeriye ancak o âlemden olanların girebildiği dumanlı, pis kokulu ayakçı meyhanelerinde yeryüzünün en rezil alçalmalarıyla tanışmak zorunda kalmıştı; makyajlı kaldırım delikanlılarının küstah taleplerini de, parfüm kokulu berber çıraklarının yapışkan samimiyetini de, kadın giysileri içindeki travestilerin isterik kahkahalarını da, işsiz tiyatrocuların azgın para hırsını da, tütün çiğneyen gemicilerin kaba sevecenliğini de tanıyordu – bu sapkın cinselliğin, kentlerin en kenar mahallelerinde birbirini arayıp bulduğu bütün bu çarpık, ezik, aykırı ve fantastik halleri biliyordu. Bu kaygan yollarda aşağılanmanın, alçaklığın ve şiddetin her türlüsüyle karşılaşmıştı. Defalarca son kuruşuna kadar soyulmuştu

–bir seyisle dövüşemeyecek kadar soyluydu, inceydi– saati, paltosu olmadan ve üstelik o kötü kenar mahalle otelinde sarhoş yatak arkadaşı tarafından alaya alındıktan sonra evine dönmüştü. Şantajcılar peşine takılmış, bir tanesi aylarca üniversiteye kadar adım adım takip etmişti, küstahça öğrencilerinin arasına, ilk sıraya oturmuş, adice sırıtarak bütün kentin tanıdığı profesörü izlemişti. O ise bu bakışların baskısı altında dersi zor bitirebilmişti. Bir keresinde –bana bunu bile anlattığında neredeyse kalbim duracaktı– gece yarısı Berlin'de kötü şöhretli bir barda bütün bir güruhla birlikte polis baskınına uğramıştı; kırmızı yanaklı, ablak bir polis, bir entelektüel karşısında bir kez olsun tepeden bakma fırsatı bulan küçük memurun göbeğini şişire şişire küstahça gülüşüyle, titremekte olan profesörün adını ve mesleğini not etmişti. Sonunda da bağışladığını ima ederek, bu kerelik hakkında işlem yapılmayacağını, ama adının artık mimlenmişler listesine geçtiğini söylemişti. Uzun süre kalitesiz içki kokan mekânlarda oturan birinin giysilerine sonunda kokunun yapışıp kalması gibi burada, kendi kentinde de nereden başladığı belli olmayan bir dedikodu yavaş yavaş yayılmış olmalıydı. Bir zamanlar okul sıralarında olduğu gibi üniversitede de meslektaşlarının selamları ve konuşmaları giderek soğuklaşmış, sonunda bu hep yalnız olan adam cam gibi, şeffaf bir fanusun ardında herkesten yalıtılmıştı. Buna rağmen, sıkı sıkıya kapalı evinin en uzak köşesinde bile hâlâ gözetlendiğini ve teşhis edildiğini hissediyordu.

Bu azap içindeki ürkek yüreğe, gerçek bir dostun, soylu duyguların sevecenliği hiçbir zaman nasip olmamış, erkek erkeğe güçlü ve onurlu bir yakınlaşma hiç yaşamamıştı. Duygularını hep bir üst ve alt düzey arasında, üniversitedeki genç aydın öğrencileriyle olan özlem dolu, incelikli ilişkileri ve ertesi sabah dehşetle hatırladığı karanlıkta edinilmiş arkadaşları arasında bölmek zorunda kalmıştı. Artık yaşlanmakta olan bu adam hayatı boyunca ne katıksız bir ilgiyle ne de kendini ona ruhuyla veren bir delikanlıyla karşılaşmıştı ve artık hayal kırıklıklarından tükenmiş, bu korkunç avdan sinirleri yıpranmış olarak yitip gittiğini düşünürken hayatına bir kez daha genç bir insan girdi; ona tutkuyla yaklaştı, sıcaklığını yansıttı, varlığı ve söylemiyle kendini ona özveriyle açtı. Artık ummadığı bu mucizenin karşısında hazırlıksız yakalanan adam böylesine temiz, böylesine iyi niyetle sunulan bu armağana layık göremedi kendini. Güzel bir beden ve tutkulu duygularla, gençliğin elçisi bir kez daha ona gelmiş, duygudaşlık bağıyla bağlanmıştı, ruhani bir ateşle onun için yanıyor, bunun kendisi için arz ettiği tehlikeyi fark etmeden ilgisi için tutuşuyordu. Deneyimsiz ruhunda Eros'un meşalesiyle, çılgın Parzival gibi cesur ve iyi niyetli, kendi büyüsünü fark etmeden ve gelişinin bile iyileştirici olduğunu anlamadan zehir saçan yaranın üzerine eğildi – adamın hayatı boyunca uzun, çok uzun bir zaman beklemiş olduğu şey, çok geç bir zamanda, akşam inerken evden içeriye girdi.

Bu betimlemeyi yaparken sesi de karanlığın dışına taştı. Bir aydınlıkla berraklaşmış gibiydi, sözcüklere egemen olan ağzından bu genç insana, gecikmiş olan sevgiliye dair sözcükler dökülürken sesinde derinde titreşen bir sevecenliğin müziği çınlıyordu. Ben de heyecanla ve mutlu bir duygudaşlıkla titriyordum ki aniden yüreğime bir çekiçle vurulmuş gibi oldu. Çünkü hocamın sözünü ettiği bu genç, tutkulu insan, evet o... o insan –yanaklarıma utancın ateşi vurmuştu– bendim. Alevler içindeki bir aynadan çıkar gibi kendimi gördüm, farkında olmadığım aşkın parıltısı beni öylesine sarmalamıştı ki, yansımasından bile sıcaklığını hissettim. Evet, bu bendim, kendimi giderek daha iyi seçiyordum, ısrarcı, hayran halimi, fanatikçe ona yakın olma isteğimi, zihinsellikle yetinmeyen tutkulu esrimeyi tanıdım; ben vahşi budala, kendi gücümün farkına varmadan, içine kapanmış bu adamda yaratıcılığın tohumunu bir kez daha canlandırmış, onun ruhundaki Eros'un artık bezginlikten sönmüş meşalesini yeniden ateşlemiştim. Yaşıma özgü sıra dışı bir sürpriz olarak kabul ettiği taşkın heyecanımla onun için ne ifade etmiş olduğumu, çekingen biri olarak ancak şimdi şaşkınlıkla görüyor ve aynı zamanda iradesinin benim karşımda nasıl şiddetli bir kavga vermiş olduğunu ürpererek fark ediyordum. Saf bir aşkla sevdiği benim tarafımdan itilmek ve alay edilmek istemiyor, bedenselliğinin incitildiğini görmek, küskün kaderinin bu son armağanını haz oyunlarıyla harcamak istemiyordu. Benim taşkınlığım karşısında öylesine sert bir direnç göstermesinin, hararetli duygularımı buz gibi bir alaycılıkla geri püskürtmesinin, sevecen ve dostça konuşurken tutucu bir sertliğe geçivermesinin nedeni buydu; sevgiyle bana uzanan elini engellemesinin de – haftalar boyunca ruhumu sarsan bütün o kabalıkları, kendini zorlayarak benim için yapmıştı, beni kendime getirmek ve kendi duruşunu korumak istiyordu. Duygularının şiddetiyle, gıcırdayan merdivenlerden uyurgezer gibi çıktığı, kendisini ve dostluğumuzu kurtarmak için kırıcı sözler sarf ettiği o gece yaşadığı insafsız altüst oluşu şimdi dehşetli bir netlik içinde görüyordum. Benim için ne kadar acı çekmiş olduğunu, benim için nasıl kahramanca bir çabayla kendini baskı altında tutmuş olduğunu, ateşlenmiş gibi heyecanla sarsılarak ve ürpererek, onun için duyduğum merhametle içim eriyerek şimdi kavrıyordum.

Karanlığın içindeki o sesin... ah, karanlığın içindeki o sesin yüreğimin en derin noktasına kadar işlediğini hissettim! Daha önce hiç işitmediğim, daha sonra da işitmeyeceğim bir tını vardı içinde, ortalama insana asla ulaşmayacak, derinlerden gelen bir tını. Bir insan yaşamı boyunca sadece bir kez bir başka insanla bu şekilde konuşabilirdi, sonra da tek bir kez, o da ölmeden önce şarkı söylemek için sesini yükseltebilen kuğu efsanesinde olduğu gibi, sonsuza değin susardı. Ve ben sıcacık yayılan bu sesi, bu içe işleyen yakıcı sesi, bir kadının bir erkeği içine alışı gibi ürpererek ve acıyla içime kabul ettim...

Sonra birdenbire sustu ve aramızda karanlıktan başka bir şey kalmadı. Yanımda olduğunu biliyordum. Ona dokunmak için sadece elimi kaldırıp uzatmam yeterliydi. Ve acı çeken bu adamı avutmak için şiddetli bir istek duyuyordum.

Fakat o sırada bir şekilde hareket etti. Işık birden parladı. Yorgun, yaşlı, acılar içinde bir siluet koltuktan doğruldu – yaşlı, bitkin bir adam bana yaklaştı. "Hoşça kal Roland... artık aramızda söylenecek tek kelime kalmadı! Gelmen iyi oldu... Gitmen ikimiz için de iyi olacak... Hoşça kal... ve gel... vedalaşırken bir öpcyim seni!"

Büyülü bir güçle çekilmiş gibi sendeleyerek yanına gittim. Her zaman bulanık bir sisle örtülü gibi duran o ışık şimdi gözlerinde açıkça parlıyordu. Gözlerinden yakıcı bir alev yükseliyordu. Beni çekip kendine yaklaştırdı, dudakları susamışçasına benimkilere yapıştı, asabiyetle titreyip kasılarak bedenimi bedenine bastırdı.

Bu bir kadınla hiçbir zaman yaşamadığım bir öpüş, ölüm çığlığı gibi vahşi ve ümitsiz bir öpüştü. Bedeninin çırpıntılı kasılması bana da geçti. Tuhaf ve korkunç bir algının etkisiyle titriyordum, ruhum ona teslim oluyor, fakat bedenim bir erkeğin teması karşısında irkilerek direniyordu, derin bir ürküntü duyuyordum – duygularım öylesine müthiş bir altüst oluş içindeydi ki, o baskı altında saniyelerin beni uyuşturarak uzadığını hissettim.

O sırada beni bıraktı –öyle ani oldu ki, sanki şiddetli bir darbe bedenimi sarstı–, zahmetle döndü ve kendini koltuğa bıraktı, sırtı bana dönüktü, birkaç dakika boyunca donup kalmış gibi gözlerini boşluğa dikti. Fakat yavaş yavaş başı ağırlaştı, sonra büyük bir ağırlığın dengesini kaybedip uzun süre sallandıktan sonra aniden boşluğa düşmesi gibi, yorgun ve bitkin bir halde çalışma masasının üzerine yığıldı, öne eğik alnından boğuk, kuru bir ses çıktı.

İçimi sonsuz bir acıma duygusu kapladı. Elimde olmadan ona yaklaştım. Ne var ki çökük sırtı aniden kasılarak bir kez daha doğruldu ve bana doğru dönerek boğuk ve anlaşılmaz bir sesle, sıkıca kenetlenmiş ellerinin arasından inleyerek, tehdit eder gibi konuştu: "Git!.. Git!.. Hayır!.. Yaklaşma!.. Tanrı aşkına... ikimizin de iyiliği için... git artık... git!"

Anladım ve ürpererek geriledim. Bir kaçak gibi bu çok sevdiğim mekânı terk ettim.

Onu bir daha hiç görmedim. Ondan bir daha ne bir mektup ne bir haber aldım. Kitabı yayımlanmadı, adı unutuldu; benden başka kimse onu hatırlamıyor artık. Fakat aynı o günlerin deneyimsiz delikanlısı gibi, bugün bile şunu hissediyorum ki, hiç kimseye ona olduğu kadar teşekkür borcum olmadı, ne onun öncesindeki anneme ve babama ne de ondan sonra gelen karıma ve çocuklarıma. Hiç kimseyi de ondan daha fazla sevmedim.